Une vie de Pintade à Paris

Layla Demay
Laure Watrin

Une vie de Pintade à Paris

Illustrations de Margaux Motin

calmann-lévy

© Calmann-Lévy, 2008.
ISBN : 978-2-253-13145-8 – 1re publication LGF

« *Du sérieux dans la frivolité, de l'ironie dans le grave.* »

Hélène Lazareff,
fondatrice du magazine *Elle*.

Introduction

Elles nous ont donné du mal. Nous avons même failli rendre notre jabot. Et puis, chemin faisant, nous avons appris les règles totalement tacites et néanmoins nombreuses de la basse-cour locale. Et nous les avons suivies. Pas facile, quand on vient de la planète New York.

Mais après avoir exploré divers poulaillers à travers le monde, il fallait que nous venions nous poser sur les berges de la Seine. Nous avons reçu l'appel de Paris. Un appel irrésistible. Nous sommes accourues, toutes plumes sorties, pour palper le pouls, le cœur (et Dieu sait qu'elles ont un cœur) des Parisiennes. Elles véhiculent des fantasmes qui les dépassent souvent. Comme le dit si bien Amélie Nothomb : « La Parisienne est une légende, donc elle existe plus que les autres femmes, et ce pour l'éternité. »

Après quelques mois d'errements, nous avons fini par comprendre que, comme leur ville, les Parisiennes se méritent. Pourquoi s'offriraient-elles comme des filles faciles quand elles savent autant se faire désirer ?

Ce que les Parisiennes ne supportent pas, c'est l'infidélité. Une exigence qui ne s'applique pas forcément à leurs amours, mais qui régit leurs relations avec leur fromager, leur pharmacien, leur marchand de journaux et leur ville tout entière.

Elles passent leur temps à dénigrer leur capitale, mais ne vous y trompez pas, il faut être parisienne pour être pourvue de cette prérogative : elles ne tolèrent pas que les autres n'aiment pas leur ville. Elles seules ont le droit de médire. Devant de telles tornades, nous avons été intimidées, mais il ne nous a pas fallu beaucoup de temps pour retrouver nos atavismes culturels. Râleuses, frondeuses, insoumises, rebelles. Nous avons éprouvé un bonheur indicible à faire de nouveau partie de la basse-cour des belles pintades parisiennes.

Oiseau rebelle

Dans un râle...

Atmosphère, est-ce que j'ai une gueule d'atmosphère ? Arletty pourrait bien être désignée la papesse des Parisiennes. Contestataire, une réplique prête à fuser, chatouilleuse. C'est qu'on ne croise le chemin d'une Parisienne qu'à ses risques et périls. Ce que nous écrivons est d'ailleurs aussi valable pour les Parisiens, mais comme notre propos, c'est les pintades, pardon messieurs, mais on vous taillera un costard un autre jour.

Tout étranger en visite à Paris a besoin d'une petite semaine pour s'adapter au rythme. Ici, on traverse au vert (pour les voitures), en dehors des clous, et on engueule les automobilistes qui auraient des velléités de ne pas vous céder le passage. On pousse, quand on monte dans le bus et quand on descend du bus. On bouscule les gens dans la rue avec son sac, vous savez, le *big bag sooo* à la mode cette saison. Sur les trottoirs new-yorkais, qui font douze mètres de large, il y a de quoi glisser son *oversized* sac à main, mais allez vous glisser rue du Roi-de-Sicile avec votre besace, et vous pouvez être sûre que vous assommerez au moins trois passants. Faites le test : c'est dingue le nombre d'obstacles jetés délibérément sur votre route. Entre les Abribus, les kiosques à journaux (on croyait que la presse française était exsangue, alors à quoi ça sert tous ces marchands de journaux ?), les bornes de Vélib et les cafés en terrasse. Un vrai parcours piégé.

Ahhh, les terrasses de café… Quelle arnaque, c'est pas une terrasse, c'est un bout de trottoir sur lequel les piétons aimeraient bien marcher. Vous vous êtes sûrement retrouvée un jour à essayer de naviguer sur un trottoir, pressée de rejoindre votre bouche de métro, percutée par un navarin d'agneau en route vers son destin au bout du bras d'un serveur. Franchement, quand on se dépêche pour sauter dans le métro, on ne devrait pas se faire emboutir par un navarin d'agneau, ni par un jarret de veau d'ailleurs. (Mais nous nous égarons, ou bien râlons-nous à la parisienne ?…)

Le sujet qui nous préoccupe ici, c'est de comprendre pourquoi et comment les Parisiennes râlent. Voyez-vous, les New-Yorkaises sont limpides dans l'exercice du genre. D'un bon « *fuck you* », elles vous règlent une situation, et puis, *move on*. À Paris, la pintade est beaucoup plus compliquée. Elle va râler, pester, fulminer, et puis aussi, elle va resquiller. Que ceux qui l'accusent de manquer de civisme aillent se faire voir chez les Grecs. C'est pour ça qu'elle vit à Paris et pas à Athènes. D'ailleurs, elle ne resquille pas. Rroghh, tout de suite les grands mots… Disons plutôt qu'elle va tirer parti de ce qu'il lui est possible de faire. Et quand elle fait un truc pas exactement orthodoxe, elle a toujours une bonne raison. Elle va prendre son Vélib pendant les vingt-neuf premières minutes gratuites, s'arrêter à la borne, le reposer et en prendre un autre, parce qu'une bonne affaire, c'est irrésistible, même à 1 euro. Elle le fait pour le sport, c'est le geste qui compte.

C'est que les pintades parisiennes considèrent qu'elles ont des droits, elles ont coupé la tête de leur roi et de leur reine, elles paient leurs impôts. Donc elles assument d'être râleuses. Elles râlent d'ailleurs pour (presque) tout et (quasi) n'importe quoi. Elles râlent parce qu'il pleut, parce qu'il fait chaud, qu'il fait froid, elles râlent quand tout est fermé, elles râlent quand tout est ouvert. Elles râlent quand l'Escalator est en panne, quand Internet rame. Elles râlent quand elles n'ont pas de réception sur leur portable, et elles râlent encore parce qu'elles ont raté le dernier épisode de la « Nouvelle Star ». Elles râlent parce que c'est dimanche, elles râlent aussi parce que c'est lundi. Elles ont même des expressions pour ça : « le cafard du dimanche soir » qui laisse place à « ça va comme un lundi ». Elles râlent à cause de leurs voisins, comme cette amie qui nous annonçait sans préambule : « Il y a quinze bébés qui sont nés dans mon quartier. » Nous, l'œil humide, attendries par ce carnet du jour, se demandant si nous devions filer acheter un cadeau de naissance groupé, et à quoi diable était due cette hausse de la natalité. Et elle de rectifier : « Ils n'arrêtent pas de brailler. Mes enfants ne sont pas là, alors j'ai pas envie de subir ceux des autres ! »

Il est une drôle d'engeance à Paris, râleuse vicieuse : la vieille dame. Loin de nous l'idée de faire de la discrimination âgiste, certaines sont super, mais nous sommes tombées sur quelques spécimens qui tenaient plus de Tatie Danielle que de Maude (la girlfriend octogénaire d'Harold). Parfois, elles sont carrément méchantes. Une de nos copines nous racontait sa rencontre avec la Cruella locale. Elle squattait une charmante garçonnière rue de Lille et eut la malencontreuse idée de claquer la porte en oubliant les clés à l'intérieur. Alors qu'elle appelait un serrurier à la rescousse, la propriétaire, vieille jument bourgeoise, catholique et bien-pensante, débarla et lui interdit de toucher à la porte. « Ah non, pas question, vous ne toucherez pas à ma porte, elle date du XVIIIe siècle. » Franchement, l'équidé nanti aussi avait l'air d'époque. Après l'avoir laissée dégobiller son fiel de nabab du VIIe, le serrurier entreprit de lui expliquer comment il allait parvenir à régler la situation : « On va faire un tout petit trou dans la porte et on le rebouchera après avoir ouvert avec un crochet. » Elle le fusilla du regard et s'exclama en tentant d'arracher les outils des mains du garçon : « Ça va pas ! Vous êtes cinglé ! Tant pis pour vous. » De toute évidence, la compassion ne lui avait pas été donnée aux vêpres. Sans doute que l'esprit de Pentecôte avait oublié de souffler sur cette enclave patricienne. On en profite pour lancer un message aux curés du coin : « Pouvez-vous rappeler à vos ouailles les enseignements de Jésus : il faut aider son prochain. »

Pas spécifique à Paris, me direz-vous ? Oui, mais la grogne parisienne est d'une autre dimension, plus dense que le brouillard, plus aiguisée que les couteaux d'un chef japonais, plus vitriolante qu'un taliban jaloux.

La pintade parisienne râle avec le sentiment vague que, tout de même, elle est supérieure à ses congénères venues d'ailleurs (à part celles de Londres et de New York, qui sont parées d'une aura qui égale celle de Jésus le soir de sa réincarnation). Car la pintade parisienne habite la plus belle ville du monde. Une ville tellement formidable que ça lui donne trois fois plus envie de râler. Cette perfection faite ville qui la rend si fière eût pu aussi la plonger dans la béatitude replète d'un moine capucin après un repas de vendanges. Que nenni. La sérénité, l'extase, elle les laisse aux autres. Ce mal dont elle est affligée, ses voisines habitant en dehors de Paris appellent ça « le parisianisme » : au-delà du périph, point de salut. Comme disait Homeopatix dans *Les Lauriers de César* : « On ne peut vivre qu'à Lutèce, tu sais. Le reste de la Gaule, c'est bon pour les sangliers. »

Très objectivement, on doit bien admettre qu'elle a de bonnes raisons d'être mécontente. Elle vit dans une cuvette – oui, certes, les élus locaux ont rebaptisé ça « le bassin », mais elle n'est pas débile, elle sait lire entre les lignes : c'est une cuvette ! C'est là que, depuis des siècles, tous les sédiments, toutes les alluvions fertiles de la contestation se sont déposés. Le massacre de la Saint-Barthélémy, la prise de la Bastille, la Commune, Mai 68, les soldes presse Zadig & Voltaire. Paris, c'est le delta du Nil de l'empoignade. Et par-dessus, il y a un bon petit nuage d'air pas très pur, un bon pschitt de pollution façon Air Wick toxique au-dessus de la cuvette. Ça pourrait lui donner des velléités de mettre les voiles. Si c'est ce que vous pensez, alors vous ne pouvez pas la comprendre. Ce serait beaucoup trop facile. Et puis arrêtez d'essayer de la convaincre, il n'y a rien qui la fasse autant râler.

Le corollaire de sa grogne : elle a un avis sur tout. Mieux que Wikipédia, elle est incollable sur la prolifération du nucléaire en Iran et le sort à réserver à Ahmadinejad (lui couper les… vivres), la réforme de la Constitution, le dernier album de Carla. Et puis il y a son franc-parler. Même les plus jolies mimis blondinettes à taches de rousseur à qui l'on donnerait le Bon Dieu sans confession savent jurer comme des charretiers, comme cette journaliste parisienne d'une blondeur de petit-beurre nantais qui appelle son frère du doux nom de Trou de balle. Un terme visiblement affectueux dans sa bouche.

La Parisienne appelle un chat un chat et une chatte une chatte. D'ailleurs, elle n'aime rien plus que de parler cul avec ses copines. Et si les linguistes s'esbaudissent de découvrir que les Inuits ont douze mots différents pour dire neige, que diront-ils quand ils découvriront que la pintade parisienne en a vingt-deux pour dire phallus. Son langage est riche, elle a du vocabulaire !

Alors râleuse, oui, grande gueule, certainement. D'ailleurs, une de nos connaissances très proches, de nationalité multiple et néanmoins britannique, s'est demandé quand il s'est installé à Paris si les Parisiens passaient leur temps à s'engueuler. Mais on finit par s'y faire, et quand on est parvenu à apprivoiser l'oiselle, on se décide à faire comme elle. On devrait toutes s'en inspirer. Essayez, c'est contagieux ! La pintade parisienne est la championne des bougonnes de l'Hexagone (ça rime presque, arrêtez de chipoter !).

Leçon d'anglais

La Parisienne assume ses snobismes. Comme le faisait remarquer une de nos congénères : « Nous ne sommes pas snobs : est-ce notre faute si toutes les expos, tous les musées, toutes les soirées se trouvent à Paris ? Si nous sommes la capitale du bon goût et de la mode ? La *fashion week* à Sarreguemines, avouez-le, ça le ferait moyen… (Comment ça, ma réponse est snob ?) »

Parmi ses snobismes : une Parisienne qui se respecte ne portera jamais son pantalon de jogging pour aller au marché, tout simplement parce qu'elle n'a pas de pantalon de jogging (elle a des leggings de yoga). Quand elle boit du thé, c'est du Mariage Frères, de préférence du thé blanc, sans doute une tasse de thé de la Longévité. Ses macarons viennent de chez Pierre Hermé (Ladurée est *sooo last year*). Et son beurre, elle ne le bat pas avec sa sœur, elle l'achète en Normandie, parce que même celui qu'elle trouve à la Grande Épicerie du Bon Marché n'est pas à la hauteur de ses espérances. Oui, oui, on sait, elles ne sont pas toutes comme ça. Mais quand elles sont snobs, elles ne font pas dans la demi-mesure.

Et n'en déplaise à Jacques All Good[1] et à sa loi anti-*english*, la pintade *from* Paris adore *to speak* avec *a few words of english* par-ci par-là. Elle adore saupoudrer, *sprinkle,* son idiome de quelques mots de la langue de Shakespeare. Sauf que voilà, *my dear dear* pintades, il faut qu'on vous dise, c'est pas comme ça qu'on dit. Alors, tant qu'à vous faire taper sur les doigts par les puristes de la langue de Molière, et à vous faire épingler par l'académie de la Carpette anglaise (qui existe pour de vrai), on voudrait vous donner un petit cours d'anglais. Parce que nos *friends* outre-Atlantique rigolent encore comme des bossues de vos bourdes. C'est promis, tout ça restera entre nous. Nous ne dirons jamais à personne que vous faisiez ces grossières *mistakes.*

D'abord, on ne dit pas *hype*, on dit *hip*. Oui, *hip*, comme dans « hip hip hip hourra », ou comme dans « hip-hop ». *Hype*, c'est aussi un mot anglais, mais ça ne veut pas dire « branché ». La *hype*, c'est la frénésie qui entoure un projet, un événement. Comme la *hype* qui entourait le procès d'OJ Simpson. Branché, c'est *hip. OK, dokey ?*

Ensuite, on ne dit pas *nail bar*, enfin, du moins pas en dehors de l'Hexagone. À Londres, ce genre d'endroit n'existe (presque) pas, il n'a donc pas vraiment de nom. Au mieux, on parle vaguement de *beauty parlor*. Et à New York, où il y en a un à chaque coin de rue, on appelle ça

---

1. Eh, toi, jeune pintade qui n'as pas connu cette grande époque, sache que Jacques All Good était le surnom donné à notre cher ancien ministre de la Culture, Mister Toubon.

nail salon, parce que bien sûr, ce qui est chic et *hip* (pas *hype*) et snob aux États-Unis, ce sont les mots… français ! Donc *exit* le bar, bonjour le *salon*. Nul n'est prophète en son pays…

Quand un café décide de prendre un nom américain pour avoir l'air dans le coup, il pourrait au moins choisir un nom qui fait rêver. La chaîne parisienne Indiana Café fait hurler de rire mais pas du tout rêver. La devanture est flanquée d'une tête d'Indien, avec plumes sur la tête et peintures sur le visage. Sauf que l'Indiana, c'est un État des États-Unis dans lequel il n'y a plus d'Indiens depuis des siècles. Ils ont tous été massacrés par les Blancs. Pour vous donner une idée, l'Indiana, ça ressemble à la Beauce. Pour l'Américain en goguette, voir des cafés Indiana, c'est un peu comme si on tombait aux États-Unis sur une chaîne de restaurants pseudo-branchés baptisée « La Buvette beauceronne », avec comme logo au néon un cousin de Vercingétorix.

Autre cocasserie, la chaînelette de magasins de chaussures pour enfants Six pieds trois pouces. Le nom est en français, pas d'erreur de syntaxe ou de prononciation, mais les patrons ont dû mal regarder leur table de conversion métrique-impérial. Parce que, en métrique, six pieds trois pouces, ça fait exactement 1,92 m. Pas vraiment une taille d'adorable bambin. On en connaît, des adorables de 1,92 m, mais on n'a pas envie de leur talquer les fesses. Alors que trois pieds six pouces, ça fait tout juste 1,10 m. Beaucoup plus croquignolet déjà.

Et enfin, une petite leçon de prononciation. La prochaine fois que vous irez faire du jogging dans le bois de Vincennes, vous enfilerez votre swêêêt-shirt, pas votre swiiiit-shirt. *Sweat*, comme de la sueur et pas *sweet* comme de la douceur. Le sweat-shirt est un maillot de transpiration, pas un maillot de sucrerie.

Vouloir toujours, c'est le fait de(s) Paris(iennes)

La Marianne dépoitraillée de Delacroix sommeille en beaucoup de Parisiennes. Certes, elles ne se lèvent pas tous les matins en enfilant un bonnet phrygien et en se demandant ce qu'elles vont bien pouvoir faire aujourd'hui pour la liberté. Mais, pour plagier Victor Hugo, on pourrait dire que vouloir toujours, c'est le fait des Parisiennes. Selon le point de vue que l'on choisit, Paris est une usine à « chienlit » ou l'épicentre du combat pour la liberté. Même Mireille Mathieu s'y met, c'est dire : « Quand Paris se met en colère / Quand Paris sonne le tocsin / Ça s'entend au bout de la terre / Et le monde tremble… » Il faut pas les chercher, les pintades parisiennes. Et c'est une Marseillaise qui le dit !

Ce n'est un secret pour personne, la Parisienne est une chieuse. Mais, bien ficelée, sa mauvaise humeur peut vous faire une révolution ! « Les libertés ne se donnent pas, elles se prennent ! » Mai 68, mouvement anti-Devaquet en 1986, manifs contre Le Pen au lendemain du premier tour de l'élection présidentielle en mai 2002, manifs anti-CPE… De Caroline de Bendern à Isabelle Thomas, il y a toujours une jolie fille, bras tendu, poing levé, tenant un mégaphone ou une banderole, entre la Bastille et République ou Nation, pour devenir, l'espace d'une photo, l'égérie d'un mouvement contestataire.

Elles ont de qui tenir… Toutes ne sont évidemment pas des Louise Michel en puissance, prêtes à mourir pour leurs idées. Mais un certain nombre d'entre elles mettent leur énergie et leur propension à râler au service de causes sociales, humanitaires ou écologiques.

C'est à la bourse du Travail, en juin 2004, que le mouvement RESF a officiellement été créé, réunissant des parents d'élèves, des syndicats d'enseignants, des associations de défense des droits de l'homme, des hommes et des femmes qui refusaient que des élèves et leurs familles, sans papiers, soient expulsés de France. La famille Lin, la famille Chen, la famille Tamoev, autant d'urgences citoyennes pour des Parisiens, militants dans l'âme, convaincus de la nécessité de perpétuer la tradition d'accueil de leur pays – quitte à se mettre hors la loi –, ou simplement touchés par des trajectoires humaines. Sans surprise, c'est à Belleville (où vit une grande partie de la communauté chinoise), dans le nord-est et dans le centre de la capitale que les Parisiennes sont les plus mobilisées (cela dit, il y a quelques collectifs dans les beaux quartiers).

Perpétuer cette tradition d'hospitalité, œuvrer pour la mixité sociale et culturelle, c'est le quotidien de femmes comme Anne-Marie Rodenas, une illuminée au grand cœur qui, en 2002, a créé le Cafézoide, quai de la Loire, dans le XIXe (l'arrondissement parisien qui compte le plus d'enfants). Le Cafézoide est un « ludocafé » qui occupe le rez-de-chaussée et le premier étage d'un immeuble de logements sociaux, où les enfants peuvent venir après l'école ou le week-end, seuls s'ils ont plus de 8 ans, pour jouer, chanter, manger un gâteau fait maison. Un lieu où les mômes des cités environnantes côtoient ceux des bobos. Avec sa bonne humeur et sa volonté qui auraient fait flancher Marie de Médicis, Anne-Marie est une figure essentielle de ce quartier populaire. Une fois par mois, elle retrouve les autres membres d'une association hyperactive de riverains, Autour du canal, pour faire le point sur les projets en cours. Et comme on est en France…

« Quelqu'un peut faire passer le tire-bouchon ? Qui veut un coup de rouge ? » Quand il fait beau, c'est sur le pont de la péniche Antipode, entre les tranches de pâté et les tomates cerises, qu'ils discutent de la meilleure façon de trouver des subventions pour financer la prochaine animation extérieure ou d'empêcher l'installation d'un port sur le bassin de la Villette. (« Qu'est-ce que les gamins auraient à y gagner ? Ça revient à privatiser l'espace public, comme à l'arsenal de la Bastille ou à Bercy Village, avec des événements payants ! »)

Après les barricades et les manifs, les Parisiennes du XXIe siècle réinventent la révolution urbaine en se joignant à des actions commando citoyennes, festives ou subversives. Défense des sans-logis pour Jeudi-Noir, le collectif qui dénonce à coups de cotillons et de confettis la bulle immobilière, les chambres de bonne à 500 euros et les logements vides. Promotion du développement durable pour les Vélorutionnaires qui n'hésitent pas à pédaler à poil dans les rues de Paris, en faveur des énergies alternatives, et pour les Dégonflés anti-4×4, des militants écologistes radicaux qui dégonflent les pneus des Touareg et des Cayenne.

Eh oui, le militantisme prend souvent des formes originales à Paris. Une association de militants qui dégonflent les pneus des grosses cylindrées, des déboulonneurs de réclame qui, tels des zorros du panneau, viennent libérer les Parisiens de leur asservissement au démon publicitaire... Et puis, il y a les Clans du néon, ce groupe commando pacifiste qui éteint les lumières avant d'aller se coucher. Les vitrines des magasins sont leurs principales cibles. Ils ne cassent pas, ils se contentent de retirer la prise. Leur but avoué : économiser l'énergie. Mais entre l'enseigne du Monop du coin et la tour Eiffel, on sait clairement qui consomme le plus d'électricité. Un peu bizarre comme combat dans une ville qui s'appelle la Ville Lumière, *you know*, *City of light*, *Stadt der Lichter*. En tout cas, il y a un néon qu'on adore, qui est à inscrire au patrimoine de Paris et qu'on ne veut surtout pas voir s'éteindre, c'est le néon de Duluc Détective, l'agence qui fait la lumière sur les affaires secrètes des Parisiens depuis 1913.

À 50 ans, Odile Thomes, elle, a choisi une forme d'engagement un peu moins radicale. Assistante secrétaire intérimaire (elle a été licenciée de la maison Saint Laurent après son rachat par Gucci), elle vit dans le XIXe arrondissement, tout près de l'hôpital Robert-Debré, au dernier étage d'un immeuble moderne qui n'a rien de charmant et qui n'est pas du tout écolo, mais avec vue imprenable sur Paris depuis sa terrasse fleurie. La mairie du XIXe ayant décidé d'adopter un agenda 21, un programme local qui découle du sommet de la Terre de Rio en 1992, Odile rêve de multiplier les habitats passifs. « On pourrait devenir un quartier témoin, comme Fréquel-Fontarabie dans le XXe, en réhabilitant des immeubles qui, bien isolés, avec panneaux solaires et eau de pluie récupérée, seraient peu gourmands en énergie. » Depuis six ans, elle fait partie des quelque quatre mille conseillers de quartiers de Paris. « Je me sens une responsabilité citoyenne dans la ville que j'habite, ce qui est loin d'être toujours le cas des gens autour de moi. Les conseils de quartier, c'est la démocratie de proximité, la fameuse démocratie participative ! On se réunit environ une fois par trimestre avec un ordre du jour. On est là pour relayer des idées à la mairie. Ça va de l'animation culturelle à l'urbanisme. Par exemple, l'aménagement d'une esplanade pour que les enfants qui vivent dans les logements sociaux aient un espace pour jouer, donner notre avis sur le nouveau plan de déplacement parisien. » Odile est frappée de voir que les conseillers sont plutôt des femmes, actives ou au foyer. Également militante dans l'association Les Lilas demain, une association de riverains de la ZAC en construction porte des Lilas, elle relève avec malice que « les femmes viennent aux réunions pour faire quelque chose et les hommes pour voir ce qui va être fait ».

Évidemment, les Parisiennes sont souvent les premières à militer pour défendre la cause des femmes. On entend dire que les filles d'aujourd'hui se reposent sur les lauriers de leurs mères. Simone de Beauvoir, Antoinette Fouque, Monique Wittig, Yvette Roudy, Gisèle Halimi, Maya Surduts, pour n'en citer que quelques-unes. On rencontre pourtant plein de pintades qui poursuivent le combat de leurs aînées, à leur façon. « Pour être respectée, il faut se respecter soi-même », expliquent Kadiatou, Fenda, Aïcha, Dieneba, Aminata et Alicia, qui vivent dans les cités Riquet, Stalingrad et Crimée. Âgées d'une vingtaine d'années, issues de l'immigration, elles n'ont pas oublié d'être sexy. Jeans galbants, tee-shirts moulants, décolletés pigeonnants, et même cuissardes pour l'une d'elles, dont les jambes rivalisent avec celles de Naomi. Il y a plusieurs années, elles ont créé une association, aidées par leurs grands frères, les Braves Garçons d'Afrique. Elles animent des groupes de parole filles-garçons pour apprendre aux seconds à respecter les premières. « Dans les cités, beaucoup de filles se font insulter dès qu'elles mettent une jupe et qu'elles sont un peu féminines. Perso, on n'a jamais eu de problèmes avec les mecs de nos cités. On sort le soir, on va en boîte, on s'habille comme on veut.

Mais c'est vrai qu'on peut très vite se faire une réputation. Les familles africaines, et surtout les familles maghrébines, ont un schéma familial traditionnel, patriarcal, où tout est fondé sur la pression de la communauté et sur l'honneur. On veut montrer, à travers notre expérience, qu'en échangeant, en discutant, on peut faire progresser le respect et la condition des femmes. » Ce ne sont pas elles qui contrediraient Simone de Beauvoir : « On ne naît pas femme, on le devient. »

Féministes et féminines, sans poils aux pattes ? Des pintades quoi !

« Comtesse, concierge, tout ça, c'est pareil »
Portraits de gouailleuses

Elles incarnent un Paris populaire qui, bien que la capitale se soit embourgeoisée et assagie, n'a pas (encore) disparu. Bien des Parisiennes portent leur gouaille et leur subversion en étendard.

Mick la cantinière
À 76 ans, elle continuait de rendre visite à ses « petits vieux », comme elle disait, à l'hôpital gériatrique Bretonneau, au pied de la butte Montmartre,

où elle avait elle-même été hospitalisée quelque temps. Elle venait pour égayer leur solitude autant que la sienne. La première fois qu'on l'a rencontrée, c'était pendant un après-midi dansant pour les pensionnaires grabataires de l'hôpital. Elle était venue en voisine, depuis son appartement de la rue Cauchois. Coquette, portant avec allure sur son chemisier une cravate à nœud coulissant façon cow-boy, elle battait la mesure avec son pied, reprenant au son de l'accordéon : « Ah ! Le petit vin blanc / Qu'on boit sous les tonnelles / Quand les filles sont belles / Du côté de Nogent. » Quand on s'est enquises de savoir qui était cette vieille dame à l'accent insolent des faubourgs, on a eu droit à : « Mais voyons, c'est Mick ! » Comme si cela devait suffire à nous éclairer. « Vous ne connaissez pas Mick ? La cantinière de Montmartre ! ? » On a dû avouer notre ignorance mais on s'est promis de revoir celle qui semblait sortir d'un film de Marcel Carné ou d'une peinture de Francisque Poulbot. « Je suis tous les dimanches après-midi au syndicat d'initiative de la place des Tertres, mon petit chat. Tu peux pas me louper. »

On a mis quelques mois avant d'aller la voir. Entre-temps, un genou mal en point et la « vieillerie » l'avaient fait renoncer à grimper en haut de la butte. « Vous la trouverez sûrement au Quick de la place Blanche, nous a-t-on soufflé au syndicat d'initiative. Elle y est souvent maintenant. » Eh oui, à Paris, les vieilles dames respectables tuent le temps dans les fast-foods. Si vous traînez du côté du McDo de la place de la République, par exemple, vous en verrez. Elles y vont souvent après avoir regardé *Les Feux de l'amour* à la télé. Le prix du café y est compatible avec leur petite retraite et elles peuvent s'installer pour l'après-midi sans que personne ne les tanne pour consommer.

C'est bien au Quick du bas de la rue Lepic qu'on a
trouvé Mick. Assise en vitrine, elle regardait passer
les gens. Elle avait l'air ratatiné de ceux qui attendent
la fin. On est allées lui commander un café à la caisse.
La manager nous a tendu derechef un breuvage noir
accompagné d'un verre d'eau chaude et de trois petits
pots de lait. « Je vous fais 20 %, comme pour elle. »
Du lien social au royaume du burger, qui l'eût cru !
De retour à sa table, Mick a sorti de son sac une crêpe
emballée dans un papier. « La crêpière portugaise
d'à côté m'offre une crêpe au sucre tous les jours.
C'est gentil, hein ? Tiens, prends-la, moi j'ai plus
d'appétit. J'ai le cafard, j'aime pas me sentir inutile. »
Le passé de Mick était une tranche de vie parisienne
populaire. De son vrai nom Mica Moruzzi, elle descendait
des princes de Moldavie. En 1947, à 18 ans, elle avait
quitté la banlieue parisienne pour s'installer à Montmartre
et ne plus jamais en bouger. C'est là qu'elle avait
rencontré Anatole, son mari. « On vivait dans onze
mètres carrés humides. C'est grâce à l'abbé Pierre
qu'on a eu un logement décent. » Anatole était le garde
champêtre de la Commune libre de Montmartre, Mick était
la cantinière. Ils incarnaient le folklore anar de la butte.
Vêtue de son costume de l'An II, elle servait le vin
à la fête des Vendanges, était de toutes les cérémonies
ripailleuses de la butte.
Mick avait toujours la mise en plis auburn impeccable,
mais ses mains rugueuses portaient les marques
d'une vie de labeur. Elle avait commencé à travailler
à 17 ans. Elle rêvait d'être une artiste, comme sa tante,
qu'on surnommait la Bréval, qu'elle allait voir chanter
et danser au Moulin Rouge et au Châtelet. Elle avait
finalement fait toute sa carrière dans l'imprimerie. « Ah ça,
les bas-de-casse, j'en connais un rayon ! » Mick tenait

par-dessus tout à son indépendance. « J'ai toujours travaillé. Je n'aurais jamais voulu avoir à demander de l'argent à mon mari pour m'acheter des bas. » Avec son phrasé à mi-chemin entre Mistinguett et Frédéric Dard, elle avait accueilli l'élection de sa copine Marielle-Frédérique Turpaud comme maire de la Commune libre de Montmartre par un : « J'suis contente. Une femme à Montmartre, ça leur fera les pieds à tous ces cons ! » Au fur et à mesure qu'elle évoquait les souvenirs, on pouvait voir se rallumer la petite flamme de fierté et de malice au fond de ses yeux bleu pâle. Elle tripotait la médaille de la Ville de Paris qu'elle avait elle-même montée en pendentif. « J'ai la vermeille, attention, c'est la plus haute distinction ! » Elle évoquait avec tendresse son « petit Bertrand » (Delanoë) et son « petit Daniel » (Vaillant, le maire du XVIIIe). « C'est des copains. Juppé aussi. Tout ça, c'est venu à la maison ! Mais on ne parlait jamais de politique. »

Le 2 janvier, Mick est allée rejoindre son cher Anatole, Francisque Poulbot, et Maurice His. Son corps a été inhumé au cimetière de Montmartre, pas loin des cendres de la Goulue, muse de Toulouse-Lautrec, reine du french cancan et mère des pintades parisiennes. Monte là-d'ssus… tu verras Montmartre !

Lulu la Landaise

Elle aurait pu être pote avec Mick. La première fois que nous avons croisé Lulu, c'était au Balajo, rue de Lappe, un dimanche après-midi. Elle y retrouve ses copines tous les dimanches pour danser. Bon, au Balajo, le dimanche après-midi, il faut être prête à repousser les avances des gigolos venus des pays de l'Est (pour trousser les vieilles dames avant de les détrousser ?). Mais Lulu ne mange pas de ce pain-là. À 75 ans, elle est là pour

s'éclater sur la piste de danse, au rythme de l'accordéon
de Jo Privat Junior, le fils du roi du piano à bretelles. Polka,
valse, java, fox-trot, tango… un mélange du bon vieux
dancing et du bal musette, au cœur d'un Bastille aseptisé
par les vendeurs de paninis et les bars pseudo-branchés,
qui n'a plus grand-chose à voir avec celui des filles de joie
et des truands.
Sa médaille à elle, c'est la médaille d'honneur du travail,
qu'elle a accrochée dans sa loge de concierge, rue
Balzac, dans le VIIIe, juste au-dessus de la petite table sur
laquelle sont fièrement exposés les cadeaux souvenirs
rapportés des quatre coins de la planète par les locataires
et les propriétaires de l'immeuble où elle travaille
(des peluches et des babioles plus kitsch les unes que
les autres, et même, on jure que c'est vrai, un quart
de *vino tinto*, de vin rouge, de la compagnie Alitalia.
Y en a qui ne se foulent vraiment pas).
Lulu avait 16 ans quand elle est montée à Paris
pour travailler. C'est pas Lulu la Nantaise, c'est
Lulu la Landaise. D'abord bonne, puis concierge
dans les beaux quartiers, et ce depuis soixante ans.
Elle y a rencontré son mari, maçon plâtrier, au « bal
des bonniches » comme on surnommait à l'époque la salle
Wagram. Lulu, c'est la concierge qu'on aurait rêvé avoir,
toujours de bonne humeur. « J'ai pas d'horaires, si je suis
là, je réponds à la porte. » De ces concierges qui vous
font regretter l'apparition des digicodes. Elle ne s'en
laisse pas conter par le beau monde qu'elle côtoie, pas
uniquement dans le boulot d'ailleurs. Elle nous confie que
sa sœur est mariée à un comte, ce qui, techniquement, fait
de sa sœur une comtesse. Elle évoque monsieur le comte
en se marrant : « Il me trouve vulgaire. Pfftt, dit-elle, bien
droite dans ses charentaises, comtesse, concierge, tout
ça, c'est pareil ! »

Ginette

Ginette Mone est une grande gueule. Dernière de quatorze enfants. « Tu penses, ça donne du caractère ! J'ai appris à me battre et à me défendre, ça sert dans la vie. »
Quarante-quatre ans qu'elle vit à Paris, dont dix-neuf passés dans le XIXe arrondissement, rue de Meaux. Les prix démentiels de l'immobilier l'ont poussée de l'autre côté du périph, au Pré-Saint-Gervais, mais elle aime rappeler qu'elle n'a jamais vécu à plus de dix-huit kilomètres de Paris. « Tu comprends ma biche, je veux pouvoir sortir le soir sans que tout soit fermé après 20 heures. »
Certificat d'études à 13 ans, mariée à 18. Elle aussi voulait devenir une artiste. Jeune, elle écrivait de la poésie, chantait, participait à des radios crochets. « Mais ma mère ne voulait pas de saltimbanque à la maison. » Dix ans de travail à la chaîne, en usine, pour les projecteurs Marchal, à Pantin. « Quand j'ai découvert que les gars avec lesquels je faisais équipe étaient mieux payés que moi, je suis partie ! » Féministe à sa façon. Ginette est devenue vendeuse de journaux, a fait les marchés. Jusqu'au jour où, à 48 ans, sur les conseils de son fils, elle a découvert le monde de la nuit. Elle a tenu le vestiaire des Bains Douches à la grande époque, a été dame pipi à l'Élysée Matignon. « Ah ça, j'en ai vu des drôles de trucs. Il m'est arrivé de virer des mecs à bras-le-corps. Mais les gens de la nuit ont toujours été sympas avec moi. Tiens, Polanski par exemple, il m'aimait bien, il avait acheté mon livre de poésie que j'avais autoédité, *Poèmes au féminin*. » Ginette a aussi sorti deux disques, le premier en 1968, un brin décalé par rapport à l'ambiance de la rue. « Toi t'es pas grand / T'es pas fort / T'es pas beau / Mais je t'aime / Tu ne fais pas, pas du tout gigolo mais je t'aime… » Deux de ses chansons

sont même passées sur Europe n°1. « Un homme qui avait de l'influence dans le milieu m'a dit : "Pour réussir, il faut que tu paies ou que tu couches !" s'offusque, encore aujourd'hui, Ginette. Je lui ai répondu : "J'ai l'habitude de retrousser mes manches, pas mes jupes !" J'aurais peut-être dû accepter, j'aurais peut-être moins de problèmes de sous aujourd'hui ! »
Ginette est une optimiste-née, que la vie n'a pas épargnée. Elle conclut, philosophe : « La gloriole, c'était pas pour moi... »

« La voyelle du mot voyou »

Miss.Tic a la voix d'une fumeuse de Gitanes. Libre, elle l'est, assurément. Voilà près de vingt-cinq ans qu'elle fait parler les murs de Paris avec ces pochoirs de femmes qui ont du chien. Il vous arrivera peut-être de la croiser, au petit matin, flanquée d'un beau gosse comme assistant, vêtue d'une petite robe noire et de gants de velours (parce que la bombe, ça salit les mains), en train de taguer les murs du XVIIIe, du XXe ou de la Butte-aux-Cailles, dans le XIIIe, où se trouve son atelier.
On pensait rencontrer une vamp rockeuse, on a trouvé une Arletty en manteau de vison et lunettes de soleil (« le luxe comme alternative à la misère »), mâtinée de Morticia Addams, avec ses longs cheveux de jais frangés, ses yeux cernés de khôl, sa petite bouche rouge baiser, et ses ongles manucurés peints en noir.
« Paris est conservatrice, réactionnaire, déplore-t-elle. Aucune institution culturelle parisienne ne m'a jamais aidée. » Aujourd'hui, ses toiles et ses estampes sont vendues dans des galeries, mais elle continue d'œuvrer dans la rue. C'est ici qu'elle a grandi – elle a perdu ses parents très jeune.

Échaudée par un procès perdu contre un propriétaire, elle demande maintenant la permission avant de bomber ses silhouettes de femme, image sublimée et idéalisée de la Parisienne, élégante, libre, effrontée, impertinente et pertinente, qui a toujours la maxime juste à portée de talon. « J'ai couché avec une armée de sentiments », « Je prête à rire mais je donne à penser », « On ne radine pas avec l'amour », « Pas d'idéaux, juste des idées hautes », ou encore, l'une de nos préférées, « Revenue de tout, j'y suis retournée ».
« J'ai toujours écrit de la poésie. Je me suis nourrie des surréalistes. Adolescente, je disais du Prévert et du Cocteau dans les cabarets. »
La Miss se joue du qu'en-dira-t-on. Son pedigree de Parisienne suffit à lui donner raison…

Jenny Bel'Air, la créature

Elle incarne la démesure de la vie nocturne parisienne interlope du début des années 80. Travesti, métis et obèse, celle qui faisait la loi à la porte du mythique Palace, où toutes les couleurs de peau, tous les milieux sociaux se mélangeaient, adore parler cul et cru. « Avec mon ventre, cela fait longtemps que je ne les vois plus, mes couilles… » « J'aime les jean-foutre de la société. Les travestis, les dandys, les extravagants n'ont malheureusement plus leur place dans la rue. Paris devient intolérante, y en a marre de se faire traiter de "tepu" quand on sort. »
À 51 ans, la « créature », qui jugeait les gens sur l'extravagance de leur look (jamais sur leur nom ni sur leur compte en banque), porte boubous froufroutés, bijoux exubérants, turbans, et se moque du culte de l'apparence : « Quand j'entends une fille en taxer une autre de fausse blonde, j'ai toujours envie

de lui dire : "Et ton mari, il a des vraies couilles ou c'est une prothèse ?" »
Elle a beau pester contre Montmartre qui se salit, « piétiné par des bourgeois inconscients et blasés… Tu vas voir que bientôt ils vont nous siliconer les pavés de Montmartre ou les lifter. Que nenni ! Que diable ! », elle est ici chez elle. Son chien Pilou dans les jupes, elle peut passer des journées assise au café des Deux-Moulins ou au Lux Bar, rue Lepic, à regarder vivre le monde. « Je suis un peu le bureau des pleurs, j'aime entendre la vie. »
L'étudiante qui bosse sur son ordinateur portable, le primeur qui vient boire son demi, le couple d'amoureux qui traîne, tout le monde s'arrête pour lui claquer une bise. Le soir de la projection en avant-première du film que lui a consacré la réalisatrice Régine Abadia, à l'Élysée Biarritz, c'est le Paris du Palace qui a resurgi. Les Sœurs de la Perpétuelle Indulgence – les nonnes du XXIe siècle qui, affublées de leurs cornettes, luttent contre l'homophobie et le sida –, le couturier Laurent Mercier, *aka* Lola en drag-queen… Ce soir-là, l'ex-reine de la nuit, que la provoc a sans doute sauvée d'une enfance volée, apparaissait bien seule et fragile au milieu de ses amis. Quand on lui demande quelles sont les Parisiennes qui comptent pour elle, Jenny Bel'Air cite Louise Michel, Colette Magny et Coco Chanel. Et aussi « les femmes silencieuses qui font plus pour une rue qu'une mairie. Ces résistantes de l'humain ». Un peu elle, en fait.

Comment séduire un garçon (de café)

Quand je suis retournée vivre à Paris, j'ai dû réapprendre à faire un truc incroyable, totalement contraire aux principes de la New-Yorkaise que j'étais devenue : apprivoiser le garçon de café. Comme on apprivoise un vieux matou de gouttière. Au début, j'avais des réflexes totalement déplacés dans un bistrot parisien. J'arrivais par exemple pour déjeuner sur le pouce (forcément au moment du coup de feu : « Mais qu'est-ce qu'ils ont à tous arriver en même temps pour manger ? »), je m'asseyais et j'attendais naïvement que le serveur se matérialise dans les deux secondes devant moi, le sourire aux lèvres, muni d'une carafe d'eau, d'une corbeille de pain et du menu, avant de revenir quasi instantanément prendre ma commande. Bah, comme à New York ! C'était oublier qu'être garçon de café parisien, c'est un *statement*, une attitude. Que le monsieur en question doit faire partie, au même titre que le chauffeur de taxi, du charme revêche de la ville. Et que ce n'est pas pour rien que cette icône urbaine, dont le gilet noir à poches nanti d'une chaîne décapsuleur est presque aussi célèbre que la tour Eiffel, a inspiré Jean-Paul Sartre pendant ses heures passées au café de Flore, Éric Rohmer (souvenez-vous, le serveur cynique qui soupçonne Reinette de vouloir partir sans payer sa conso en terrasse) et tant d'autres.

Qui n'a jamais connu le stress, au moment de commander un croque-salade (on ne parle même pas d'obtenir un verre d'eau avec son café, des glaçons avec son Coca ou de la moutarde), de voir passer une bonne demi-douzaine de fois le serveur qui feint de ne pas vous voir, le bras levé, les yeux suppliants, tentant désespérément d'établir un *eye contact*, « S'il vous plaît ! Ouh Ouh ! S'il vous plaît ! Monsieur ! », et qui finit miraculeusement par prendre votre commande un quart d'heure plus tard, au moment où vous vous apprêtez à partir ? L'astuce à ce moment-là, c'est de ne pas râler. Ne surtout pas le prendre de haut, ne pas manifester son mécontentement – sous peine d'être privée de carafe d'eau. Blaguer (tout en restant ferme sur l'objectif), lui sourire, lui faire des yeux de velours, bref le caresser dans le sens du poil, le surprendre, le désarçonner, le retourner comme une crêpe et, n'hésitons pas à employer les grands mots : le séduire. Ne pas se laisser impressionner par la mine renfrognée de l'oiseau, ni par des phrases à l'emporte-pièce comme celle-ci, lâchée bien fort par un serveur à l'accent provençal du restaurant Bonpoint, rue de Tournon, dans le VIe arrondissement : « Ces Parisiens, ils me font chiii-er ! Ils sont toujours pressés ! » Vous aurez peut-être la bonne surprise de tomber sur un faux bougon, un spécimen adepte du second degré qui se laissera prendre à votre jeu (il y en a plus qu'on le croit qui ont de l'humour). Voire de devenir copine avec le garçon du café où vous traînez souvent, qui finira par vous trouver une table en terrasse aux beaux jours et par offrir sa menthe à l'eau à votre gamin !

Dans la catégorie syndrome de Stockholm – à ce niveau, ça frise le SM –, la palme revient à cet Américain croisé dans un café du Marais. Alors qu'il était en train de se faire rabrouer par un serveur qui n'avait clairement aucune envie de faire des efforts, mon mari – ayant vécu à New York et mesurant le *gap* culturel qui séparait ce personnage acariâtre de l'étudiante américaine sourire-greffé-aux-lèvres-*what-can-I-do-for-you-today-sir- ?* qui travaille comme serveuse dans un coffee shop pour financer ses études – n'a pu s'empêcher d'excuser la rudesse du serveur auprès du touriste. Lequel lui a répondu dans un sourire extatique : « Laissez, ça ne me dérange pas ! Au moins il est sincère. Je préfère ça à la fausse gentillesse commerciale américaine. Ça au moins, c'est Paris ! »

Paris ? Un village !

Beaucoup de Parisiennes projettent régulièrement de faire le grand saut. Tout plaquer. Fuir la grisaille. Se mettre au vert. Elles rêvent en lisant les magazines qui font leur une sur « ces villes où il fait bon vivre ». La Rochelle, Nantes, Toulouse, Marseille, Nancy… Et bavent en écoutant leurs copines raconter leur vie loin du stress et des loyers délirants de Paris.

Cela dit, depuis quelques années, la capitale se repeuple, paraît-il. Oh, très légèrement, mais cela fait quand même un peu plus de plumes au mètre carré. Quelques dizaines de milliers de pintades supplémentaires, prêtes à supporter les recommandations d'Airparif, les temps de transports, les appartements riquiqui et les ronchons pour ne pas abandonner les cafés, le Vélib, l'offre culturelle, le brassage de populations, bref, le bouillonnement de la cité.

Il y en a même un certain nombre qui, après avoir tenté l'expatriation, finissent par rentrer au bercail, pardon, à la basse-cour. Même les plus branchées, qui ont l'impression d'avoir enfin trouvé la sérénité au fond de leur jardin en Normandie ou dans le Perche, ont la plume qui se dresse, le frisson de fierté, quand elles entendent Francis Lemarque et Charles Trenet chanter *À Paris* et *Ménilmontant*.

Évidemment, il est sans doute plus facile d'aimer vivre à Paris quand on habite le Marais, d'où l'on peut tout faire à pied et à vélo, que lorsque l'on est dans un arrondissement périphérique et qu'on se tape une heure de métro ou de bus pour aller bosser.

Mais, malgré un environnement parfois hostile, pas mal de nos copines parisiennes sont amoureuses de leur ville – en fait, souvent les mêmes qu'on entend râler, il faut bien le dire, contre « cette vie de con ».

Marielle-Frédérique Turpaud, maire de la Commune libre de Montmartre, dont l'accent parigot et l'argot trahissent sans mal les origines, est viscéralement attachée à sa ville natale. « Paris, c'est ma terre, mon village, mes sentiers. J'aime son style anarchique qu'on n'a pas réussi à juguler, malgré tout. Il suffit de se balader, de pousser des portes, d'aller dans les cours intérieures, de lire les écussons historiques. Quand je fais visiter Montmartre – mon Montmartre, pas le touristique –, les gens me disent tout le temps : "C'est extraordinaire, on ne se croirait pas à Paris !" Mais si, justement, ça c'est Paris ! Paris, ce n'est pas seulement les Grands Boulevards. » À 17 ans, Marielle a dû partir vivre deux ans en Bretagne, éloignée par sa mère de ses fréquentations révolutionnaires sur les barricades de Mai 68. « Je l'ai vécu comme un exil, pas pire que celui de Louise Michel en Nouvelle-Calédonie ! Je connaissais les horaires de train pour Paris par cœur. J'avais une enveloppe avec assez d'argent pour payer mon billet de retour, à laquelle je ne touchais jamais, même quand j'étais dans la dèche. »

Pour tenir le coup, les Parisiennes adoptent des réflexes villageois. Et font preuve d'un esprit de clocher qui ferait pâlir d'envie une Bretonne. Elles sont souvent très attachées à leur quartier. Même quand il est quelconque, avec des immeubles moches et des rues sans âme coincées entre le périph et les Maréchaux, il y en a toujours une pour défendre sa « vie de quartier », où la boulangère, le serveur du bistrot d'en bas qui a toujours une blague pour Junior quand on vient manger une saucisse-frites le mercredi, le marchand de journaux, la pharmacienne qui dépanne, le balayeur sont des figures locales, rassurantes et conviviales.

Paris, c'est une agrégation de « villages », une succession d'ambiances très différentes.

Les plus chanceuses habitent des vrais villages, au cœur de Paris. Des microquartiers anachroniques, souvent bâtis sur des carrières, qui ont échappé au baron Haussmann et aux promoteurs, avec leurs rues pavées, bordées d'arbres, leurs maisonnettes de deux étages, dotées de jardins ou de cours – des anciens ateliers d'artisans et maisons d'ouvriers – et même, parfois, un terrain de pétanque. La Butte-aux-Cailles, coincée entre la dalle de Chinatown et les tours modernes du XIIIe ; la Cité florale, Hénocque, également dans le XIIIe ; la butte Bergeyre, surplombant le parc des Buttes-Chaumont et le siège du PCF, place du Colonel-Fabien ; la Campagne à Paris et Saint-Blaise, porte de Bagnolet dans le XXe ; ou encore la Mouzaïa, à quelques pas du périph et des IGH (les immeubles de grande hauteur) de la place des Fêtes dans le XIXe.

Même les habitantes du XVe revendiquent leur appartenance à leur quartier. Pourtant, le XVe est l'antiquartier par excellence. À l'exception de quelques coins autour de la rue Cambronne, de la rue du Commerce, de Convention et en bordure du VIIe, le quartier est un peu sans âme. Les mauvaises langues disent d'ailleurs que ce n'est pas Paris. Il est vrai que le plus grand arrondissement de la capitale n'est ni bo(urgeois) ni bo(hême). C'est un quartier où des tapissiers poussiéreux ont des pas-de-porte avec vitrine déglinguée et chat qui roupille dedans, où les instituts de beauté ont l'air de sortir d'un mauvais film des années 80 avec Josiane Balasko. Un quartier sur lequel le temps semble n'avoir pas passé.

Quand elles ont cinq minutes pour flâner, insouciantes, dans les rues (ce qui, on vous le concède, n'arrive pas souvent), les Parisiennes redécouvrent les charmes de leur ville : les arrière-cours de la Bastille, les allées privées, les fameuses villas du XVIe, la vue panoramique depuis le haut de la rue des Envierges à Belleville ou depuis la passerelle Simone-de-Beauvoir, en face de la bibliothèque François-Mitterrand.

Paris est aussi une ville où l'on invente de nouvelles formes de fraternité urbaine. Beaucoup d'initiatives citoyennes naissent ici. La Fête des voisins a démarré dans le XVIIe arrondissement, avant d'essaimer dans la capitale et partout en France. Le site de quartier Peuplade est également né dans le XVIIe, dans le quartier des Épinettes, en 2003, avec pour but de favoriser les rencontres, les échanges de bonnes adresses, de services, de coups de main entre habitants. Grâce à Peuplade, Françoise, divorcée et mère d'une petite fille de 7 ans, s'est fait une nouvelle bande de potes, avec laquelle elle part en vacances ou en week-end. Myriam, célibataire de 40 ans qui vit dans le XXe, a commencé à participer à des apéros organisés par des Peupladiens. « Il y a cent ans, tu connaissais ton voisin de palier, eh bien Peuplade recrée ça, c'est sain. Ça n'est pas un espace de drague en ligne, c'est du lien social de proximité. » Il y a aussi les zaperos de Paris, chaque jeudi soir, les jardins partagés, ces jardins associatifs collectifs de quartier, gagnés sur les terrains vagues grâce à l'obstination d'une poignée de riverains, avec l'aide de la Ville de Paris…

Et puis il y a des rituels qui rappellent la place du village, aussi bien dans les quartiers chics que dans les coins plus multiethniques, comme aller boire un café le matin après avoir déposé les gamins à l'école et avant d'aller bosser (ou d'aller à la gym et de préparer le déjeuner pour les mères au foyer). Rue de la Pompe, les mamans de Louis, Henri, Charles ou Édouard (ici, on a des prénoms de roi ou d'ancien Premier ministre UMP), dont les enfants fréquentent l'école privée La Providence, se retrouvent chez Paul. On y parle de la nounou qui claque dans les doigts, du coût de la vie (eh oui, même ici), du mari qui fait chier, des prochaines vacances, des notes des enfants. Pendant ce temps, à Belleville, les parents de Jules, Émile, Félix, Jeanne, Alfred, Suzanne (là, les prénoms fleurent plus la IIIe République) discutent de la prochaine occupation de l'école publique de la rue Fessart pour protester contre la réforme Darcos, et de leur prochaine action avec RESF pour sauver le petit Jiang et sa famille de l'expulsion. À la même heure, rive gauche, les mamans de Sainte-Clotilde, école privée catholique de la rue de Grenelle, débriefent sur l'une des leurs, Pénélope Fillon, la femme de François, qu'elles jugent « beaucoup plus distinguée et discrète que les femmes de Sarkozy ». La messe est dite !

Paris, un musée où les chiens ont le droit de chier

Ahhh, Paris, la plus belle ville du monde. Notre capitale bien-aimée ne l'est pas que de nous. Ils étaient 28 millions à venir traîner leurs guêtres dans nos rues en 2007. Paris fait plus rêver que, disons, Detroit ou Cracovie. Nos copines étrangères trouvent que Paris est « *so fantastic, ahhh, so romantic, ohhh, so beautiful* ». À chaque fois qu'on rencontre un Américain et qu'on lui dit qu'on est « *from Paris* », des étincelles s'allument dans ses yeux, suivies d'un quasi systématique : « *Ahhh, I'm so jealous !* »

Traverser le pont des Arts, remonter les Tuileries, s'engouffrer dans les jardins du Palais-Royal, admirer la vue depuis le haut de la rue de Belleville et bénir nos amis touristes qui nous entraînent une fois l'an au sommet de la tour Eiffel… Oui, oui, Paris est une belle pintade, qui rosit à la tombée du jour et qui n'a pas usurpé sa stature de *City of lights*. Mais Paris étant Paris, il fallait bien qu'elle se rebiffe contre cette beauté un peu trop parfaite.

Paris n'a pas usurpé non plus sa stature de « *City of* crottes ». Si à New York, le premier mot de nos enfants a été « taxi », à Paris, ça a été « caca de chien ». Et lorsque notre Big Boy a été pris d'un besoin urgent sans un pipi-room en vue, le gosse de nous dire : « C'est pas grave, je vais faire sur le trottoir. » Face à notre mine horrifiée et à notre refus catégorique, Big Boy a répondu : « Mais, c'est pas juste, les chiens, ils ont le droit, pourquoi pas moi ? » C'est ça, une vie de chien. Ici, Médor a plus de prérogatives que Junior.

Ahhh, la crotte de chien, un symbole local, à inscrire au patrimoine de la ville, au même titre qu'Yves Saint Laurent, le pont Neuf et les bouches de métro Guimard.

Les mauvaises langues disent que les étrons nous ont valu de perdre les Jeux olympiques face à Pékin. Même le Comité olympique trouve que la torture, c'est mieux que les excréments des toutous. La vraie interrogation réside dans le fait que tout le monde pense qu'une crotte de chien, une déjection canine comme on dit en langage politiquement correct, c'est dégueulasse. Tenez, faites un sondage autour de vous : « Qui est en faveur de la crotte de chien sur les trottoirs ? » Il paraît que 60 % des maîtres ramassent derrière leur chien depuis qu'ils risquent une amende, et que le nombre de chiens aurait même diminué de près de 25 %… Ouaip, c'est pas encore probant…

On se souvient de notre copine Chantal, qui habitait rue de Bizerte dans le XVIIe arrondissement : elle l'avait rebaptisée « rue des étrons ». D'ailleurs, une riveraine avait rédigé cet appel, accroché à la grille d'un immeuble de la rue : « La rue de Bizerte (XVIIe) ne veut plus être la canisette de tous les chiens du quartier. Ramassez, SVP. » Un stylo pendait. Les passants s'en étaient donné à cœur joie :

« NTC. Nique ton chien ou nique ta crotte. »

« La guerre des crottes est déclarée !!! »

« Paris, la Ville Lumière ou la ville caca ? »

« C'est vrai, il faut dire merde à la merde ! »

« Un chien, c'est comme un enfant. On ne le laisse pas chier n'importe où ! »

« Le service de nettoiement vous remercie de cette initiative. » Signé Diakite, l'employé de la voirie.

Le panneau devait être arraché peu de temps après, et remplacé par un autre. L'agent de nettoyage (« voiture 25 ») y remerciait les gens pour leurs efforts. Il s'avouait inquiet cependant : « Aujourd'hui, zéro crotte, mais combien ce soir ? » En guise de réponse, un anonyme avait écrit : « J'ai un chien et je vous emmerde. »

Ce sujet est devenu hautement politique. Un bobo de gauche quadragénaire de nos amis déclarait, excédé, au cours d'un dîner : « Je suis sur le point de voter à droite, à cause des crottes de chien. » Car, comme chacun le sait, la déjection canine est partisane et politiquement chargée. Pourquoi ? C'est Laurent Ruquier qui l'explique : « Delanoë n'est pas près de faire quelque chose pour lutter contre les crottes de chien sur les trottoirs, puisque c'est sûrement en marchant dedans du pied gauche qu'il se retrouve seul candidat ! »

Paris aime cultiver ses paradoxes. Par exemple, avez-vous jamais pris la peine de regarder les grilles en métal qui encerclent les platanes parisiens ? Elles sont en fer forgé, énormes, ornées de jolis détails sur les bords. Et bien sûr, elles sont terriblement peu fonctionnelles. Impossible même pour les motocrottes les plus puissantes (du temps où elles existaient encore) d'aller dénicher les souillures sous les grilles, elles pèsent une tonne et nécessitent une grue pour être déplacées.

Autre particularité locale : il n'y a qu'à Paris que des millions de mètres cubes d'eau (certes non potable) dévalent chaque année les caniveaux, pour que finalement les rues soient aussi approximativement propres. D'accord, ça a la fonction essentielle de permettre aux taxis grincheux d'éclabousser les passants, aux autobus aussi. Et puis, ça force la Parisienne à cultiver l'art du saut en longueur sur chaussures à talons.

Mais dans une ville aussi élégante que Paris, frappée par la grâce, dans ces caniveaux, rigoles quasi vénitiennes dans lesquelles les enfants jettent leurs petits bateaux pour les voir disparaître, happés dans les entrailles de la terre, gît le truc le plus infâme qui soit. Vous avez tous un jour remarqué ces boudins qui bloquent l'eau des caniveaux. Les touristes les prennent même en photo. On les surnomme des « momies ». Des gros boudins faits de vieux bouts de moquette putride qui trempent des mois durant dans le torrent pour en orienter le flux. Le nom officiel de ces immondices : chiffons de barrage. Serait-on passé à côté d'une merveille parisienne ? Car il faut savoir que chaque momie est unique, différente des autres. Toutes sont faites à la main, et exhibent leurs qualités artisanales intrinsèques, jusqu'à leur pourrissement ultime.

Toute belle, toute pimpante, une ville musée disent certains, mais un drôle de musée alors, un musée où on laisse ses serpillières traîner dans la rue jusqu'à dissolution complète, et où les chiens chient sur les trottoirs.

De rade en zinc

adresses

Quelques points de chute où boire un café, se faire offrir un demi, tailler une bavette, discuter le bout de gras, manger un morceau, refaire le monde avec des inconnus ou avec votre meilleure amie… Parce que les cafés aseptisés, tous refaits sur le moule des frères Costes, c'est un peu comme les boulangeries transformées en boutiques de fringues, on en a soupé.

Les Z'indems café
144, rue de Bagnolet, XXe - 01 43 73 38 55
Nadia, parigote dans l'âme (et dans la gouaille), a eu la bonne idée de profiter d'un plan de départs volontaires (d'où le nom) pour réaliser son rêve : ouvrir un café. Pas n'importe lequel : un café-restaurant culturel où il se passe toujours plein de trucs, des concerts, des expos, des engagements citoyens. Un chouette café, avec un zinc classé. On y rit, on y pleure, on y chante, bref on y vit.

Aux Folies
8, rue de Belleville, XXe - 01 46 36 65 98
Un ancien cabaret transformé en bistrot rétro où la clientèle est à l'image du quartier, mélangée. Avant d'aller faire vos courses aux Halles d'Asie ou à l'épicerie Le Caire.

Chez Jeannette
47, rue du Faubourg-Saint-Denis, X^e - 01 47 70 30 89
Le vrai bistrot patiné de quartier, qui porte encore les stigmates du temps de la nicotine, repris par des petits gars natifs d'Aurillac (on finissait par se demander où étaient passés les Auvergnats, à force de voir des troquets rachetés par des Chinois).

La Divette de Montmartre
136, rue Marcadet, XVIIIe - 01 46 06 19 64

C'est notre copine Stéphanie qui nous a parlé de cette institution, sur laquelle elle est tombée lors de l'une de ses nombreuses balades en amoureux pour découvrir les charmes cachés de Paris. C'est ici que l'on vient pour expliquer à nos enfants qu'« à l'époque », comme ils disent, il n'y avait pas de MP3, ni même de CD. Les pochettes de vinyles recouvrent les murs, du sol au plafond. Serge, le patron, en impose, et pas qu'en convivialité.

Lou Pascalou
14, rue des Panoyaux, XXe - 01 46 36 78 10

Pas de doute, ici on est à Ménilmuche. Nous aimons beaucoup le café culturel de Mourad, planqué sur une petite place, à deux pas du Père Lachaise, où l'on peut aussi bien boire un bon pastaga qu'un jus de fraise Pago.

Café Chérie
44, boulevard de la Villette, XIXe - 01 42 02 02 05

Déco récup régressive, clientèle mélangée, bonne programmation musicale. Pour le mojito du soir ou le thé à la menthe de l'après-midi, en terrasse dès qu'il fait beau, assis à un pupitre d'écolier.

Rosa Bonheur
Parc des Buttes-Chaumont, 2, avenue de la Cascade, XIXe - 01 42 00 00 45

Pas vraiment un café stricto sensu, plutôt une néo-guinguette et définitivement un lieu de convivialité. Installé dans le parc des Buttes-Chaumont, ce restaurant culturel ouvert par une équipe de filles voit défiler, selon les heures, aussi bien les familles avec poussette et porte-bébé alléchées par la bonne humeur locale, la terrasse, les muffins bio et le jus pommecarotte (avec un zeste de gingembre), que les célibataires noctambules qui ont envie de danser. Après 22 heures, entrez dans le parc du côté du métro Botzaris en soufflant « Rosa Bonheur » au portier.

Café des Deux-Moulins
15, rue Lepic, XVIIIe - 01 42 54 90 50
Vous ne vous trompez pas, c'est bien le café d'Amélie Poulain. Heureusement, ce troquet n'est pas resté figé dans le sépia. On y mange, on y boit un coup, on y cause, on s'y pose pour regarder les touristes commencer à grimper la butte et le quartier vivre. Vous y croiserez peut-être Jenny Bel'Air (voir p. 34).

Lux Bar
12, rue Lepic, XVIIIe - 01 46 06 05 15
Une alternative au café des Deux-Moulins. Avec les mêmes en terrasse.

Chez Prosper
7, avenue du Trône, XIe - 01 43 73 08 51
Pour un café, un casse-croûte vite fait bien fait, un plat du jour… C'est la brasserie de quartier par excellence, bruyante, vivante, où il fait bon échouer si on a envie (besoin) d'un cocon quand il fait moche, ou d'une terrasse quand il fait beau. Bonus : les serveurs (et les serveuses) manient l'amabilité sans modération. Bonus bis : le décor, joliment patiné.

Le Nemrod
51, rue du Cherche-Midi, VIe - 01 45 48 17 05
C'est ici qu'on vient grignoter une (énorme) assiette de cochonailles ou une douzaine d'huîtres, accompagnées d'un verre de vin. Plus roboratif que le Délicabar et à deux pas du Bon Marché…

Le Clown Bar
114, rue Amelot, XIe - 01 43 55 87 35
Pour la déco, incroyable fresque en faïence, des têtes de clowns partout. Pour l'ambiance aussi, à deux pas du Cirque d'hiver Bouglione, c'est *le* lieu de rencontre des artistes de cirque.

Le Progrès
1, rue de Bretagne, IIIe - 01 42 72 01 44
L'un des meilleurs spots pour mater la volaille locale et grignoter une salade.

La Mer à boire
1-3, rue des Envierges, XXe - 01 43 58 29 43
On va se répéter, mais le haut de la rue des Envierges, c'est l'une des plus belles vues de Paris. On en profite pour aller boire un verre dans ce café animé.

Les Pères populaires cantine bar
46, rue de Buzenval, XXe - 01 43 48 49 22
C'est le café qu'on aurait aimé ouvrir, dans un quartier, Buzenval, qui nous rappelle Red Hook à Brooklyn (les docks et la statue de la Liberté en moins). Le genre d'endroit où les vieux, les jeunes, ceux avec iPhone et ceux qui pensent qu'un MacBook est un hamburger sont les bienvenus. Où l'on croise nos potes journalistes à Rue89 et les travailleurs indépendants qui viennent en voisins. Où le café est à 1 €, le verre de vin à partir de 2 € et le plat du jour à 8 €.

Les Caves populaires
22, rue des Dames, XVIIe - 01 53 04 08 32
Mêmes propriétaires que Les Pères populaires, même esprit, c'est juste le quartier qui change.

La Cantoche Paname
97, rue Montmartre, IIe - 01 40 41 09 62
L'un des repaires de branchés du quartier. Leur truc pour les pintades : - 25 % sur les boissons en période officielle de soldes !

Café Fleurus
2, rue de Fleurus, VIe - 01 45 44 79 79
À deux pas du Jardin du Luxembourg, on y trouve juste ce qu'il faut d'ambiance germanopratine. Très agréable pour y boire un café ou une pression. Il y a même une (minuscule) terrasse ensoleillée.

Un week-end à Venise ? Le week-end des Ventes Privées Vanessa Bruno ? T'as fumé tes rognures d'ongle chéri ?

Au vrai chic

Le sacro-saint bon goût (qui a dit chiant ?)

Une virée shopping entre copines, dévaler la rue de Seine, déferler sur le Bon Marché ou s'abattre sur la rue Charlot : c'est à ce moment-là que la pintade se transforme en sauterelle dévorant les champs de céréales des plaines du Sahel. Petite, mais terrifiante. Seule ou par groupe de deux. Prédatrice. Faire du shopping est une activité très particulière. Frénétique, hautement chargée en culpabilité, générant plus de satisfaction qu'un ticket de loto gagnant, et parfois plus de regrets que l'équipe de France de football depuis que Zizou n'est plus des Bleus. « J'aurais dû prendre la petite robe, j'aurais pas dû acheter la même paire de chaussures en trois couleurs différentes et une demi-pointure trop grande. » À New York, on ne pense plus à ces choses-là. Si ça ne va pas, on rapporte au magasin. Pas de question, pas de justification : on est remboursé. Donc, pas d'hésitation, pas de regrets. À Paris, au mieux, le magasin vous donnera un avoir et encore, seulement à condition d'avoir payé plein tarif. Si vous avez acheté en soldes, vous pouvez aller directement chez Emmaüs convertir vos regrets en bonne conscience.

On vous le concède, ça ne donne pas envie d'être audacieuse. C'est déjà pénible de faire des chèques sans provision, alors si en plus on se plante sur le choix, faire du shopping n'est plus fun, c'est funeste... pour le compte en banque !

Du coup, est-ce pour cette unique raison, mais il faut bien admettre que la mode à la parisienne est aussi originale et audacieuse qu'un *prime time* de Drucker. C'est attendu, convenu, pas désagréable, mais sans grande surprise.

Quand on entend les Américaines parler des Parisiennes, on a l'impression d'entendre Perceval ayant enfin trouvé le Saint-Graal. À leurs yeux, les Parisiennes sont synonymes d'élégance, de charme, de raffinement, de féminité et de bon goût. *Ohhh so chic !* et de nous piquer toutes les expressions françaises quand elles parlent de mode et d'allure. Nous véhiculons aussi le mythe de femmes obsédées de lingerie. C'est Elaine Sciolino, ancienne correspondante du *New York Times* à Paris, qui l'affirme. Chiffres à l'appui. On dépenserait 20 % de notre budget fringues en dentelles et frous-frous. *Damn it*, on n'avait pas réalisé. Mais laissons nos voisines yankees croire tout ce qu'elles voudront. (Excepté que nous sommes sales et que nous ne nous lavons pas. Oui, ça fait aussi partie de notre réputation outre-Atlantique. Elles nous croient également bouffeuses de grenouilles et d'escargots, et velues des aisselles.)

À chaque retour de New York, nous sommes frappées de voir à quel point ici, l'élégance règne. Une élégance transcendantale. Les jeunes filles sont élégantes, avec leurs écharpes autour du cou, leurs sacs à main accessoirisés, leurs longues jupes flottant au vent sur leur Vélib. Les vieilles dames du VIIe arrondissement trottent d'un bon pas dans la rue du Bac avec leurs tailleurs impeccables aux couleurs lie-de-vin ou taupe, leurs manteaux en loden et leurs sacs à main en bandoulière. Elles ignorent sans doute qu'elles ont des sœurs jumelles de l'autre côté de la Seine (oui, vous trouvez les mêmes rue de Longchamp, dans le XVIe).

Le look de la Parisienne est, comme on dit aux US, *understated*. Même si le bling-bling est à la mode, Paris ne s'est pas transformée en Miami-by-the-Seine. Un petit jean, un petit haut sympa (expression, qui, comme vous le voyez, ne veut strictement rien dire, mais quand on est parisienne, on sait exactement ce que c'est, un petit haut sympa), une paire de Converse, et le tour est joué. L'apôtre de ce look furieusement fashion : Thierry Gillier, le fondateur de la marque Zadig & Voltaire. L'icône de la marque : le pull cachemire avec inscriptions Elvis ou tête de mort. Rencontré un matin, dans les bureaux de la société, Thierry, la petite cinquantaine, affirme : « Zadig, c'est tout le monde, c'est vous, c'est moi. Je suis Zadig. » En plus d'être Zadig (qui au demeurant était surtout occupé à se dépêtrer du roi de Babylone et n'avait pas vraiment d'affinités avec le textile), Thierry Gillier a aussi lancé une OPA sur nos penderies, décidé à nous convaincre que l'allure luxe chic décontracté rock'n'roll démocratisé était le summum. Et Thierry d'ajouter : « Quand les actrices préparent un rôle, qu'elles doivent jouer une fille de leur époque, elles viennent chez moi. Zadig représente une époque. » Pour lui, le vêtement doit avoir une histoire et, chez Zadig & Voltaire, on se charge de lui en greffer une en instantané. Thierry, encore une fois, explique : « On travaille les matières, on cherche le côté vintage, on l'abîme. » Alors que nos grands-mères nous ont bien appris qu'il ne fallait pas se salir et qu'il fallait faire attention, le monsieur, il abîme nos vêtements avant même qu'on les achète. « Par exemple, le cachemire, c'est fragile, c'est une fibre délicate. Le cachemire, ça ne se lave pas. » Nous faisons un saut mental dans notre penderie pour regarder notre dernier Éric Bompard, lavé plusieurs fois déjà, à la main certes, avec lessive Woolite et amour, et qui ne bouloche toujours pas. Après cette soirée au restaurant, pré-interdiction de fumer, heureusement qu'on l'a lavé, parce qu'en rentrant, ce soir-là, on était plus saucisse de Morteau que pois de senteur. Bref, c'est un genre, c'est patiné prêt-à-porter. Et Zadig ajoute que celles qui critiquent ne peuvent pas comprendre. Notre copine Jessica doit faire partie de celles-là, elle qui nous disait il y a peu en parlant d'un pull en cachemire : « Zadig & Voltaire, j'ai une serpillière de chez eux et je l'ai payée 300 euros. »

Il faut reconnaître que les nouvelles petites marques (Sandro, Maje, Les Petites, etc.) dans la galaxie fashion ont toutes un dénominateur commun : un style joli mais attendu. Des collections qui ne prennent pas de risques. Surfant sur la vague d'H&M et de ses fringues à prix mini, elles offrent des tenues un tout petit peu plus créatives, avec des détails un tout petit peu mieux pensés qu'H&M.

Les Parisiennes sont championnes du savant mélange, le *mix and match*, pour tordre le cou au total look (réservé aux ploucs de Houston, Texas).

Le pantalon bien coupé Joseph acheté en soldes, le petit haut déniché dans un magasin à Londres ou dans une boutique vintage à New York, une grosse ceinture achetée à La Redoute, et des bottes, le tout agrémenté d'un *it bag* offert par le jules, l'amant, les parents, les enfants (c'est selon). Le vent de folie créatif a été arrêté à la douane, c'est plutôt à Londres ou à Madrid que les designers jouent les apprentis sorciers.

Valérie Abécassis est rédactrice mode. Elle sévit dans les pages de l'équivalent pour les adeptes du culte fashion de la Bible, la Torah, le Talmud et le Coran réunis, nous avons nommé *Elle*. Lors d'une pérégrination dans les coursives de l'élégance, elle semblait s'ennuyer devant la énième robe d'été en tissu fleuri, quand tout à coup, on tombe sur une série de robes en tissu de tulle fin rose fluo avec manches longues et col improbablement rond. Et là, c'est l'extase : « J'adore quand les créateurs osent. Ces robes ne sont pas faciles à porter, mais au moins, elles sont très créatives. » Y décèlerait-on un regret que les autres créateurs justement ne « créent » pas suffisamment ? Et Valérie de s'émouvoir devant la ligne Hello Kitty du rayon bijoux du grand magasin. Hum… Voici un mystérieux phénomène. Ma nièce de 10 ans et demi, une dingue de mode, mais bon, 10 ans et demi… eh bien, elle est déjà passée à autre chose. Alors que les grandes semblent être restées bloquées en position passif régressif sur le Raminagrobis à nœud nœud. Ça fait partie des paradoxes, de l'exception française qui n'a même pas besoin d'être défendue par Pascal Lamy (ancien représentant européen du commerce extérieur). On s'en charge très bien toutes seules. Il y a d'un côté : « Elles portent toutes la même chose » et puis de l'autre : « J'veux surtout pas porter la même chose que les autres. » Et pourtant, l'été, elles ont toutes des tropéziennes aux panards, signées K. Jacques ou Rondini. Et c'est là que résidera le seul vrai débat de fond.

Les diktats de la mode nous sont généralement assenés par le Livre Saint, qui nous dicte tous les deux mois, non pas les Dix Commandements, mais les Cinquante Indispensables. Les tropéziennes justement, et aussi le pull gris en cachemire, la petite robe noire, le jupon fleuri, la chemise blanche, les ballerines, le pantalon à pinces. Rien que du bon goût qui n'incitera sans doute pas les créateurs à faire une collection zèbre et léopard avec épaulettes et accessoires en cuir verni. Ce serait moche, mais tellement plus drôle que le pull en cachemire gris chiné.

Heureusement qu'il y a un contingent de créatrices avec un peu plus d'inspiration que le pull gris en cachemire (notez : nous n'avons rien contre les pulls gris chiné, nous en avons d'ailleurs un dans notre penderie). Grâce à Vanessa Bruno, Isabel Marant ou Laetitia Ivanez – incarnations de l'image poétique, romantique, urbaine de la Parisienne –, on est rhabillées en femme pour l'hiver et pour l'été.

Il y a aussi les fameux pull-overs et toutes les créations de la matriarche du prêt-à-porter parisien. Sonia Rykiel, inventeuse de la « démode », plus parisienne que la Parisienne, a su résister au temps et malgré ses cent millions de chiffre d'affaires annuels, elle a aussi résisté aux OPA. Même sa coiffure impossiblement flamboyante a résisté aux modes. C'est elle qui nous a appris à ignorer les diktats et à jouer avec nos vêtements.

Dans le cheptel des nouvelles petites marques du Sentier, de quoi aussi nous saper. C'est pas du Vivienne Westwood, mais ça a le mérite d'exister.

Et puis, bien sûr, il y a Dieu. Dieu est celui qui suscite la vénération. Car, en chaque pintade, il y a une adoratrice, une dévote, plus fanatique encore qu'un pèlerin en route vers La Mecque. Dieu est celui sur la table de couturier duquel on se prosterne, pour les robes duquel on claquerait un mois de salaire, une offrande pour un bout du paradis, le rachat de nos fautes, la rédemption de nos péchés (je confesse : j'ai acheté un faux sac Prada à New York, et j'ai une paire de Uggs dans mon placard à chaussures). C'est très subjectif. Pour certaines, Dieu, c'est Yves Saint Laurent, pour d'autres c'est Albert Elbaz, Nicolas Ghesquière, Jean Paul Gaultier, et pour moi, c'est Karl Lagerfeld. C'est au 31 rue Cambon, dans la maison Chanel, que je viens me prosterner. Je laisse mon discernement à la porte et, comme une petite fille dans un magasin de bonbons, je pousse des soupirs d'extase devant tout ce que je vois, je me sens comme Bernadette Soubirou dans la grotte de Massabielle. Dans chaque broderie Lesage, dans chaque tweed emperlousé, j'ai l'impression de voir le Tout-Puissant. Nous vous rendons grâce, Seigneur, pour tous vos tailleurs, ô Dieu tout-puissant qui vivez et régnez pour les siècles des siècles. Amen.

C'est soldes, c'est RTT !

Contrairement à certaines connaissances qui prendraient volontiers leur passeport pour sortir du VIe arrondissement, nous savons qu'il est possible de se saper hors de Paris. Nous avons d'ailleurs nos habitudes dans quelques boutiques multimarques pointues en région. Mais, c'est une évidence, les Parisiennes sont particulièrement vernies en matière de chiffons. Et, mis à part quand l'argent n'est pas un problème (et encore, ça fait partie du snobisme local), elles acceptent rarement de payer le prix fort.

Évidemment, les soldes sont l'un de leurs terrains de jeux favoris. Après tout, la paternité des soldes ne revient-elle pas à Aristide Boucicaut, devant la statue duquel les pintades ne manquent pas de se prosterner chaque jour puisqu'il a fondé le Bon Marché, *le* premier grand magasin de France, de Navarre et du monde. C'est lui qui, au XIXe siècle, a eu l'idée d'organiser plusieurs fois dans l'année des déstockages massifs d'invendus. Nous n'avons jamais eu suffisamment la foi pour être devant le BM ou les Galeries Lafayette à 8 heures du matin pour le coup d'envoi officiel. Le côté Japonaises faisant le pied de grue devant Chanel avenue Montaigne, on laisse ça aux autres (aux Japonaises, justement). Mais on en connaît pas mal qui posent une journée de RTT pour investir leurs boutiques préférées dès l'ouverture. S'il y a une avancée sociale que les fashionistas ne veulent pas voir disparaître, c'est bien la semaine de trente-cinq heures !

Comme elles sont pros, elles ont en général pris soin de faire du repérage la veille, entre midi et deux. Et le jour J, elles se cantonnent à un quartier qui offre un bon échantillon de la mode parisienne, par exemple derrière l'église Saint-Eustache ou à Sèvres-Babylone.

En dehors de ces grand-messes consuméristes, la force de la Parisienne, c'est son réseau. Elle a ses adresses, ses habitudes, en fonction de ses goûts et de ses moyens. En

France, les soldes ont beau être aussi réglementés que le protocole à Buckingham Palace, la Parisienne sait profiter des bonnes affaires toute l'année. Quand elle en a marre de faire du shopping virtuel sur www.vente-privee.com et sur www.yoox.com, et qu'elle veut voir de vraies gens, elle va fouiller dans les bacs de Mamie, de Guérissol, de Momo Fringues et évidemment de Sympa, la minichaîne de solderies du métro Anvers grâce à laquelle les mamans bohémiennes-chics du XVIIIe peuvent frimer l'été sur la plage : « Cooommeeeent !! Tu ne connais pas Sympa ? Mais c'est là que je trouve tous les maillots Petit Bateau à 2,99 euros pour les enfants… » Rosalie, assistante juridique qui vit dans le XXe et fréquente depuis longtemps ces magasins où les boubous côtoient les Converse, ne pensait pas être aussi branchée quand elle y achetait des vêtements pour sa fille et pour elle-même il y a quinze ans.

Depuis toujours, l'une des bottes secrètes de la Parisienne, ce sont les magasins de dégriffés, comme le Mouton à cinq pattes – l'institution de la rue Saint-Placide – et les stocks, dont le repaire historique est la rue d'Alésia (Sonia Rykiel, Cacharel, Sinéquanone ou encore Mac Douglas), mais que l'on trouve aujourd'hui un peu partout dans Paris. En quelques années, les ventes privées sont devenues la nouvelle caverne d'Ali Mama. Contrairement aux soldes de presse où il faut être un minimum introduite, elles sont ouvertes à tout le monde, moyennant une petite cotisation annuelle. Tiennette La Belette, qui a élu domicile dans une charmante impasse du XXe, héberge en général des créateurs originaux pour les lookées qui refusent de ressembler aux Zadig girls ; l'Espace NGR, abrité sous une verrière du XVIe, propose chaque semaine toutes les marques qui ont la cote, Isabel Marant, Vanessa Bruno, Maje, Sandro, vendues jusqu'à 70 % moins cher… allez on arrête le *name dropping* sinon vous risquez le *nervous break down*...

Quand la Parisienne veut joindre l'utile à l'agréable, elle convie ses amis à des *happenings*. La foire fouille, c'est aussi à domicile. Une fois par an, Caroline, 40 ans, journaliste, accueille ses potes pour une braderie dans sa jolie maison porte de Pantin. On vient avec les fringues dont on ne veut plus, il y a plusieurs tas au milieu du salon, un pour les hommes, un pour les femmes, un pour les enfants, un pour les chaussures, et chacun se sert. L'occasion de faire le nettoyage par le vide dans ses placards et de se retrouver autour d'un brunch ou d'un goûter, avec les enfants qui escaladent les montagnes de vêtements. Les *swaps* de vêtements et les braderies en appartements sont de plus en plus courus si l'on en juge par le nombre d'invitations qui arrivent dans les boîtes mail. Avec Viens dans mon dressing, Nath et Flavie, deux amoureuses de la mode et de la musique, sont passées à la vitesse supérieure : une fois tous les deux mois (ça se passe le dimanche, pour faire mentir ceux qui disent qu'il ne se passe jamais rien le dimanche à Paris), elles organisent, au son de *DJ's live sets*, une mégabraderie de jeunes créatrices et de fashionistas qui vident leur dressing. Huit cents à mille personnes à chaque événement.

Il y a une conception mathématiquement archifausse, mais qui est aussi ancrée dans les esprits que le fait que Mère Teresa soit une sainte, qui consiste à croire que si on a acheté un article en soldes, on a fait des économies. Théorème : j'achète une paire de chaussures à 100 euros, soldée à 60 %. J'ai donc dépensé 40 euros. Je n'achète pas de paire de chaussures à 100 euros, soldée à 60 %. J'ai dépensé 0 euro. J'ai donc économisé 40 euros. Théorème de pintade : j'achète une paire de chaussures à 100 euros soldée à 60 %, j'ai donc économisé 60 euros donc j'en prends une deuxième paire, pas dans ma pointure, qui me fait mal aux pieds et dans une couleur que je n'aime pas vraiment parce qu'une bonne affaire, ça ne se rate pas. (Si vous n'avez rien compris, c'est pas grave, ce sont des maths de pintade.)

Combats de pintades

Mathilde est une jolie brune de 32 ans, à l'air tout à fait civilisé. Élégante, toujours l'accessoire tendance ou la jupe du moment sur elle. Et pour cause. Deux fois par an, Mathilde se transforme en guerrière chiffonnière. Alors que nous devons déjeuner ensemble (déjeuner reporté maintes fois comme il se doit dans un agenda de Parisienne débordée), je reçois un appel téléphonique catastrophé vers 11 heures : « Excuse-moi, je dois annuler notre déj. J'ai une urgence VI-TA-LE. Figure-toi que les soldes de presse Isabel Marant ont commencé et, comme j'ai déménagé, je n'ai pas reçu le carton d'invitation. Je ne comprends pas, pourtant je fais suivre mon courrier. Je viens de m'en apercevoir parce qu'une copine m'a appelée de là-bas. C'est l'HO-RREUR. J'ai appelé leur bureau de presse, et heureusement, je suis tombée sur une fille hypersympa qui a accepté de me remettre sur leurs listes. D'habitude c'est quasi impossible. Elle voulait que je lui envoie un coursier pour récupérer l'invit, mais faut quand même pas pousser. Je dois AB-SO-LU-MENT passer à son bureau d'un coup de scooter entre midi et deux. Non mais tu te rends compte, des soldes presse fin avril ! D'habitude, c'est jamais aussi tôt, sinon je me serais méfiée. Il va falloir que j'appelle les autres créateurs pour vérifier leurs dates. »

Une guerrière amazone, prête à écraser quiconque l'empêchera de faire le plein de petits hauts Isabel Marant, de robes Maje et de chemises Antik Batik bradés à 70 %...

En la matière, le meilleur plan de la capitale, ce sont les soldes de presse. Si vous ne faites pas partie des Parisiennes qui reçoivent deux fois par an les précieuses convocations aux ventes presse, c'est pas bon pour votre *self esteem*. Les soldes de presse, il faut absolument en être. Dans la mesure où Mathide est journaliste, elle peut légitimement prétendre participer à ces ventes orgiaques, où les prototypes et les pièces de la saison en cours sont vendus à prix cassés en avant-première. Réservés à l'origine aux journalistes de mode et à quelques *happy* attachées de presse, ces événements se sont « démocratisés » ces dernières années en s'étendant aux copines des copines des copines des journalistes. Anne-Sophie, organisatrice de soirées parisiennes et heureuse propriétaire de plus de deux cents paires de chaussures (soit plus de quatre cents chaussures qu'elle est obligée de stocker chez sa mère à la campagne !), se souvient de l'époque où les soldes presse étaient vraiment pour les initiées. Aujourd'hui, elle ne supporte la cohue que pour assouvir son « addiction maladive » aux souliers. « Louboutin, Rossi, Frisoni : je photographie les modèles qui me plaisent avec mon portable et je les envoie à mon copain pour avoir son avis ! Il m'est déjà arrivé d'acheter des chaussures qui n'étaient pas à ma pointure. C'est toujours un crève-cœur de passer à côté d'une bonne affaire. »

Il est pourtant parfois aussi difficile de se faire inviter à une vente presse que de réussir à séduire Bak, le physio du Baron (celles qui connaissent sauront de quoi on parle, les autres liront « Baronnie, terre imprenable », p. 252). Surtout quand il s'agit, comme pour Mathilde, d'aller aux soldes d'Isabel Marant. Mais pas n'importe quel jour ! Plus on est invitée tôt, plus c'est signe qu'on est importante. « Les deux premiers jours sont réservés aux VIP. Le mardi, c'est pour Charlotte Gainsbourg et ses copines, laisse tomber. Mais le mercredi, il faut absolument réussir à en être. Sinon, c'est l'enfer, tu te tapes trois heures de queue sur le trottoir les derniers jours, et en plus, il y a nettement moins de choix. En ce moment, j'essaie de m'incruster sur le fichier d'Eres. Je fantasme sur leurs maillots mais ils sont hors de prix. J'ai voulu jouer franc-jeu avec l'attachée de presse. Il m'arrive de raconter que je bosse pour une star des médias qui a une émission sur la radio dans laquelle je travaille, mais là, je lui ai dit la vérité, que j'étais journaliste, que le domaine que je couvre n'a rien à voir avec la mode mais que j'adore leurs maillots. Cette pouffe ne m'a même pas répondu ! »

Sur les forums féminins de discussion sur Internet, on assiste à des appels à l'aide et à un étrange mercato : « Échange invit v. bruno, givenchy, zadig, diab'less, a.batik, ungaro, w.steiger, marant… contre une lanvin ou ysl !!! Je suis désespérée, help me !!! » Ou encore : « Cherche invit isabel marant contre vanessa bruno. » Certaines sont même prêtes à payer 101 euros aux enchères sur eBay (véridique) pour devenir les heureuses propriétaires d'un carton d'invitation « braderie d'été vente de presse

Isabel Marant » (on en profite pour signaler que pour certaines marques comme Maje, pas la peine d'aggraver votre découvert, on peut entrer sans carton).

Qui n'est jamais allé à des soldes presse a raté une occasion de faire une belle étude sociologique sur la mesquinerie humaine. L'un des spectacles les plus effrayants, c'est Zadig & Voltaire. La notoriété de la marque est telle que les filles sont prêtes à s'étriper pour pouvoir entrer. Cinq mille personnes conviées, des mannequins, des journalistes, des comédiennes, des costumières, des habilleuses de ciné, et toutes celles qui ont réussi à obtenir un passe-droit grâce à leur *networking*. Le jour où nous y sommes allées, dans un hôtel particulier du Marais, des dizaines et des dizaines de clones, legging ou slim sur les fesses, Converse ou ballerines aux pieds, et sac très *big* au bras, faisaient le pied de grue, parfois depuis deux heures, sur le trottoir. Pire qu'un jour d'arrivage de sucre et de farine dans un magasin d'État sous l'ère soviétique. Deux baraqués à l'entrée se chargeaient de diriger les malheureuses qui pensaient entrer directement, sous prétexte qu'elles étaient VRAIMENT journalistes ! « Ah, par contre, madame, la queue, c'est là-bas », répétait en boucle un grand costaud à l'air pas commode, en désignant l'autre bout de la rue. Découragées, certaines rebroussaient chemin : « J'ai trop d'amour-propre quand même. » « Je ne peux pas, si je m'absente trop longtemps, ça ne va pas passer au boulot. »

Si vous êtes près de la place des Vosges ou dans le XIe arrondissement fin mai ou fin novembre, que vous voyez défiler des filles avec d'immenses *shopping bags* marron ou blancs qui ont l'air de peser un âne mort, remontez la filière. C'est mieux que le marché noir. Vous aurez toutes les chances de tomber sur une vente de presse. On ne sait jamais, si vous tombez sur un vigile pas trop regardant (une espèce en voie de disparition), vous arriverez peut-être à entrer sans carton. « Le soir, quand on ferme les portes à 20 heures, il y a encore des clientes qui attendent dehors jusqu'à 21 heures, explique Delphine, qui a organisé de nombreuses ventes chez Zadig. Elles râlent. Une fois, on a même eu droit à une manif, une dizaine de filles qui hurlaient : "On veut entrer !!" Elles peuvent être mauvaises. Je me souviens d'une femme que nous avions laissé passer devant tout le monde car elle avait un enfant handicapé. Certaines l'ont huée, c'était dingue. » Le meilleur plan, c'est encore d'être enceinte, il y a une file spéciale (y compris pour payer).

À l'intérieur, c'est du gavage d'oie. Aucune retenue, aucune pudeur, chacune pour soi et tout le monde à poil pour essayer. À côté, les Neuf Preuses étaient des bisounours. « Elles s'engueulent, s'arrachent les vêtements, nous insultent, raconte Delphine (on témoigne qu'on a vu plus d'une responsable de ventes se faire agresser). À la fin, on est lessivés. Mais c'est drôle en même temps. Une année, il n'y avait plus de pulls en cachemire à inscription (les fameux Elvis et Rock'n'Roll). Quand le réassort est arrivé, on n'avait pas le temps d'installer les pulls sur les tables, on devait les leur jeter. Des vrais fauves. Elles nous griffaient pour attraper un pull au vol. » Kouchner et son sac de riz devaient être moins attendus que ça…

C'est encore pire dans le luxe. Mathieu, qui travaille pour la même marque de prêt-à-porter, raconte que la dernière fois qu'il est allé aux ventes Dior, dans un immense entrepôt porte de Versailles, les gens faisaient la queue dehors, tout autour de l'entrepôt, depuis 4 heures du matin. « On doit se déshabiller, passer par un portique métallique, montrer une pièce d'identité. Tout est cher aujourd'hui, alors s'offrir du luxe à prix cassés, tu parles, ça en transforme plus d'un en harpie. Dans ces moments-là, le luxe perd toute sa dimension de luxe. Les gens sont frénétiques, achètent n'importe quoi... Des salaires entiers y passent. »

Cerise sur le gâteau, il arrive que ces événements soient le théâtre de joyeuses tranches de vie. Et l'occasion de vérifier que la solidarité féminine existe, même en état de siège. Les ventes de presse des Prairies de Paris, par exemple, sont toujours un sympathique bazar, à mettre en rapport avec la bonne humeur de Laetitia Ivanez, qui accueille en personne et avec le sourire ses potes et ses fidèles, dans son *show room* du passage Saint-Bernard. On entre même si on n'a pas de carton ; on sue au fond de l'atelier transformé en cabine d'essayage, on pique des fous rires, on grimace en jurant de se mettre au régime pour entrer dans la taille 1 la prochaine fois. Et on s'en va avec le sentiment d'avoir fait des affaires ET passé un bon moment.

Le problème avec les soldes presse, c'est la mauvaise conscience qui nous assaille si on ressort les mains vides. « La première fois que je suis allée aux soldes presse Isabel Marant, il y a sept ans, je suis repartie sans rien acheter, avoue Mathilde. La copine qui m'avait fait entrer grâce à un faux carton fabriqué chez Copy-Top (à l'époque, le bidouillage était encore possible) m'a traitée de folle. Depuis, j'ai compris qu'il fallait avoir un plan de bataille. Tu entres, tu prends un grand sac à l'entrée, tu fais tous les rayons en y jetant les fringues qui te plaisent, sans réfléchir. Tu enlèves les cintres sinon le sac pèse trop lourd. Après SEULEMENT, tu te mets dans un coin pour essayer et faire le tri. »

Pas exactement une adepte de la décroissance, on l'aura compris…

Portraits de modeuses

Une généralité est par définition à moitié fausse.
Et les portraits-robots sont faits pour brouiller les pistes.
Mais c'était trop tentant. Petite pochade des pintades
de Paris.

Elle habite le IIIe. Elle est une gravure de mode pour Boboland. Elle a un sens inné de la mode, sa mode. Elle connaît toutes les boutiques du quartier et navigue rue de Bretagne comme un poisson dans l'eau. Et tant qu'à être poisson, elle est plus requin que poisson-clown. C'est une prédatrice de nouvelles tendances. Elle passe une fois par semaine chez AB33 pour dénicher des sous-vêtements Fifi Chachnil, et ne manque pas de faire une virée mensuelle chez Gaspard Yurkievich, son nouveau designer fétiche. Vêtue d'une robe-portefeuille et de bottes à grosses boucles qu'elle porte même l'été, elle va bien évidemment faire ses courses au marché des Enfants-Rouges. Quand elle s'aventure en dehors de son périmètre, elle va fureter dans les boutiques de la place des Victoires et des galeries des environs. Dernièrement, elle a craqué pour un scooter

Au vrai chic

vert d'eau avec selle marron, et casque assorti. Elle le prend même pour aller boire un mojito à la Perle, alors qu'elle habite à deux rues de là. Elle est déprimée par la prolifération des magasins Gap à Paris. Son fantasme : avoir une pièce de son appartement entièrement dédiée à ses chaussures.

Elle habite dans le XVIe, fait ses courses (de bouche) rue de Longchamp. La mode, elle s'en fout. Quand elle a entendu parler de taille basse pour la première fois, c'était dans les pages du *Madame* (oui, c'est comme ça qu'on appelle *Le Figaro Madame*), et elle pensait qu'ils avaient fait une faute. Elle pensait qu'ils voulaient parler de basse-taille, cette noble et ancienne technique de gravure sur métal. Ses pantalons, elle les porte taille haute, quand elle porte des pantalons. Son truc, c'est plutôt la jupe droite sous le genou. Elle a bien une jupe-culotte lie-de-vin dans son placard, mais la dernière fois qu'elle l'a sortie, ses filles, Hortense, Mailis et Quitterie, lui sont tombées dessus. Sa dernière virée shopping, c'était aux soldes de Franck et Fils, mais depuis que ça a été racheté, elle trouve ça un peu trop moderne à son goût. Les pièces dont elle est vraiment inséparable : son loden et son serre-tête. Ce qu'elle ne supporte pas : les bas résille. Ce qu'elle ne fera jamais : un achat coup de cœur. Elle a cinq enfants à nourrir et trois filles à marier.

Elle habite avenue Duquesne, c'est une Duquesnoise. Elle fait ses courses (de bouche) au marché de la rue Cler. Elle sait être classique chic, avec une pointe d'esprit fashion. Elle fait du shopping avec sa fille. Elle adore les petites boutiques qui montent, une chemise Sandro par-ci, une tunique en lin Maje par-là. Il lui arrive même d'aller chez H&M (mais elle n'aime pas trop en parler).

Sous la torture (par exemple, si vous la menacez de brûler son trench Burberry et sa collection de tee-shirts Petit Bateau), elle vous avouera qu'elle commande dans le catalogue des Trois Suisses. Elle lit *Elle* chaque semaine et elle a bien retenu sa leçon : à chacune son style. Elle fantasme sur les vitrines de Marc Jacobs et elle demande à ses copines plus voyageuses qu'elle de lui rapporter une paire de gants ou une écharpe de la boutique de New York. Son QG, la boutique Nespresso de la rue du Bac, où elle se fait expliquer les nuances de goût des différentes capsules, avant d'avaler un express offert par la maison. Deux fois par an, elle va chez Joseph, rue Bonaparte, pour craquer sur un beau pull en maille. Elle adorerait avoir un Birkin, mais ça non plus elle ne l'avouera jamais. Elle déteste les tatouages. Ce qu'elle ne fera jamais : porter un pull bleu marine avec une jupe noire.

Elle habite dans le VIIIe, elle fait ses courses chez Vuitton (si elle pouvait, elle achèterait ses poireaux monogrammés, euh, non, pas ses poireaux, ses sushis, pardon, elle ne mange pas de poireaux). Elle est dingue de mode. Le *Vogue* américain, celui d'Anna Wintour, est son livre de chevet, en particulier le numéro de septembre avec lequel elle fait des haltères pour se muscler les bras, tellement il est lourd. Maintenant qu'elle sait que Kate Moss raffole du foulard léopard griffé Vuitton, elle se l'est fait offrir en trois exemplaires. Pas un pas sans l'un de ses Birkin. Elle en a un faux, mais les autres sont vrais, alors ça peut passer. Chez Hermès, Élodie, sa vendeuse, l'appelle pour l'avertir quand un nouveau modèle est arrivé. Pour elle, un H gravé sur du cuir est aussi irrésistible qu'un week-end de sexe à Deauville avec Vincent Perez. Son péché mignon : les camélias Chanel.

Au vrai chic

Elle les a dans toutes les matières. Quand elle va faire du shopping, généralement en compagnie de sa meilleure copine Sharon, elle dévalise les rayons de Montaigne Market, le magasin multimarques en vogue. À côté d'elle, l'ouragan Katrina était une petite perturbation. Moulée dans son skinny jean, griffé Acné, elle va faire un break haricot vert, verre d'eau citronnée à l'Avenue (on vous assure qu'il n'y a pas de faute de grammaire, c'est bien haricot au singulier). Si elle est suffisamment connue ou suffisamment *beautiful*, elle aura droit d'être en vitrine. Sinon, au premier étage, avec la plèbe. Son rêve absolu : prendre rendez-vous avec Karl pour l'essayage de sa première robe haute couture. Elle grappille chez Chloé, Dior, Nina Ricci, Prada, mais elle trouve qu'aller chez Cartier, dans la boutique des Champs, c'est vraiment trop ordinaire. Elle n'est pas fidèle à son mari, comment voulez-vous qu'elle le soit à son designer ? Ce qu'elle ne ferait jamais : commander une robe « Lacroix pour La Redoute ».

Elle habite le XIe et sans le marché d'Aligre, elle quitterait la France. Elle est ultrastylée, super *trendy* et parfois même funky. Le mot qu'elle déteste le plus : bobo. Non, elle n'en est pas une. Elle se pense nomade et quand elle s'habille, elle en profite pour voyager. D'Inde, elle a rapporté de superbes tissus, de Syrie, elle a amassé des breloques, et du Japon, elle a rapporté des kimonos en soie sublimes qu'elle porte sur des jeans noirs. Quand elle ne va pas à l'autre bout du monde, elle file faire le plein au Mouton à cinq pattes ou dans les braderies de ses copines/voisines. Elle a toujours le bon plan, le bon filon, l'invit aux soldes presse, le vide-grenier branché. Une fois par an, elle va à Londres faire le plein d'inspiration au Spitalfields Market. Sur son vélo, trois fois par semaine, elle va acheter ses légumes bio et une botte de fleurs au marché, fait un petit tour aux Modernistes, la boutique déco de l'autre côté de la rue, avant de s'arrêter au Baron rouge pour un verre de sèvre-et-maine-sur-lie. Son QG : le cours de Vinyasa Yoga du Gérard Arnaud Studio, elle est secrètement amoureuse du prof. Le soir, elle enfile ses ballerines népalaises et elle va écouter son jules, chanteur et bassiste, à la Flèche d'or. Son rêve secret : faire un *road trip* au Rajasthan avec budget illimité. Ce qu'elle ne pourrait jamais porter, même si on la menaçait de mettre des pesticides sur ses tomates : un serre-tête.

Elle vit dans le XIXe. Elle est la spécialiste du poulet yassa. Ses cheveux sont teints en bleu ou en rouge. Elle porte son séant moulé dans un jean noir légèrement trop petit. Elle n'a pas attendu un magazine féminin pour savoir que la mode était au slim. Ses lunettes achetées chez H&M lui mangent le visage. Dans les cheveux, elle a noué un foulard rapporté d'Abidjan par sa cousine. Sweat-shirt rouge à strass, boucles d'oreilles en forme de cœurs roses, MP3 greffé sur les oreilles, sneakers Adidas, quand elle ne porte pas des escarpins à talons aiguilles qui lui tuent les pieds. Elle raffole d'H&M et du marché de Sarcelles. C'est là qu'elle achète des tissus africains et des imitations de sacs de grandes marques. Elle rêve d'une paire de lunettes Chanel, des vraies. Son autre obsession, c'est la lingerie. Dentelles, frous-frous, rien ne lui fait peur, pas même la culotte rouge avec ceinture impression panthère. Quand elle part en virée shopping avec sa grappe de copines, elles écument H&M bien sûr, Zara, et elles finissent toujours par faire un tour chez C&A. Le truc le plus immonde à son goût : les mocassins pour filles. Ce qu'elle ne ferait jamais : mettre une minijupe dans sa cité. Elle attend d'être chez une copine pour se changer. Ce qui la fait marrer : voir que tous les designers s'inspirent des filles comme elle pour leurs collections.

Elle habite le Xe, dans un passage avec un nom terriblement évocateur, le passage du Désir par exemple. Son mec est tout aussi sublime et fashion qu'elle. Elle est plutôt monochromatique dans son approche esthético-fashion. Le marron est la couleur la plus *flashy* qu'elle ait jamais portée. Elle se balade entre petits designers du quai de Valmy, fripes et boutiques vintage (vous remarquerez que c'est la même chose que des fripes, c'est juste leur nouveau nom modistiquement correct !). Elle meurt d'amour pour Stella Cadente et n'exclut pas de faire un crochet par Noir Kennedy de temps en temps. Si le style goth était de nouveau à la mode, ça lui irait très bien. Quand elle se promène le jour, elle chausse ses Stan Smith et quand elle sort le soir, elle enfile une paire de stilettos vertigineux. Mais sa vraie ardeur, elle la garde pour les tatouages. Elle en a un sur le bras, un dragon avec des dégradés de couleurs qui laisseraient le Titien rêveur. Et un autre, tout tout tout en bas du dos. Sectaire, elle ? Non ! Mais ce qu'elle ne pourrait jamais faire : devenir copine avec une bourgeoise du XVIe, non pas parce qu'elle ne les aime pas, c'est juste qu'elle n'est pas assortie à sa garde-robe.

Les bons plans des bloggeuses

Il y a des Parisiennes qui sont non seulement extrêmement bien connectées, mais qui, en plus, en font profiter les copines. Si, si, ça existe. Allez faire un tour sur ces blogs pour avoir les bons plans des ventes privées et des ventes presse. Et aussi pour humer l'air du temps.

www.punky-b.com
www.monblogdefille.com
www.deedeeparis.com
www.carolinedaily.com
www.nizzagirl.canalblog.com/
www.marieluvpink.com
http://blogs.lexpress.fr/cafe-mode/
www.mylittleparis.com

Les bonnes affaires

Viens dans mon dressing
www.myspace.com/viensdansmondressing
Des stands tenus par de jeunes créatrices et par des fashionistas qui vident leurs placards : Nathalie, la reine des bons plans, et sa copine Flavie déplacent les foules de modeuses à chacune de leurs braderies (une tous les deux mois à peu près). Le tout en musique. On en redemande.

Bis-Bis
74, rue André-Joineau - 93310 Le Pré-Saint-Gervais - 01 57 42 27 70

Bis-Bis, c'est le miniconcept-store des bonnes affaires. Des boutis du Vietnam, des bijoux touareg, des doudous rigolos, des robes La Fiancée du Mékong, et surtout, on a gardé le meilleur pour la fin, des sacs lune et des cabas Vanessa Bruno ou encore des vêtements Corinne Cobson à prix cassés (évidemment pas de la saison en cours, et il peut y avoir des petits défauts, mais vous êtes toujours prévenues). Du coup, ses clientes se déplacent même de Boulogne et de Neuilly jusqu'à la porte de Pantin. C'est dire ! Haute comme trois pommes, Carole a autant de bonnes idées que d'énergie. Elle a de qui tenir : ses parents, Jacqueline et Élie Jacobson, ont créé la marque de maille mythique Dorothée Bis, et sa sœur n'est autre que Corinne Cobson.

ESPACES DE VENTES PRIVÉES

Catherine Max
17, avenue Raymond-Poincaré, XVIe - 01 44 93 29 29
www.espacemax.com
Cotisation annuelle : 12 €
Vêtements, déco, maison.

Espace NGR
40 bis, rue de Boulainvilliers, XVIe - 01 45 27 32 42
www.espace-ngr.fr
Tenu par Nathalie Gillier. Vous y trouverez un gros stock des fringues de son frangin, Thierry, le patron de Zadig & Voltaire.
Cotisation annuelle : 12 €
Vêtements, déco.

Tiennette La Belette
49, rue de Bagnolet, XXe - 01 44 64 77 67
www.tiennettelabelette.com
Adhésion gratuite.
Une cinquantaine de créateurs à portée de budget.

LES STOCKS

Sonia Rykiel
64 et 112, rue d'Alésia, XIVe - 01 43 95 06 13

Mac Douglas
111 bis, rue d'Alésia, XIVe - 01 43 95 68 03

Cacharel
114, rue d'Alésia, XIVe - 01 45 42 53 04

Maje
44, avenue du Général-Leclerc, XIVe - 01 45 41 57 29

Chloé
8, rue Jean-Pierre-Timbaud, XIe

Zadig & Voltaire
22, rue du Bourg-Tibourg, IVe - 01 44 59 39 62

Jamin Puech Inventaire
61, rue d'Hauteville, X[e] - 01 40 22 08 32

Multimarques is back (again)

adresses

Les Parisiennes ont redécouvert les concept-stores, les boutiques multimarques, les boutiques-galeries, appelons-les comme on voudra et allons-y.

Abou d'Abi Bazar
125, rue Vieille-du-Temple, IIIe - 01 42 77 96 98
Multimarques casual.
Isabelle Marant Étoile, Antik Batik, Manoush, American Vintage, Stella Forest…

L'Éclaireur
8, rue Boissy-d'Anglas, VIIIe - 01 53 43 03 70
Concept-store pointu.
Martin Margiela, Dries Van Noten, Marni, Koi… et aussi du mobilier, des bijoux, et même un bar et un restaurant.

Spree
1, rue Saint-Simon, VIIe - 01 42 22 05 04
Boutique-galerie branchée.
Vanessa Bruno, Marc by Marc Jacobs, Acne, APC, Comme des garçons… et aussi des accessoires, du mobilier contemporain, des œuvres d'art.

Shine
15, rue de Poitou, IIIe - 01 48 05 80 10
Multimarques trendy.
Repetto, Jérôme Dreyfus, Michel Vivien, Ernest…

Colette

213, rue Saint-Honoré, Ier - 01 55 35 33 90

Queen du concept-store.

Que peut-on écrire sur Colette qui n'ait déjà été dit ? Que l'équipe qui y travaille pourrait se la péter vu la renommée intergalactique de ce concept-store qui a fêté ses 12 ans, et que ce n'est même pas le cas ? Que c'est dans ce temple de l'édition limitée qu'il faut aller si on veut la Maclaren relookée par Starck, la collection Proenza Schouler pour Target, les Reebok customisées de Scarlett Johansson et le tee-shirt en coton organique designé par Kate Moss (et aussi les livres des Pintades !) ?
www.colette.fr

Merci

111, boulevard Beaumarchais, IIIe - 01 42 77 00 33

Merci est au bon goût bobo ce que Colette est au branché pointu. Ce charity concept-store imaginé par Marie-France et Bernard Cohen (les créateurs de Bonpoint) attire les foules depuis son ouverture au printemps 2009. Un magnifique loft-musée où l'on peut aussi bien acheter une pièce Yves Saint Laurent ou Stella McCartney qu'un carnet de notes ou un bouquet de fleurs de pavot (la sélection du fleuriste est pointue comme on l'aime). Les bénéfices sont destinés à aider les enfants défavorisés de l'île de Madagascar. Si vous trouvez que malgré l'étiquette éthique, ça reste inabordable pour votre porte-monnaie, allez simplement boire un verre au café-bouquiniste qui est à l'entrée.

Si t'étais mon mec,
Je demanderais le divorce.
Mais je te pardonne,
j'ai pas l'choix...
P

Pintades à roulettes

« La mélancolie, mon cul ! »

J'aime bien lire la rubrique « Qui va là ? » du *Paris Obs*. Une personnalité y raconte son Paris, ses habitudes, sa vision des habitants. Ça m'amuse toujours quand la personnalité en question cite le métro parmi ses lieux préférés. Je me dis qu'elle n'a pas dû le prendre souvent aux heures de pointe, le métro parisien. « Le meilleur endroit pour lire et observer les gens. » Peut-être, mais alors à 11 heures du matin, quand ils sont tous au bureau, les gens ! Parce que lire quand on est debout, l'aisselle de son voisin de droite sous le nez et le coude de sa voisine de gauche dans le cou (eh oui, les pintades n'ont pas toutes la taille mannequin), il faut reconnaître que ce n'est pas l'idéal. Cela dit, on en voit ruser, comme cette jeune femme croisée sur la ligne 4 qui, debout, écrasée par la foule compacte de la rame, n'avait pas renoncé à lire *Le Monde* (dont le format, comme chacun le sait, est totalement adapté à l'exercice). Dès qu'elle avait terminé une page, elle dépliait délicatement son journal, tournait la page, le repliait soigneusement en deux puis en quatre, et le collait contre son torse, telle une deuxième peau.

Les femmes représentent les deux tiers des usagers des transports en commun parisiens. Vous ne verrez pas beaucoup de pintades s'enthousiasmer de la même façon que cette petite fille qui prenait pour la première fois le métro et qui, désignant les voyageurs qui tiraient la tronche autour d'elle, s'est exclamée : « C'est chouette, papa, ils sont tous venus ! » Celles qui les utilisent aux heures de pointe sont généralement résignées à l'idée de devoir devenir ver de terre plus que pintade.

Bien sûr, il y a les privilégiées qui travaillent chez elles et ne se déplacent qu'à des horaires décalés. Elles le subissent moins, alors elles l'aiment presque, le métro. Quand elles ont un long trajet, elles savent qu'elles vont pouvoir se plonger dans un bon polar ou dans un magazine. Ou qu'elles pourront souffler, laisser leur esprit vagabonder, se répéter en boucle « C'est beau Paris ! » en admirant les nuages bleus orageux accrochés au-dessus des immeubles haussmanniens quand elles sont sur la partie aérienne de la ligne 2, ou quand elles passent au-dessus de la Seine avec la ligne 6. Et puis, il y a les gens. On a beaucoup plus de tendresse pour les gens quand on n'est pas sous pression, qu'on n'a pas couru pour être au boulot à 9 heures à l'autre bout de Paris. Et surtout, quand on est assise, sans se faire fusiller du regard par tous les voyageurs restés debout (soit 90 % des passagers de la rame).

À propos, on aimerait bien dire deux mots aux ingénieurs qui conçoivent les banquettes en vis-à-vis dans les rames RATP. « Pardon, excusez-moi… Pardon… Oups, je vous ai écrasé le pied… Désolée… Merci… » Si l'idée est de créer du « lien social », en forçant les passagers à se parler, un peu comme ces architectes qui dessinent des agoras pour que les gens se rencontrent en bas de chez eux, il faudrait que quelqu'un leur dise que ça ne marche pas, leur truc !

Tous les matins, c'est la grande transhumance vers le centre et l'ouest de Paris, vers les quartiers d'affaires. Épaules contre joues, mains – baladeuses – contre fesses. MP3 et journaux (la plupart du temps des gratuits qui, hélas, finissent par terre) pour faire passer le temps. À 8 h 30, sur la ligne 1 direction La Défense, on croise les cadrettes stressées en tailleur passe-partout et leurs alter ego masculins, costume sombre, cravate à gros nœud et chaussures pointues, leur sacoche de PC portable sur l'épaule. À la même heure, la ligne 5, qui arrive de Bobigny, transporte une population plus mélangée d'employés de bureau, de graphistes branchés, de boubous et d'étudiantes noires au look détonnant... Porte de Saint-Cloud, la ligne 9 déverse les petites mains et les stagiaires de TF1, de Canal + et de toutes les grandes sociétés dont les sièges sont installés à Boulogne-Billancourt. La ligne 13, totalement saturée, tente d'amener à bon port les galériens qui vivent en banlieue nord et travaillent dans le VIIIe. Parfois, l'heure de pointe joue les prolongations, et la ligne 12, qui dessert la porte de Versailles, la porte des exposants et des visiteurs, se démocratise – comprendre s'embourgeoise – à certaines occasions. Le soir de l'inauguration du Salon du livre, à 22 heures, c'est un concentré de Parisiennes bien mises qui doivent présenter leur titre de transport aux agents de la RATP embusqués au détour d'un couloir. « Ils exagèrent quand même de contrôler un soir de Salon du livre ! »

Selon les lignes et l'heure de la journée, les couleurs de peau, les styles vestimentaires et les langues changent. Plus on se déplace vers l'est et le nord de la capitale, plus on entend parler wolof, bambara, arabe, tamazight, tamoul, russe, polonais et roumain. De temps en temps, on voit débarquer un accordéoniste dont on comprend vite en l'entendant « chanter » *La Vie en rose* qu'il n'est pas un titi parisien nourri de bals musettes.

Au détour d'un couloir, entre un marchand ambulant de fruits et un Pakistanais qui fait la démonstration de trois gadgets *made in China*, les pubs pour apprendre le « Wall Street English » cèdent parfois la place aux affiches qui invitent les voyageurs à participer à un concours de cuisine, ou qui exposent la prose des gagnants du dernier concours de poésie organisé par la RATP. « Paris pour te dire merci, avec mes pieds je te caresse. » L'art de vivre à la française pour faire oublier le manque de savoir-vivre parisien ?

Parce que, évidemment, dans le métro, le principal problème des Parisiens, en dehors des grèves, c'est les Parisiens. Sous terre (et à l'air libre d'ailleurs), la *Parisian attitude* n'est pas exactement synonyme de civisme et de discipline. Il y a des gestes qui coûtent : laisser les autres sortir avant d'entrer dans la rame, se diriger vers le fond (« Arrêtez de pousser ! ») ou se lever de son strapontin quand il y a du monde. La pintade enceinte expérimente la charité mal ordonnée de ses congénères qui, alors qu'elle ne distingue plus ses pieds tant son ventre est rond, ne la « voient » pas quand elle monte. Ce qui l'oblige (enfin, celle qui ose) à se planter devant des grands gars costauds (au hasard) pour leur demander gentiment si cela ne les dérangerait pas trop de se lever. Regards dans le vide ou yeux rivés au sol… Son audace lui vaut parfois des réponses de gentleman : « Et pourquoi moi ? » Heureusement, la solidarité féminine n'est pas un mythe : les femmes sont celles qui se lèvent le plus spontanément.

Entendu dans le RER A (quatre cents malaises par an en moyenne), une fin d'après-midi caniculaire sans air conditionné sous terre : « Oh lala, je sens que je vais tomber dans les pommes », dit une jeune femme écrasée de chaleur et de monde. Réponse d'un de ses voisins : « Vous inquiétez pas, vu le monde qu'on est, vous ne risquez pas de tomber ! »

Certains se sont fait une spécialité de raconter le quotidien des transports en commun. On peut les suivre sur www.blogencommun.fr et fuckingparis.blogspot.com. D'autres préfèrent s'approprier cet espace public peu convivial pour y organiser des *subway parties*, des fêtes impromptues avec musique et cotillons dans les rames de métro.

Charlotte, éditrice de 37 ans qui a récemment quitté le canal Saint-Martin pour un exil volontaire familial aux Lilas, dans le XXIe arrondissement[1], n'est pas du genre à désespérer du genre humain : « Le métro, j'y passe ma vie. Quarante-cinq minutes matin et soir, assise parce que je fais toute la ligne 11. Je lis mes manuscrits. Plus le week-end avec les enfants. Bizarrement, j'aime de plus en plus mes compagnons de voyage ! Je fais le trajet avec ma copine Véronique, des Lilas, ou avec ma voisine, Marie, qui travaille pour la mairie de Paris. Avant 7 heures, il n'y a que des hommes, après ça se diversifie. Après minuit, que des jeunes qui nous font passer pour des archives de

---

[1]. Le XXIe arrondissement, c'est le surnom donné aux communes de la petite couronne qui touchent Paris et où s'installent de plus en plus de Parisiens quand ils ne peuvent plus payer les loyers de Paris intra muros et qu'ils veulent plus d'espace.

l'INA. À croire qu'à nos âges, plus personne ne prend le métro le soir, on est vraiment des tocards ! »

Les Parisiennes sont sentimentales. Ça fait belle lurette que le poinçonneur des Lilas a disparu, mais les voilà nostalgiques de la carte Orange, un collector avec leur Photomaton d'il y a quinze ans, qu'elles ont du mal à remplacer par le passe Navigo. Les entourages Art nouveau, les candélabres des bouches d'entrée, les carreaux de faïence blanche et les viaducs métalliques font partie de leur identité. Les paroles de la chanson de Piaf leur reviennent en mémoire : « Des escaliers mécaniques / Portillons automatiques / Des bruits de pas qui résonnent / Dans les couloirs monotones / Basilique fantastique / Dans le faubourg électrique / Le métro de Paris / Gigantesque ver luisant / Sur les toits de Paris / A tissé des fils d'argent / Et doucement / Il s'étire sur les toits de Paris. »

Elles aimeraient bien ne plus avoir à courir pour attraper le dernier métro (l'heure supplémentaire le week-end, les bus Noctiliens, c'est un début de progrès, mais ça ne suffit pas). Comme Zazie (la sale môme de Raymond Queneau, pas la chanteuse !), elles râlent quand c'est (encore) la grève. Tout simplement parce que sans métro, elles sont perdues.

La pintade à quatre roues, sooo XXe siècle !

La Parisienne au volant est un *Brachiosaurus*. Une survivante. Un anachronisme... Et une folle ! On demande d'avance aux copines qui prennent leur voiture tous les jours pour aller du XVe au VIIIe de ne pas nous en vouloir.

D'ailleurs, on ne veut pas dénoncer mais il paraît que c'est dans les XVe, XVIe et la partie huppée du XVIIe arrondissement que les transports en commun sont les moins utilisés… Désolées les filles, mais vous êtes *sooo* XXe siècle dans vos voitures qui ont l'air d'avoir rétréci au lavage. Même plus un sujet de caricature pour Kiraz. Certaines Parisiennes l'ont apparemment déjà compris puisqu'elles sont de moins en moins nombreuses à posséder une automobile (37 % seulement des Parisiens, un pourcentage qui ne fait que diminuer). Bien qu'il n'ait plus besoin des Verts pour régner depuis les municipales de mars 2008, Bertrand Delanoë continue de les suivre sur ce coup-là (et sur d'autres, car ça porte ses fruits au niveau électoral). Monsieur le maire rêve de mettre ses administrés dans des bus et sur des Vélib. Objectif : faire fondre de 40 % la circulation automobile d'ici à 2020. Qui sait, peut-être le périph deviendra-t-il un jour zone piétonne, comme le rêve l'association Périféérique. À moins que le réchauffement de la planète ne se soit chargé de régler le problème de façon radicale.

Que ça ne dispense pas les pintades de passer leur permis de conduire : ça fait quand même mauvais genre sur un CV de ne pas l'avoir quand on cherche du boulot. C'est paradoxal : Paris renvoie l'image d'une ville asphyxiée par les bouchons (malgré Paris Plages et les voies sur berge fermées aux autos le dimanche) et pourtant il n'y a guère que les Parisiennes pour se retrouver à 30 ans sans permis. Cela dit, toujours rapport aux gaz à effet de serre, le fameux petit papier rose sera peut-être devenu obsolète dans quelques années.

Obsolètes, les embouteillages sont pour l'instant loin de l'être. Quand on revient à Paris, après avoir vécu des années libérée de la voiture grâce aux *yellow cabs* et au *subway* 24 h/24 new-yorkais, on redécouvre les joies de la conduite parisienne, car nous aussi on a une voiture et même que parfois on la conduit. Les voies sur berge saturées, les quais paralysés, les boulevards bouchés, Magenta et Saint-Marcel sur lesquels on a fait une croix (on a la chance de ne pas être livreur), le périph aux heures de pointe, tourner une demi-heure pour trouver une place...

Du coup, on retrouve les vieux réflexes. Oubliés les « *Thank you sooo much* » et les « *Have a good one !* ». On a à nouveau un volant et une boîte de vitesse entre les mains. En anglais, ça s'appelle *road rage*, et tout automobiliste en est atteint. On défie le dalaï-lama de garder son sourire placide au volant d'une voiture à 19 heures, place de l'Étoile. « Putain, mais bouge-toi, connard ! » « Avance avec ta caisse pourrie ! » « La priorité à droite, abruti ! »... Après ça, allez expliquer aux enfants médusés, assis à l'arrière, qu'il ne faut pas dire de gros mots. « Si je jure au volant ? Je ne fais que ça, nous raconte Anne-Laure, 40 ans, qui utilise sa voiture le plus rarement possible. J'injurie absolument tout le monde. C'est plus fort que moi, il suffit qu'on ne me sourie pas quand je laisse passer quelqu'un. "Connard", "pauv'con", "pauv'naze" font partie des usuels. Je les maudis jusqu'à la septième génération... jusqu'à la douzième génération quand ils sont vraiment dangereux. "Ils", c'est tout à la fois les voitures, les vélos, les piétons. En revanche, un piéton qui me sourit pour me remercier *makes my day*. »

Comme dirait Michel Audiard, « conduire à Paris, c'est une question de vocabulaire ».

Et aussi de taille de voiture. Il y a celles qui se fichent bien d'avoir une bosse de plus sur leur carrosserie et qui croisent les doigts pour que le break familial – cent mille bornes au compteur – tienne encore quelques années pour partir en week-end ; celles qui rêvent de se débarrasser de leur vieille Clio dont elles se servent trois fois par mois, pour ne plus avoir à payer assurance et stationnement, mais qui sont obligées de la garder parce que le métro ferme à 1 heure du mat, que les transports en commun avec poussette c'est galère, et qu'il faut bien de temps en temps remplir le réfrigérateur familial dans les hypers de banlieue (Monop, c'est bien mais c'est cher) ; celles qui prennent leur Audi Q7 ou leur Touareg rutilante (pour celles qui ne lisent pas chaque semaine *Le Journal de l'automobile*, ce sont des 4 × 4 de luxe) pour laisser les clés au voiturier et filer chez Rykiel ou au Bon Marché ; et il y a les malignes, qui se faufilent place de l'Étoile en C1, en Mini Cooper, et bien sûr il y a les Smarties, les conductrices de Smart, *la* voiture iconique de la Parisienne tendance.

Certaines sont d'ailleurs prêtes à pas mal de concessions pour pouvoir rouler en Smart et garer leur voiture à la verticale, dans un mouchoir de poche, là où une berline n'aurait même pas de quoi faire tenir ses fesses… À commencer par revoir leur sens du ridicule. Anne-Sophie, 31 ans, blonde au teint diaphane toujours élégante, qui n'imagine pas se déplacer autrement qu'en voiture dans Paris « parce que le métro, ça me saoule, j'ai tout le temps des sacs énormes et des talons hauts », oublie toute prétention de sobriété quand il s'agit de sa Smart. Enfin, pas vraiment la sienne puisqu'elle loue, depuis quatre ans et pour 180 euros par mois, une Smart sponsorisée. Entendez par là que sa voiture est susceptible d'être transformée en à peu près n'importe quoi au nom du marketing. « C'est sûr, t'as l'air con quand ta voiture est rose fluo à bulles Perrier, ou quand c'est l'écureuil de la Caisse d'Épargne, avec les yeux sur les deux phares avant. » Un accoutrement qui suscite sourires goguenards et remarques fines au feu rouge : « N'oublie pas de lui donner des noisettes, à ton écureuil ! » Pourtant, comme Anne-Sophie, elles sont de plus en plus nombreuses à laisser leur voiture une fois par mois dans un parking souterrain, aux Halles ou à

Mac-Mahon, sans savoir en quoi elles la retrouveront le lendemain (à part Maud, puriste de la première heure, qui a toujours refusé de voir sa micro citadine, qu'elle utilise tous les jours pour aller au bureau à Neuilly, « transformée en Tampax ambulant »). C'est le prix à payer pour n'avoir à se soucier ni de l'entretien ni du dépannage en cas de pépin (un gros plus pour une pintade). « La pub la plus ridicule, se souvient Anne-Sophie, c'était pour l'hippodrome de Longchamp. Ma Smart était customisée avec un mât de cheval de carrousel, des oreilles sur le toit et la queue qui pendait à l'arrière ! Le seul avantage, c'était quand je ne me souvenais plus où je l'avais garée, elle était facile à repérer dans la rue… »

Certaines Parisiennes ont décidé d'opter pour l'autopartage. Une formule qui permet de partager des voitures en libre-service en les louant pour une heure ou pour plusieurs jours. En attendant d'être, en plus, écologiquement correctes quand Autolib (la version voitures électriques de Vélib) verra le jour.

La pintade à quatre roues sait bien que l'heure de gloire de la voiture – même la mini micro riquiqui citadine – est passée. Elle s'estime chanceuse de ne pas avoir à payer de droit de péage, comme ses copines londoniennes et romaines, pour circuler dans le centre de Paris. Elle a eu beaucoup de mal à se reconnaître en Françoise de Panafieu[1] quand celle-ci a fait de la suppression des murets qui

---

1. Nous profitons de l'occasion pour nous insurger vivement, au nom du comité de défense de la pintade, contre la connotation péjorative donnée au mot « pintade » par Xavière Tibéri, qui avait traité Françoise de Panafieu de « pintade à roulettes » alors qu'elle était photographiée pendant une balade à rollers en famille. Xavière, faut-il qu'on explique encore une fois la dimension féministe et féminine assumée de la pintade ?… Encore un effort, toi aussi, Xavière, tu peux devenir une pintade.

séparent les voies de bus-vélo des automobilistes l'un de ses chevaux de bataille pendant la campagne des municipales. Panaf en Jeanne d'Arc qui boute les « méchants » murets hors de Paname, on a connu plus inspiré comme projet de cité.

Elle se console en se disant que de toute façon, les numéros des départements ne figureront bientôt plus sur les plaques d'immatriculation. Si elle ne peut même plus nourrir son parisianisme avec un 75 aux fesses, à quoi bon !

Au vrai chic rider

Il a fallu s'y résoudre en rentrant à Paris : se déplacer en voiture n'est plus du tout d'actualité. Pas écologiquement correct et source de beaucoup trop de pétages de plombs dans les embouteillages. « Fais comme nous, prends un scoot ! » me conseillent en chœur mes amies et mon mari (qui en a sans doute assez de faire « Toto 30 » pour toute la famille avec son Piaggio). Je dois avouer que je ne suis pas très emballée. Ma pratique du deux-roues à moteur se résume à une malheureuse expérience en vacances quand j'avais 15 ans, sur le scooter d'un copain que j'avais envoyé dans le mur (le scooter, pas le copain) en confondant l'accélérateur et le frein avant, enfin un truc comme ça. En même temps, je vois bien qu'une pintade dans le coup, ça circule à deux-roues. Les femmes représentent maintenant 15 % des ventes.

« Roland (mon scoot) et moi formons un couple inséparable, m'explique Mimi, qui fut l'une des premières parmi mes amies à opter pour ce mode de transport, il y a une dizaine d'années. J'irais même jusqu'à dire que, *till today*, Roland est mon plus fidèle compagnon !... Grâce à lui, Paris devient une ville à dimension humaine. Pour les courses (les sacs dans le top-case et entre les jambes), pour les soirées (un samedi soir ou un jour de l'An, Roland ne fait jamais grève, n'a jamais terminé son service ou n'est jamais occupé par d'autres passagers), ou pour aller au boulot, il n'a pas son pareil. Tous les matins et tous les soirs, c'est lui qui m'emmène jusqu'à Issy-les-Moulineaux (environ vingt-cinq minutes par voyage), qu'il pleuve ou qu'il vente. Seule la neige m'oblige à lui préférer taxis ou transports en commun. »

Me voilà donc chez Free-Scoot, quai de la Tournelle, bien décidée à en essayer un électrique – parce que tant qu'à être à l'heure à mes rendez-vous, autant avoir le sentiment de sauver la planète. Après avoir assisté à mes essais pathétiques, pendant lesquels je criais en lâchant tout à la moindre accélération, le vendeur m'a regardée les yeux pleins d'effroi et m'a conseillé avec beaucoup de mansuétude d'aller prendre des leçons dans une moto-école. L'humiliation suprême, d'autant que je ne sais pas si vous avez déjà vu un scooter électrique, on dirait un Playmobil tellement il est petit et maniable. Inutile de préciser que les leçons sont passées à la trappe. Néanmoins, je n'ai pas définitivement renoncé à l'idée de posséder un jour mon « Roland », « Flèche noire », ou « Mimile » comme mes copines surnomment leur monture. L'idée qu'elles n'ont aucun problème à tenir un machin de cent vingt kilos entre leurs jambes, ou à le soulever à bout de bras pour le mettre sur béquille, ça finit par être vexant. Un samedi matin, devant l'école, j'ai croisé Virginie, 36 ans, maman d'Amélie, 6 ans, qu'elle dépose régulièrement en scooter. « Alors c'est ça ta grosse bête ! » lui ai-je demandé, admirative, en désignant un 125 cm^3 chinois qui me semble plus taillé pour un gros baraqué moustachu que pour une pintade. « Ah non, ça, c'est ma petite bête, c'est celle de mon mari en fait ! Ma grosse bête, c'est un Peugeot encore plus lourd qui est en réparation en ce moment ! »

Ça ne vous a pas échappé, les deux-roues moteur ont explosé à Paris (+ 30 % en cinq ans). À tel point qu'un reportage diffusé sur la chaîne de télévision américaine Fox News comparait Paris à une ville du tiers-monde (sic). Bon, on n'a encore pas vu les Parisiens entasser des familles entières sur leurs pétrolettes, mais avec le prix du baril de pétrole, ça va peut-être venir ! Femmes pressées, femmes actives, elles sillonnent Paris, de la maison au bureau, du bureau à un rendez-vous à l'extérieur, puis du bureau à la crèche ou à la maison pour foncer prendre le relais de la nounou.

Romaine, la Vespa ? On jurerait qu'elle est née dans les jupes des Parisiennes ! D'ailleurs, n'est-ce pas Mistinguett qui, en 1920, frimait dans le bois de Boulogne sur son Skootamota, l'ancêtre du scooter ? Au feu rouge, on croise des héroïnes modernes, la main sur la poignée de l'accélérateur de leur « guêpe » (rose bonbon ou rouge qui pète) aux formes rondes et féminines très années 50, un casque acidulé sur la tête. On en a même vu une, *picture perfect*, qui avait casé son petit chien à l'intérieur de son blouson de cuir, le museau au vent tel un troisième sein. Il ne lui manquait plus que le casque MoMo Design assorti à celui de sa maîtresse. La bikeuse parisienne reste fidèle à sa réputation d'élégante. L'intérêt de conduire plutôt que d'être passagère (en dehors du fait de ne pas dépendre de son homme), c'est qu'on peut s'habiller en fille, les jambes protégées par la jupe-tablier du scooter quand il pleut ou qu'il fait froid. Alors que la passagère de derrière, pouvant difficilement jouer les amazones sur un scoot japonais pourri, doit glisser une jupe dans le top-case pour se changer en vitesse dans l'ascenseur avant de sonner chez les copains ou enfiler un jean sous la jupe de tailleur retroussée jusqu'à la taille – du meilleur effet – pour aller au bureau.

Cela dit, on ne voit pas que des lolitas sur les scooters. Virginie, qui est commerciale et prend souvent le périph, se transforme en bonhomme Michelin pour rouler, casque intégral jaune et gros blouson de motard, car elle est déjà tombée. « Je ressemble à tout sauf à moi, mais c'est le prix du confort et de la sécurité. En dessous, je suis habillée en fille et quand j'arrive au bureau, je redeviens une fille. Quand je vois des pépettes sexy sur leur scoot en hiver, je me demande comment elles font pour ne pas se geler les fesses. Je peux porter une jupe et des talons, mais avec un pantalon de pluie sous la jupe ! » Quand je lui demande comment elle fait pour manœuvrer son monstre, elle répond que c'est une question d'habitude et finit par m'avouer qu'il lui est déjà arrivé de se retrouver sous le scooter en voulant faire demi-tour au ralenti. « Ah, et je ne te parle pas des motards qui m'ont plusieurs fois "gentiment" conseillé d'arrêter le scooter ! »

Eh oui, la Parisienne à scooter (comme à n'importe quel moyen de locomotion d'ailleurs) s'expose aux railleries misogynes. Comme cette jeune blonde branchée à la peau aussi mordorée que son sac à main, aperçue devant le restaurant Cojean, rue Clément-Marot dans le VIIIe, qui était en train d'essayer de faire rouler son scooter alors qu'il n'était pas débéquillé... Le plus humiliant était le copain qui lui prodiguait des conseils – plutôt des ordres – comme s'il avait affaire à une débile. Digne de « La Minute blonde ». « C'est un peu à celui qui aura "la plus grosse" (cylindrée !), estime Mimi. Le scooter mâle a deux types d'attitude (si on exclut la majorité indifférente) : soit la drague au feu rouge, soit la leçon de conduite condescendante. Le plus beau "compliment" m'a été fait un jour où j'étais particulièrement pressée : "Putain, tu conduis comme un mec !" "Je ne sais pas comment je dois le prendre", ai-je répondu dans un sourire. "Comme un compliment !" m'ont répondu les deux gaillards ébahis qui suivaient le même trajet que moi et que je retrouvais régulièrement au feu rouge. »

Même si les filles ne sont pas, hélas, à l'abri des accidents, leur conduite, plus pondérée, leur permet, paraît-il, de changer moins souvent les pneus et les plaquettes de frein que les garçons. Ce sont les réparateurs qui le disent !

Pour ma part, j'ai trouvé le bon compromis : je vais essayer le vélo électrique. Mon seul regret, c'est que je trouve ça hypersensuel une femme qui retire son casque de moto en secouant la tête pour libérer ses cheveux.

Vélocité

Non mais vous l'avez bien regardée, là ? Elle a une tronche à mettre un casque aérodynamique de coureur cycliste et une surveste fluo pour pédaler ? Et pourquoi pas traverser sur les passages cloutés quand elle est à pied, tant qu'on y est ? La Parisienne, ce qu'elle a retenu de la campagne où on voit Karl (Lagerfeld) posant pour le gilet de sécurité jaune, c'est la partie « Ça ne va avec rien[1] ». Sa cousine, qui vit à Londres, a beau lui expliquer que de l'autre côté de la Manche, les filles ont compris depuis longtemps que le ridicule ne tue pas mais que le trauma cranien, oui, et qu'il vaut mieux se harnacher que de finir aux urgences, elle, elle continue de pédaler, cheveux et jupe au vent, talons ou ballerines aux pieds. Le vélo, c'est la li-ber-té ! Le seul accessoire avec lequel elle ne mégote pas, c'est le panier (ou la sacoche). Cela dit, depuis qu'elle a repéré dans le dernier *Marie Claire* un joli casque arrondi Bell Faction doré qui irait très bien avec son sac Gérard Darel, elle a des doutes, et elle se demande si elle ne va pas être totalement *out* si Jules ne lui offre pas la sonnette strass Swarovski pour son anniv.

Une Parisienne à vélo se reconnaît entre mille. Elle pédale, châtelaine en son domaine, Paris. Elle ne suit pas spécialement le Tour de France mais elle a bien compris l'intérêt du pignon. Les vitesses, c'est pas fait pour grimper les côtes, c'est fait pour optimiser la grâce du mouvement de ses jambes.

« À vélo, je m'habille de toutes les façons possibles », nous explique Anne-Laure qui, dès qu'il fait beau, chevauche un magnifique Décathlon bien rouge, que son frère et sa sœur lui ont offert pour ses 40 ans. « Tongs, talons hauts, tout va. L'été dernier, en petite jupe et en tongs marocaines cuir, j'ai perdu une chaussure, pile au milieu d'un carrefour. J'ai mis du temps à rechausser ma grolle, encore plus de temps à retrouver ma pédale, bref, je me suis fait engueuler par la file de voitures que j'ai obligée à s'arrêter, une conductrice m'a crié : "Quand on sait pas faire du vélo,

---

1. « C'est jaune, c'est moche, ça ne va avec rien, mais ça peut vous sauver la vie », dit le slogan qui accompagne la campagne de prévention de la Sécurité routière.

on fait de la trottinette." Je n'ai jamais su si c'était pour rire (je trouve ça drôle) ou si c'était un cri de colère. »

On l'aura compris, les Parisiennes entretiennent une relation assez décontractée avec la sécurité. Comme Julie, qui faisait du vélo sur un trottoir tout en téléphonant avec son portable et qui, lorsque des flics à pied ont commencé à la siffler, a accéléré. Délit de fuite certes, mais « ils ne m'ont pas rattrapée ! Après ça, j'ai décidé d'arrêter les bêtises… Je me suis rendu compte à quel point je faisais n'importe quoi sur mon vélo ». « Moi, un jour, un flic m'a arrêtée pour excès de vitesse !! se marre Juliette, 40 ans, qui fait du vélo depuis le lycée et qui l'utilise tous les jours pour déposer ses enfants à l'école et chez la nounou. Jamais de casque, pas de lumière ni de veste fluo, tout juste des freins. Mon vélo est tout pourri mais j'ai un super équipement pour les mômes : un siège enfant devant et un siège bébé derrière. »

Il est certain qu'un vieux clou pourri risque moins de se faire piquer qu'un vélo hollandais tout neuf. Mais ça frise le snobisme quand elles débarquent, super sapées, chez Bicloune, l'un des pionniers du cycle à Paris, pour trouver des pièces de rechange « les plus rouillées possibles », histoire que leur vélo ait un look bien vintage.

Des pintades à vélo, il y en a toujours eu dans les rues de Paris. Contrairement aux hirondelles (et à leurs capes de pluie), elles n'ont pas disparu de la circulation, bien au contraire. Les fidèles de la première heure regardent les Vélibiennes (ou les Vélibeuses, on ne sait toujours pas comment il faut les appeler), de plus en plus nombreuses, avec une tendresse parfois doublée d'un certain effarement : « Un jour, j'ai vu une minette sur un vélo, sans casque, bon, ça, normal, mais avec un gamin qui n'avait pas non plus de casque sur le siège enfant, s'offusque Juliette. Juste derrière elle, son mec sur un Vélib avec un nouveau-né dans un porte-bébé ventral. Faut pas pousser quand même ! »

Depuis l'arrivée du Vélib, en juillet 2007, les pintades ont découvert les avantages d'avoir les pattes pédaleuses. Soixante-dix pour cent de cyclistes en plus entre 2006 et 2007 dans Paris, une hausse de 33 % des déplacements à vélo pour le seul début d'année 2008 (cela dit, on partait de très loin, le vélo représentait seulement 2 % des déplacements dans la capitale). Il y en a même qui suivent des cours pour apprendre à éviter les portières de voiture et à négocier le rond-point de la Bastille.

Les stations Vélib sont paraît-il devenues des lieux de drague, un peu comme les trottoirs devant les entrées des immeubles de bureaux où l'on se retrouve pour fumer, sauf que là y a pas de mal à se faire du bien.

« En dix ans, ça s'est incroyablement amélioré pour les cyclistes, constate notre copine Guillemette, rentrée vivre à Paris après une longue absence new-yorkaise, qui utilise Vélib tous les jours pour aller bosser et pour sortir le soir. C'est encore pas suffisant, mais il y a beaucoup de progrès au niveau des pistes cyclables. Évidemment, parfois tu galères pour trouver un Vélib le matin, surtout si t'habites dans les arrondissements périphériques, et tu peux passer vingt minutes à tourner avant de trouver une place près du canal Saint-Martin le soir. »

La première fois qu'on a voulu faire du Vélib, on a fait comme tout le monde, on a passé dix minutes à comprendre comment ça marchait. Heureusement, on est tombées sur Gérard, pas beau gosse mais très aimable, qui nous a donné ses astuces : « Ne jamais prendre un Vélib qui a la selle retournée, ça veut dire qu'il a un problème technique, toujours vérifier l'état des pneus, et toujours prendre un reçu quand vous rendez votre Vélib. » Merci Gérard, OK pour le reçu mais faudrait déjà savoir comment on prend possession de l'engin. On en connaît une qui n'a jamais réussi à décrocher son Vélib du parking ! Guillemette aussi nous a tuyautées : « Si tu arrives à une station Vélib en même temps que quelqu'un et qu'il ne reste plus qu'un vélo, une situation assez fréquente surtout quand il fait beau, pour être certaine de l'avoir, il ne faut surtout pas se jeter sur la borne ou chercher ta carte Navigo, ça prend trop de temps. Tu fais comme si tu n'avais pas vu l'autre, tu vas directement poser ton sac dans le panier du Vélib, ensuite seulement tu cherches ta carte Navigo. » Guillemette qui, après cette leçon de civisme, en profite pour faire passer un message de pintade à la Mairie de Paris : « Les paniers sont vraiment trop petits pour poser son sac à main, je ne sais pas comment fait celle qui a un Birkin ! »

Les pintades sont souvent hermétiques au langage technologique. Mais la première fois qu'elles ont entendu les mots « vélo à assistance électrique », elles ont tout de suite senti qu'il y avait un filon. L'idée que c'est le vélo qui pédale pour elles dans la montée de la rue de Belleville ou de la rue Lepic, ça en a mis quelques-unes de plus sur une selle. Qui a dit fainéantes ! ?

Son esprit a des bornes

Sièges en cuir, la radio bloquée sur Rire et Chansons, des affichettes proclamant que « cette voiture n'accepte pas les chèques » et qu'il est interdit de fumer, alors que le chauffeur fume. Bienvenue dans un taxi parisien. Le populisme greffé à la place de la bonne humeur, et les cernes portés comme des armoiries, on vous présente le chauffeur de taxi. Toujours fatigué, toujours excédé, le chauffeur n'est pas là pour vous faire passer un bon moment. Sa voiture, c'est pas la Foire du trône. D'abord, considérez-vous heureuse de trouver un taxi dans la rue, encore plus chanceuse d'en trouver un à la borne. La borne… merveilleuse invention qui n'existe ni à Londres ni à New York, les deux capitales du taxi, jaune ou noir, mais de toute façon efficaces, où trouver un taxi n'est presque jamais un problème. La borne donc est censée permettre à l'offre et à la demande de se rencontrer plus facilement. Une idée sans doute bien trop capitaliste puisque généralement les bornes sont désertées ou alors squattées par des taxis en stationnement. Oui, elles sont réservées aux taxis, mais on n'a pas précisé taxis en service.

Quand finalement vous parvenez à en trouver un, préparez-vous à l'humilité. Car à force d'écouter Rire et Chansons, votre chauffeur est devenu omniscient. La cosmogonie selon le chauffeur parisien, ça permet d'entendre un paquet de ragots et d'inepties sur la banquette arrière. C'est là qu'on a appris que Carla Bruni était enceinte, que PPDA partait sur la Six et que Ségolène Royal était lesbienne, mais aussi que le réchauffement de la planète n'est pas dû à l'augmentation des émissions de CO_2, mais au réchauffement du soleil lui-même. Et toutes sortes d'autres théories aussi limpides qu'un discours de Rachida Dati.

Grâce au GPS, on évite la balade sur le chemin des écoliers, mais à 2,20 euros la prise en charge et 5,60 euros la course minimum, on réfléchit à deux fois avant de grimper. Quand on s'y résout, on tremble par peur de se faire plumer, et surtout ne vous avisez pas de payer avec une carte bleue, payez en espèces et faites l'appoint.

On se souvient d'une pintade qui, ayant trop peur de se faire jeter, prenait un accent vaguement anglo-saxon à chaque fois qu'elle devait demander à un chauffeur de la déposer quatre rues plus loin.

Tout ça a de quoi affoler les touristes en goguette dans la capitale, de quoi tétaniser aussi les pintades parisiennes les plus coriaces. C'est sans doute à cause de ce climat de terreur qu'à chaque fois qu'on tombe sur un chauffeur sympa (et pour de vrai, ça arrive plus souvent qu'on veut bien le laisser croire), un chauffeur qui vous donne un mouchoir quand vous pleurez, un chauffeur qui écoute FIP ou bien une compil de jazz funk, qui attend que vous soyez rentrée chez vous à 3 heures du mat avant de redémarrer, on est aux anges, et on se dit qu'on a bien fait de ne pas prendre le métro (qui de toute façon est fermé à cette heure-là) ou un Vélib (vu qu'il pleut des cordes).

Pintade à deux roues

Les *must have* de Christelle Leroux, bikeuse vintage qui roule en Guzzi (Guzzi étant une marque de motos et non pas la ligne Junior de Gucci), pour avoir le look pintade sur un scoot ou sur un gros cube.

LES CASQUES

Les casques italiens Andrea Cardone, assortis à l'humeur du jour ou en série limitée avec pin-up des 50's, se trouvent chez Vintage Motors.
8 bis, bd Richard-Lenoir, XIe - 01 49 29 92 88
www.andreacardone.com

Les casques japonais délirants Tonyo Arashi chez Rockerspeedshop.
19, rue Commines, IIIe - 01 42 74 00 90
www.rockerspeedshop.com

LES LUNETTES DE SOLEIL

Les Ray Ban Aviator et les Vintage Aviator Goggle s'achètent chez Mamie (Mamie Blue plus exactement, tenu par monsieur), sinon bonne sélection chez Kiliwatch.

Mamie Blue
69, rue Rochechouart, IXe - 01 42 81 10 42

Kiliwatch
64, rue Tiquetonne, IIe - 01 42 21 17 37

LES GANTS

Grand choix de gants vintage chez Mamie (le magasin tenu par madame).
73, rue Rochechouart, IXe - 01 42 82 09 98

Ainsi qu'à Oh Lumière, friperie branchée des années 60 à 80.
21, avenue de la République, XIe - 01 43 57 51 26

LES BOTTES ET LES BLOUSONS

Les boots vintage (Lewis Leathers pour ne citer qu'eux) se dénichent aux puces de Saint-Ouen ou chez Mamz'Elle Swing, boutique bien connue des dandys et des élégantes rétro.

Mamz'Elle Swing
35 bis, rue du Roi-de-Sicile, IVe - 01 48 87 04 06

Pour les blousons, les Daytona sont historiques, mais on peut aussi tabler sur les vestons sans manche Lee Cooper collection Lou Doillon, par exemple.

LES HAUTS

Pour les tee-shirts, sages ou pas, la boutique Ysasu :
19, rue André-Del-Sarte, XVIIIe - 06 13 96 17 17

ET BIEN ENTENDU, LES FOULARDS

Foulards vintage chez Magic Retour par exemple, avec des accessoires 50-60's.
36, rue de la Sablière, XIVe

Vélos

Bicloune
93, bd Beaumarchais, IIIe - 01 42 77 58 06
La fresque murale de la boutique représente une Parisienne à vélo, avec jupe et talons de rigueur. Normal quand on sait que les femmes représentent plus de 60 % de la clientèle. Depuis 1982, Marco de Stoppani fait partager son amour de la petite reine aux urbains. Vélos d'occasion, vélos anciens, beau choix de hollandais.

Vélo et Chocolat
77, quai de la Seine, XIXe - 01 46 07 07 87
Comme son nom l'indique, on vient boire un chocolat, acheter un vélo ou faire réparer le sien.

www.velib.paris.fr
Le site officiel de Vélib.

www.velib-pourri.com
Trucs et astuces des utilisateurs mécontents et contents du vélo en libre-service qui ont oublié la langue de bois.

www.velorution.org
Vélorution, une association engagée pour promouvoir le vélo et les énergies renouvelables.

www.mdb-idf.org
Plein d'infos pour pédaler à Paris.

AICV
http://aicv.site.voila.fr
01 43 43 40 74
Cette association organise des stages pour apprendre à survivre sur le bitume parisien.

Taxis motos scooters

Si l'idée d'être coincée dans les embouteillages vous stresse, optez pour les taxis deux-roues. Jupe et valise acceptées ! Un peu plus cher que les taxis voitures, surtout pour une course dans Paris (25 €).

Citybird
www.city-bird.com
0 826 100 100

Skoot
www.skoot.fr
01 48 59 38 72

Scoot Express
www.scoot-express.com
0 811 620 811

Taxis

Un numéro unique qui vous met en relation avec la station de taxis la plus proche.
01 45 30 30 30

Quelques repères

Si la lumière blanche d'un taxi n'est pas allumée, ça ne sert à rien de vous jeter sous ses roues, cela veut dire qu'il n'est pas libre. C'est affreusement énervant, mais sachez que même s'il est libre (donc si sa lumière blanche est allumée, si vous suivez toujours), il y a de fortes chances pour qu'il ne s'arrête pas quand vous le hélez. En particulier si vous êtes à moins de cinquante mètres d'une station. Ce serait trop simple.

Taxis verts
www.verture.fr
01 48 00 91 91

Les voitures de cette compagnie sont toutes des Toyota Prius, la berline hybride qui fonctionne à l'électricité et à l'essence. Chaque trajet est compensé en achetant des réductions de CO_2 auprès de Climat Mundi, spécialiste des bilans carbone qui peut ainsi financer des projets réduisant les émissions de gaz à effet de serre. C'est un peu plus cher, mais moins polluant.

adresses

M'enfin loulou, le MacBook Pro de maman ne mange pas de Blédich au saumon tu sais !
Pardonne ! Ton enfant est amour !
Bute-le !

La ruche

Un café avec les étudiantes parisiennes

Elles font sans doute l'un des plus beaux métiers du monde : étudiante à Paris. Rita, Eva et Anita, 19 ans toutes les trois, sont en première année de droit à Assas, à deux pas du jardin du Luxembourg. Elles se sont rencontrées à la fac, dans le local de l'Unef, le syndicat étudiant. « Quand tu dis aux étudiants d'Assas que t'es à l'Unef, ils te regardent encore avec des yeux ronds », soupirent-elles. Dans ce qui fut longtemps le fief de l'activisme d'extrême droite, l'heure n'est plus à la lutte, au camp retranché, des contestataires contre les « gudards[1] ». Alors Eva, Rita et Anita militent, mais pas de façon acharnée, dans une fac qui est en train de virer apolitique. Un « bouton de veste » ou une « diff » de temps en temps[2]. Histoire de se maintenir.

En cours, elles s'assoient au fond de l'amphi, pour avoir une vue d'ensemble sur leurs congénères et pouvoir

---

1. Le GUD, Groupe union défense, était un mouvement violent d'extrême droite, clairement antisémite et raciste, créé en 1968 à la faculté d'Assas par d'anciens leaders d'Occident et dissout en 2000.
2. Pour ceux qui ne seraient pas familiers du jargon militant, ces deux expressions désignent une distribution de tracts et le fait d'aborder les gens pour les sensibiliser à une cause.

criailler à leur aise… En jean la plupart du temps, avec des petits hauts sympas mais bon marché, elles ont du mal à s'identifier aux étudiants qui les entourent, caricatures du bon chic bon genre, pull en V, mèche sur le côté et chaussures pointues pour les mecs (ou chemise-blazer pour les tradis), et uniforme Maje, sac Longchamp ou cabas Vanessa Bruno pour les filles.
Anita, Eva et Rita n'ont pas eu besoin de « monter » à Paris pour poursuivre leurs études. Elles vivent encore chez leurs parents, dans le nord-est de la capitale. Vu le prix d'une chambre de bonne, l'indépendance n'est pas pour tout de suite. Sauf pour Rita, qui à la rentrée sera en coloc dans le trois-pièces que lui prêtent déjà de temps en temps ses grands-parents, métro Jules-Joffrin.
Eva la bosseuse, Anita la raisonnable, Rita la glandeuse, « mais uniquement cette année hein, je suis responsable quand même ! ». Elles font partie des quelque trois cent mille étudiants[1] qui fréquentent une université ou une grande école à Paris.
Attablées à la terrasse de la Fourmi, un bar de la rue des Martyrs, on se dit, en les écoutant, qu'elles sont à la fois très loin et très proches des « nouvelles jeunes filles » que Marguerite d'Escola, femme de lettres prolixe, décrivait dans un article publié en 1926 et intitulé « Un thé chez les étudiantes parisiennes[2] ». Une conversation à bâtons rompus avec des étudiantes (dans une chambre au dernier

---

1. En 2006, elles représentent 56,5 % des étudiants dans les universités.
2. « Un thé chez les étudiantes parisiennes », article publié dans *La Revue belge* du 15 mai 1926, que l'on peut lire dans son intégralité, accompagné d'un très bon commentaire, sur http://clio.revues.org/document443.html.

étage d'un foyer d'étudiantes du quartier Saint-Sulpice)
– un peu à l'image de notre rencontre avec Rita, Eva et
Anita – qui avait donné lieu à un portrait des étudiantes
parisiennes des années 20. Marguerite d'Escola s'attachait
à décrire leur féminité, tordant le coup à l'idée reçue de
l'époque selon laquelle une étudiante était forcément
« triste et grise », expliquant que l'on pouvait être
coquette, frondeuse, amatrice de robes et de chapeaux
ET passer son agrégation de grammaire. Être une pintade
quoi ! Les Parisiennes avaient trouvé la voie des études
supérieures depuis la Grande Guerre, elles représentaient
déjà, en 1925, 22 % des effectifs sur les bancs
des universités (contre 2,3 % en 1890), mais cette
émancipation intellectuelle n'était pas toujours bien vue.
Dans quelques jours, Anita, Eva et Rita sauront
si elles passent en deuxième année de droit. Quand
on leur demande ce qu'elles veulent faire plus tard,
silence. Elles ne se voient pas ne pas travailler, la question
ne se pose même pas. Mais pour faire quoi exactement ?
« C'est rare les gens de notre âge qui savent vraiment
ce qu'ils veulent faire, souligne Rita. Pourtant, mon père et
ma mère, qui sont d'origine espagnole, m'ont toujours mis
la pression. Ils sont respectivement principal de collège et
prof d'histoire. C'est important pour eux que je réussisse
mes études. Ils me disent tout le temps que rien n'est
acquis dans la vie. »
Elles estiment avoir beaucoup de chance de vivre
à Paris à leur âge. Pour la diversité, les cinés, les bars,
les rencontres. « Sauf que dès que tu veux faire quelque
chose, ça coûte. » Eva est boursière. Anita et Rita gardent
des enfants tous les jours après l'école pour se faire
de l'argent de poche.
Elles aiment bien aller boire des coups dans les pubs
irlandais, dans les cafés de Belleville et du canal

Saint-Martin, ne fréquentent pas beaucoup les clubs, trop chers et trop sélects. Elles vont parfois au Social Club ou au Divan du monde, plus décontractés, plus mélangés, parfois aussi au Garden, un petit club du VIIIe « qui passe de la bonne musique pour danser ».

Nous sommes tentées de conclure cette rencontre par un extrait, toujours d'actualité, du portrait des étudiantes des années 20 : « Elles se déclarent heureuses et se réjouissent franchement des libertés nouvelles que les mœurs contemporaines octroient aux jeunes femmes. De ces libertés, elles n'abusent point ; mais elles entendent les sauvegarder, même dans la vie conjugale. Elles me citent, avec une surprise mêlée de pitié, les noms de quelques-unes de leurs compagnes qui [...] se sont laissé épouser par des hommes médiocres, auxquels on les a vues sacrifier leur indépendance et leurs goûts intellectuels les plus décidés. Elles se déclarent incapables d'une pareille abdication et prétendent – mais qui peut prévoir l'avenir ?... – n'engager leur vie qu'à bon escient. Elles se marieront tard, s'il le faut ; elles peuvent attendre. »

Elles bourdonnent sans avoir le bourdon

Les Parisiennes sont des bosseuses. Et ça ne date pas d'hier. Dans les années 60, à la différence des provinciales, la majorité d'entre elles étaient déjà actives, mettant en pratique les conseils de Simone de Beauvoir : « C'est par le travail que la femme a en grande partie franchi la distance qui la séparait du mâle ; c'est le travail qui peut seul lui garantir une liberté concrète[1]. » Depuis, la différence s'est estompée.

Pas évident pour autant, même quand on est une pintade motivée, de casser le fameux « plafond de verre ». Flora Mikula, la chef du restaurant Les Saveurs de Flora, explique qu'à ses débuts, il y a vingt ans, il y avait très peu de femmes en cuisine dans les restaurants. « Ma notoriété a été plus rapide car je suis une femme, mais ma carrière a été plus difficile. Il faut en faire deux fois plus que les hommes pour être reconnue. On n'a jamais fini de faire ses preuves. Encore aujourd'hui, mes commis ont parfois du mal à m'appeler "chef". Ils m'appellent "madame" ! » Ce n'est pas Nadia qui la contredira, elle qui a passé une grande partie de sa vie professionnelle dans un univers masculin pour ne pas dire macho, l'industrie automobile. Commerciale, elle a été la première femme nommée chef de district chez un gros importateur automobile. « Une femme qui progresse s'attire les rumeurs, les jalousies. J'ai eu droit à des réflexions du genre : "Pour être nommé, il faut être en jupe maintenant !" Heureusement, ça évolue. Il faut que les hommes aient des filles, comme ça, ils se projettent et ouvrent les portes de leur entreprise aux femmes. »

Les Parisiennes sont bosseuses, et pourtant, on entend parfois les mauvaises langues yankees (un rien envieuses) siffler qu'entre les congés payés et les RTT, il faut bien viser pour les trouver au bureau… « J'ai l'impression que le mardi, c'est le seul jour où l'on est sûr que les Parisiens sont au boulot, médit un copain américain venu vivre à Paris. Le lundi, ils ne sont pas beaucoup disponibles, c'est le premier jour de la semaine, ils remettent leurs affaires en ordre. Le mercredi, les personnes qui travaillent à quatre cinquièmes

---

1. Simone de Beauvoir, *Le Deuxième Sexe*, Paris, Gallimard, 1949.

sont avec leurs enfants, et le vendredi, on n'est jamais à l'abri de vouloir joindre quelqu'un qui a posé une RTT pour partir en week-end. » Un tantinet caricatural, mais on ne va pas démentir. Il n'empêche, quand elles sont au boulot, elles dépotent, les Parisiennes. Les travailleurs français n'occupent-ils pas la troisième place mondiale pour leur productivité horaire, juste derrière les Américains et les Norvégiens, et devant les Allemands ?

Le moins que l'on puisse dire, c'est que les journées sont longues. Un tiers des Parisiennes sont cadres sup et exercent une profession intellectuelle, presque quatre fois plus que leurs copines provinciales. « Si tu quittes le boulot à 17 h 30, on te dit que tu prends ton après-midi, nous explique Delphine, qui travaille pour une société de conciergerie haut de gamme. Si t'es cadre et que tu pars à 19 heures, tu ne resteras pas cadre longtemps. Il faut rester tard derrière son bureau pour être crédible. » C'est sûr, ça change de New York où votre patron pense que vous ne savez pas vous organiser s'il vous voit encore au bureau à 18 heures !

Et ne venez pas dire aux Parisiennes que c'est parce qu'elles font des pauses trop longues à midi. D'abord, dans certains métiers, c'est presque une faute professionnelle de ne pas déjeuner ! Et puis, elles ont appris à être raisonnables : on voit de plus en plus de chaînes de fast-foods *healthy* dans les quartiers d'affaires, des soup et des salad bars où les employées comme les avocates font la queue à 13 heures pour avaler un truc sain vite fait. Signe des temps, un certain nombre de restaurants, notamment dans les grands hôtels, là où se négocient les gros contrats, proposent maintenant des repas gastronomiques complets garantis « servis en une heure ».

« Le paradoxe, c'est qu'en France, les salariés sont jugés au temps de présence et pas sur des objectifs, déplore Marie-Claude Peyrache, présidente du réseau féminin

European Professional Women Network Paris. Les grandes entreprises commencent à évoluer, mais c'est très lent. Il y a dix ans, quand j'étais cadre dirigeant à France Telecom, on avait obtenu qu'aucune réunion ne commence après 18 heures. » Marie-Claude estime que le temps partiel est un piège pour les femmes qui, du coup, ne peuvent pas progresser dans leur boîte. « Il vaut mieux leur aménager des carrières avec des paliers, des moments où elles sont moins visibles. »

Concilier vie professionnelle et vie familiale est un dilemme qui se pose dans beaucoup de pays, avec plus ou moins d'acuité. En France, et en particulier à Paris, on ne considère pas que les femmes qui travaillent et qui ont des enfants sont des mères indignes. Qu'elles s'estiment chanceuses, ce n'est toujours pas le cas en Allemagne, en Suisse ou encore en Angleterre. La contrepartie, c'est que c'est l'école du cirque tous les jours ! Il faut savoir jongler et parer à tout grain de sable. De l'otite de Poupette à la crèche en grève en passant par la nounou qui vous plante à cause de vos « horaires de dingue ». Pour être honnête, même si les Parisiennes se tapent toujours plus de tâches ménagères que leurs hommes, l'équilibrisme n'est plus une prérogative féminine, loin s'en faut. Surtout chez les trentenaires et les quadras. On se souvient de ce copain, informaticien, qui, entre deux réunions de boulot, passait récupérer son fils d'un coup de scooter à la sortie du judo et qui, à la question : « Ça va ? » nous a répondu : « Ouais, comme un hamster dans sa roue ! »

Cela dit, certaines mentalités restent bien ancrées. Christine est cadre dans une grande entreprise de communication. Elle confirme que « passé 20 heures, il n'y a plus que des mecs dans les couloirs ». Comme le souligne Claire Beffa, codirectrice d'Équilibres, un cabinet de conseil spécialisé dans la conciliation des vies professionnelle et personnelle, « en France, on a le droit de travailler et d'être mère, mais on n'a pas le droit de ne pas se sentir coupable de ne pas être assez avec ses enfants ».

Pour s'en sortir, certaines Parisiennes passent des « contrats » dignes d'un divorce avec leur jules. « On voit de plus en plus de couples adopter des stratégies égalitaires, comme s'ils étaient divorcés avec une garde alternée, explique Claire Beffa. Toi tu t'occupes des enfants le lundi et le mardi, moi le jeudi et le vendredi. »

Claire est un exemple parlant de l'évolution professionnelle des Parisiennes qui, aujourd'hui, n'hésitent plus à lâcher un boulot salarié dans une grande entreprise pour monter leur propre boîte. Divorcée, mère de trois enfants, elle a créé son cabinet de conseil il y a trois ans : « On est deux associées, avec trois enfants chacune. On bosse plus mais comme on veut. C'est plus souple pour s'organiser. Je travaille beaucoup le soir, quand les enfants sont couchés ! C'est très fréquent à Paris. On voit plein de graphistes, de créatrices, de conseils se mettre à leur compte. Évidemment, c'est plus facile quand leur mec a un salaire à côté. »

Trente pour cent des entreprises sont créées par des femmes, souvent après la naissance de leur premier enfant. Un *french paradox* de plus : plus elles font des enfants, plus elles font preuve d'imagination et de ressources pour évoluer, quitte à se mettre en danger professionnellement. Comme quoi, la maternité ne bouffe pas tous les neurones !

Ils crèchent où les pintadeaux ?

À New York, où un *day care* à moins de 1 800 dollars par mois et une *nanny* à moins de 2 500 sont à peu près aussi improbables qu'Oussama et ses épouses en monokini au bord de la piscine du Club Med à Eilat, la politique familiale française fait fantasmer toutes les mères. « Vous, les Françaises, vous êtes payées par l'État pour faire des enfants, n'est-ce pas ? » m'a un jour sorti une Américaine qui devait nous imaginer en train de prendre un ticket pour copuler dans un local administratif.

Évidemment, quant elles apprennent que, en plus des allocations, on a le choix, au moins sur le papier, entre crèches collectives municipales, crèches parentales, crèches familiales, microcrèches et crèches d'entreprise, que, toujours sur le papier, on peut mettre Poupette dans une halte-garderie pour la journée en payant à peine plus que pour une heure de baby-sitting à New York, et que, quand elle aura 3 ans (voire 2), la maternelle publique du coin prendra le relais, les copines américaines, allemandes ou anglaises l'ont plutôt mauvaise.

Une fois enceinte pour de vrai à Paris, on comprend que, malgré la transformation des appartements privés de Xavière T. en crèche municipale et la création de plusieurs milliers de places ces dernières années, on a à peu près autant de chances de placer son bébé de trois mois que de voir arriver le RER A à l'heure.

Les veinards qui ont réussi à obtenir LA place racontent comment ils ont harcelé la directrice de la crèche dès le premier jour de retard de règles, débarqué dans son bureau avec le bébé sous le bras, hagards, en pleurs, simulant tous les symptômes du baby blues, soudoyé un conseiller municipal pour être pistonné, fait le siège du secrétariat du maire de leur arrondissement, tout ça pendant quinze mois. Évidemment, il y a toujours la copine agaçante qui vit rue Monge et qui n'a eu « aucuuun problème ! » pour trouver une place en crèche dans le Ve, le fief de Tibéri…

Sophie, jeune avocate qui vit dans le XIIe et travaille dans le VIe, n'a pas réussi à obtenir de place en crèche pour

Louise, 18 mois. « J'avais des arguments en ma faveur : parent isolé et travail à temps plein. » Plus quelques solides appuis municipaux. Mais ça n'a pas suffi. « Moi j'ai même pas fait de demande, je me suis dit que c'était perdu d'avance », raconte Charlotte, styliste free-lance, pourtant mère de quatre enfants.

À Paris, où les parents sortent rarement du boulot avant 18 heures, la perspective de devoir aller chercher son enfant au commissariat en cas de retard en refroidit plus d'un. Les grands-parents habitent rarement à portée de poussette, quand ils ne sont pas en province. Alors généralement, la solution s'appelle nourrice. Assistante maternelle agréée ou, pour un pintadeau parisien sur deux, nounou à domicile. Dans les quartiers chics, la nounou *english speaking*, philippine ou sri-lankaise se recrute par petites annonces punaisées à l'Église américaine. Des associations se sont spécialisées dans l'assistance aux parents débordés et flippés à l'idée de laisser leur bébé avec une inconnue. Il y a aussi radio bacs à sable et les bons plans des copains. Eugénie, 30 ans, conseil en propriété industrielle, a trouvé sa nounou grâce à Internet. « J'avais un vrai plan de recrutement. J'ai eu une trentaine de nounous au téléphone, j'en ai rencontré quatre. J'en voulais une plus âgée que moi, ayant de préférence des enfants déjà grands, expérimentée, avec des références. » Eugénie a fini par trouver la perle rare, une Ivoirienne qu'elle partage avec une autre famille, la garde partagée étant, pour de nombreuses familles parisiennes, la seule planche de salut, mais qui relève parfois de la haute voltige. « Globalement ça se passe bien, sauf que le papa de l'autre famille avait pris comme habitude d'arriver en retard le soir. Cinq-dix minutes, ça allait encore, mais trente à quarante-cinq minutes, là, c'était un peu du baby-sitting gratuit ! La plupart du temps, je laissais partir la nounou et je gardais les trois monstres… Mais il y a eu du mieux et j'ai eu droit à plusieurs bouteilles de champagne en compensation. »

Le truc qui achève d'achever les copines américaines, c'est quand on leur explique qu'on bénéficie d'aides financières et d'avantages fiscaux quand on déclare la garde de son enfant. D'accord, cela implique de prendre son mal en patience quand la dame de l'Urssaf nous explique au téléphone qu'elle ne comprend vraiment pas pourquoi notre dossier télétransmis par la CAF n'est pas arrivé dans son ordinateur, « il est bien parti de la CAF (NDA : il y a deux mois), mais il n'est pas arrivé chez nous », de ne pas s'énerver quand la dame de la CPAM, que l'on vient voir pour la énième fois à la suite de l'accident de travail dont a été victime notre nounou, nous accueille par un « Madame ! Vous n'avez pas pris de ticket ! » alors que la salle d'attente est déserte. « Sans ticket, je peux pas vous recevoir. » « Mais vous n'avez que moi à recevoir, pourquoi prendrais-je un ticket ? » « Ah mais c'est l'ordinateur qui décide, madame, je peux rien faire ! » Mais ça vaut le coup de se prendre un peu la tête.

À Paris, les enfants passent tellement de temps avec leur nounou qu'ils finissent par adopter leurs coutumes. Charlotte, la maman d'Hortense, gardée par une assistante maternelle d'origine tunisienne dans le XIXe, retrouve régulièrement sa fille de deux ans sous la table de la cuisine, à quatre pattes sur un torchon, en train de faire sa « pi'ère ». « Je ne pense pas qu'elle sache s'orienter vers La Mecque quand même, se marre sa mère en ajoutant : Quand on éternue, elle dit "Hamdoulillah !", alors qu'elle ne sait pas dire "À tes souhaits". »

Beaucoup de nounous étant africaines, les poulbobos ont la chance d'être pétris avec une dose de tendresse au moins égale à la quantité de beurre de karité et de glycérine que leur peau reçoit, et ne comprennent pas pourquoi, le week-end, on ne les porte pas avec un pagne dans le dos comme tata plutôt que de les laisser pleurer dans leur lit à barreaux. Dès qu'ils ont trois poils sur la tête, c'est concours de couettes-palmiers et de tresses entre les nounous du quartier. À 3 ans, ils emploient des expressions aussi poétiques que désuètes, résidus de l'enseignement des pères blancs de l'empire colonial : « mire-toi », « lippe-toi » (pour « lèche-toi les moustaches ») ou encore « tiens, voilà ta coiffe » pour désigner la brosse à cheveux. Ils refusent la soupe au potiron et se jettent sur les restes d'attiéké, la semoule de manioc, laissés par tata dans le réfrigérateur. À 6 ans, quand on leur demande d'utiliser un couteau et une fourchette pour manger proprement, ils rétorquent : « Mais maman, en Afrique ils mangent avec les doigts, moi je suis africain ! »

Plus de 80 % des mères parisiennes travaillent, souvent avec des horaires décalés, d'où une organisation au cordeau. Celles qui ont les moyens jonglent avec deux ou trois baby-sitters.

En plus de la crèche parentale, Camille, mère de deux enfants, a, elle, opté pour la jeune fille au pair. « J'ai trouvé toutes mes filles au pair sur le site www.aupairworld.net, en les sélectionnant aussi pointilleusement que si je choisissais un nouveau mari sur un site de rencontre – à part le sexe, c'est à peu près pareil, vu qu'elle partage mon quotidien et s'occupe de mes gosses. J'en suis à ma sixième jeune fille au pair. Pour moi qui aime avoir toujours des gens autour de moi, c'est la solution idéale, aussi bien au niveau humain que financier. Et puis ça permet aux enfants de rencontrer des tas de cultures différentes (dans notre cas : écossaise, tchèque, norvégienne, finlandaise, estonienne…). » Pas évident de caser la jeune fille au pair quand on connaît la taille des appartements parisiens, mais on en a rencontré plus d'une qui ont choisi cette solution, en particulier parmi les copines qui vivent seules avec leurs gamins (un quart des familles sont monoparentales à Paris), et qui grâce à cette formule ont (presque) retrouvé la spontanéité de leurs 20 ans.

Alors certes, le système n'est pas parfait, et nous sommes moins bien loties que les Suédoises en matière de congé maternité et de gardes d'enfant. Mais, au moins, en France, les mecs sont encore galants !

Salad et soup bars

Les salad bars et les soup bars à la new-yorkaise se multiplient à Paris. On vous donne quelques adresses pour déjeuner sur le pouce en échappant au panini et au poulet-mayo.
Que ça ne vous empêche pas de déguster un bon sec-beurre ou un Parisien au zinc du coin de temps en temps !

Bob's Juice Bar
15, rue Lucien-Sampaix, X[e] - 09 50 06 36 18

Bob vient d'une contrée, New York, où les bars à jus sont presque aussi fréquents que les Gap. Alors Bob, Marc Grossman de son vrai nom, a eu la bonne idée de nous régaler de jus de fruits frais (il sert même des açaï brésiliens), et aussi de salades et de wraps aussi bio que délicieux.
Ce fast-food *veggie* est riquiqui donc pas garanti de trouver une place mais le *take out* est évidemment *welcome. Free refill* de thé à la menthe. On dit merci, Bob !

Déli-cieux
64, boulevard Haussmann, IXe - 01 42 82 62 76

Ce n'est pas pour ce que l'on a dans son assiette que l'on vient dans ce snack situé au dernier étage du Printemps, mais pour la vue, plongeante, sur Paris.

La Ferme Opéra
55, rue Saint-Roch, Ier - 01 40 20 12 12

Une cantine bio agréable, où les travailleurs du quartier de l'Opéra déjeunent d'une quiche ou d'une salade.

Cojean
4-6, rue de Sèze, IXe - 01 40 06 08 80
Plusieurs adresses à Paris.
En 2001, Alain Cojean a donné le signal du *healthy* et ils ont tous suivi. Soupes, salades, wraps et douceurs, à emporter ou à manger sur place. Le personnel est aimable et pro, les produits sont frais et savoureux. Un nid de *working*-pintades.

Jour
29, rue du Louvre, IIe - 01 40 26 40 20
Plusieurs adresses à Paris.
Une minichaîne de salad bars qui renouvelle le genre de la « petite salade », où l'on compose sa salade avec les *toppings* de son choix. Ça se bouscule au portillon à la pause déjeuner.

Bubbles diet bar
4, rue Malher, IVe - 01 40 29 42 41
Un petit fast-food pratique et agréable pour grignoter un wrap ou une salade.

Zoé Bouillon
66, rue Rébéval, XIXe - 01 72 63 60 70
C'est notre copine Marie, grande amatrice de soupes et ex-New-Yorkaise, qui nous a conseillé Zoé. La version raffinée (mais décontractée) du *soup bar*. Carottes au lait de coco, choux chinois, soja et pois gourmand ; haricots tarbais aux piments d'Espelette, vinaigrette de poireaux et noisettes ; ou encore lentille rose d'Égypte, courgettes croquantes : tout fait envie. Certains soirs, on peut passer en cuisine et servir soi-même la soupe à ses potes !
Formules de 9 à 12,50 € avec un cake salé ou une douceur.

Le Bar à soupes
33, rue de Charonne, XIe - 01 43 57 53 79
Six soupes différentes chaque jour, des grands classiques dont on ne se lasse pas (pois cassés, lard, potiron), et des plus subtiles que l'on ne demande qu'à laper (carotte à l'ananas et au gingembre).
Sur place ou à emporter.

Monop et Daily Monop
Plusieurs adresses à Paris.
Monoprix n'en finit plus de simplifier la vie des pintades qui travaillent. On grignote en même temps qu'on achète de quoi se dépanner pour le dîner du soir.

C'est clair ! Il m' FAUT une frange !
PINTADES Mag'
CET AUTOMNE ON PORTE LA FRANGE !
Quoi ? C'est exactement ce que je voulais faire. Je trouve le concept de "symétri et rectiligne" complètement ringard...

Ce soir,
je serai
la plus belle

Belle, re-belle

Les Parisiennes ont des défauts. Et c'est ce qui fait leur charme.

La *high maintenance* genre « manu-pédi-une-fois-par-semaine-fer-à-friser-tous-les-jours-et-retouches-de-maquillage-toutes-les-cinq-minutes » à la new-yorkaise ou à la japonaise, ça n'est pas leur truc (si l'on excepte les pintades qui passent leurs journées d'oisives dans les grands salons de l'Ouest parisien). Oubliez une minute leur réputation de femmes fatales, élégantes et sophistiquées, qui jonglent entre les parfums capiteux et les crèmes de luxe... Oui, elles mettent des crèmes (pas forcément coûteuses, souvent achetées en parapharmacie) et elles croient même que ça peut les faire rajeunir ou maigrir... Oui, elles portent des parfums raffinés parce qu'« une femme sans parfum est une femme sans avenir », pour citer Mademoiselle. Et pourtant...

Leurs dents font sursauter les touristes américaines : elles sont loin d'avoir le sourire *ultra bright* (et pas seulement à cause de la nicotine) et une dentition parfaitement alignée (on en connaît qui trouvent qu'avoir les dents du bonheur ou une canine qui chevauche une incisive, ça a du chien) ; le brushing est un mot réservé au salon de coiffure, leurs chevelures oscillent entre le chignon-douche attaché à la va-vite avec une pince et l'ébouriffé à la garçonne ; elles se rongent encore souvent les ongles à 30 ans et leurs orteils laissent imaginer que ceux de

Lucy et de ses copines australopithèques devaient être en meilleur état ; parfois, elles poussent le parti pris négligé très loin, comme notre amie C. (dont par charité chrétienne nous tairons le prénom) : « Les ongles des pieds, je me démerde et les ongles des mains, je les ronge... donc de ce côté-là, je n'ai aucun problème. Devrais-je me ronger les poils et les cheveux afin de venir à bout de tous mes problèmes ? » Leurs nez peuvent être trop longs, trop épatés ; elles passent rarement trois heures dans la salle de bains le matin (mais peuvent passer trois heures devant leur placard en râlant qu'elles n'ont rien à se mettre). Sophie, journaliste suractive, confirme : « Le matin, dans la salle de bains, c'est top chrono cinq minutes, pas plus. Je finis le maquillage dans la voiture, au feu rouge. J'ai tout ce qu'il faut dans mon ÉNORME trousse de maquillage. Et si le monsieur de derrière dans sa grosse voiture klaxonne parce que je n'ai pas vu que le feu était passé au vert, eh bien je remets une couche de rouge à lèvres pour bien lui montrer que je suis en train de me maquiller ! » Même celles qui aiment habiller les femmes pour les rendre belles ne sont pas toujours sophistiquées : « Aujourd'hui, j'ai fait un effort parce que je savais que je vous rencontrais, nous avoue Laetitia Ivanez, la créatrice des Prairies de Paris, une trentenaire pétillante, peau mate et longs cheveux noirs de jais lâchés. Une copine que j'ai croisée ce matin m'a demandé ce qui m'arrivait... J'avais simplement lavé mes cheveux et je m'étais légèrement maquillée. »

Si elles poussent la porte d'un institut de beauté, c'est en général pour se faire épiler. (À moins qu'elles ne se rasent les jambes à sec. Oui, c'est *roots*.) Elles rêvent d'aller au spa mais comme elles n'ont pas le temps, elles ont le matos à la maison pour se faire un masque à l'argile dans leur bain moussant le week-end. Parfois, elles paniquent quand elles réalisent que la vapeur du lave-vaisselle est le seul *glow* qu'ait jamais connu leur visage et que les monuments parisiens ont droit à des gommages au sable plus raffinés que leur corps, qui ne connaît que la pierre ponce. Alors elles se font offrir pour leur anniversaire un après-midi de papouilles dans un spa. Ou se paient un gommage au rassoul et un massage à l'huile d'argan au hammam. Une gâterie plus qu'une habitude. Elles sont d'ailleurs nombreuses à découvrir ça sur le tard. C'est le cas de Cécile, une quadra pleine de peps qui a pourtant l'air très soigné avec sa peau laiteuse, sa bouche bien dessinée et ses cheveux noirs épais et brillants : « La semaine dernière, j'étais à la piscine avec ma belle-sœur qui n'a pas pu s'empêcher de me lâcher : "Tu pourrais quand même t'épiler le maillot, tu sais, ça fait plus propre !" Un monde s'est ouvert à moi quand j'ai découvert que certaines femmes se faisaient faire une épilation en forme de ticket de métro ! C'est fou ! »

Évidemment, les Parisiennes ne sont pas à ce point nature qu'elles revendiquent d'avoir du poil aux pattes. Mais elles ont la beauté savamment négligée. Le savoir-faire inné de celles qui ont l'air de ne pas y toucher et qui se piquent d'avoir du sens commun. Leur botte secrète, elles la tiennent de leur mère : « Ne jamais se servir de son oreiller comme démaquillant. » C'est ce que recommande à ses patientes le docteur Oliveres-Ghouti, une dermatologue parisienne pleine de bon sens qui prescrit aussi de boire un à deux verres de vin par jour, « Jamais plus ! », mais ça, ça n'est pas seulement bon pour la peau ! Lorsque Colette[1] a ouvert son institut de beauté en 1932, rue de

---

1. Nous rappelons à toutes celles qui fréquenteraient un peu trop la boutique de la rue Saint-Honoré qu'avant d'être le nom du temple de la tendance, Colette est aussi le nom d'une romancière qui fut même présidente de l'académie Goncourt.

Miromesnil, sa brochure de présentation débutait par ces conseils : « La grande toilette, la toilette minutieuse, c'est celle du soir. Ne gardez ni poudre, ni fard sec, ni gomme aux cils pendant la nuit. » Son institut a rapidement fermé, signe qu'elle devait être meilleure écrivain qu'esthéticienne. Mais ça prouve, s'il en était besoin, qu'il y a des pintades partout, même chez les académiciennes…

« Qui s'occupe de vous ? »

Si l'on excepte Mme Renée, qui a besoin de sa dose hebdomadaire de bigoudis, de laque et de potins en feuilletant *Femme actuelle* et *Point de vue*, et les bourgeoises qui vont chez le coiffeur deux fois par semaine parce qu'elles ne savent plus se laver les cheveux toutes seules, la majorité des êtres féminins qui peuplent la capitale arborent plutôt une coiffure « j'ai-pas-trouvé-de-brosse-en-sautant-du-lit ». Au risque de provoquer une dépression chez nos lectrices japonaises, nous ne pouvons que rappeler que certaines copines ne mettent jamais les pieds chez le coiffeur, préférant se couper la frange et les pointes elles-mêmes, et n'hésitant pas à manier le shampooing colorant dans la baignoire. (Que celles qui n'ont pas un tee-shirt pourri réservé spécialement à la teinture maison des cheveux lèvent la main.)

La plupart des Parisiennes ont des coiffures aussi sages que leurs tenues vestimentaires. Pour l'extravagance et l'originalité, il vaut mieux regarder du côté des Africaines et des Caribéennes. Il suffit de se promener à Strasbourg-Saint-Denis pour comprendre qu'elles ne plaisantent pas avec leurs tifs. Dès qu'on sort du métro, on se fait sauter dessus par des rabatteurs payés par les salons. Le vendredi soir et le samedi, les salons du passage du Prado et du boulevard de Strasbourg sont bondés de pintades qui, même quand elles sont dans la dèche, auront toujours 20 euros (minimum) pour payer leur tressage. Nattes collées, tissées, vraies tresses, elles sont capables d'y passer cinq heures, voire plus, en fonction de la longueur et de la finesse souhaitées. Pendant que les reines du piqué lâché et des extensions se déchaînent sur leurs têtes, elles palabrent, se racontent leur vie, parlent de mecs, leurs gamins jouant à leurs pieds. Quand un môme pète les plombs, lassé de jouer au milieu des odeurs suffocantes de laque, des vapeurs de produits toxiques et des fers à lisser brûlants, il y a toujours une mère pour prendre une grosse voix et le menacer : « Attention, si tu n'es pas sage, Sarkozy va venir te chercher ! » Beaucoup viennent pour se faire lisser, défriser, mettre des extensions, des faux cheveux, à la Beyoncé. « Ce sont les Zaïroises et les Congolaises qui ont les looks les plus détonnants, nous explique Cathy, une coiffeuse, chemisier orange *flashy* et casquette noire vissée sur la tête. Elles n'aiment pas passer inaperçu, elles veulent des couleurs qui pètent dans les cheveux, du rouge, du bleu. » Certaines filles changent de coiffure toutes les semaines. « Pour nous, les cheveux, c'est super important, c'est une obsession chez les Noires, décode Rama Yade[1], avec laquelle nous avons eu un jour l'occasion d'évoquer cette obsession alors qu'elle n'était encore ni secrétaire d'État chargée des Affaires étrangères et des Droits de l'homme ni secrétaire d'État aux Sports, mais qu'elle était déjà une pintade (ce qu'elle est restée). C'est connu, le grand trip depuis quelques années, c'est d'avoir les cheveux défrisés, lissés, à coups de produits chimiques, mais ça casse terriblement les cheveux. Même chose pour la couleur de peau, il

---

1. Auteur de *Noirs de France,* Paris, Calmann-Lévy, 2007.

y a plein de filles qui se détraquent la peau à force d'essayer de l'éclaircir avec des laits et des gels à base d'hydroquinone. Moi, je suis un ovni avec ma peau très noire et mes cheveux crépus ! Je ne veux pas ressembler à une chanteuse ! »

Chacune ses obsessions. Pour les Parisiennes blanches, l'obsession, c'est de ne surtout pas avoir l'air de sortir de chez le coiffeur. Mais, là encore, le naturel peut être très étudié : un ébouriffé nécessite parfois de convoquer les dieux grecs et leurs copains romains. Une visite chez le coupe-tifs peut d'ailleurs vite prendre des allures de tragédie. Eschyle aurait pu en écrire une en trois actes intitulée *Thèbes ou Les Cheveux en quatre*. On en connaît beaucoup qui ressortent en pleurant. Et qui seraient prêtes à traverser Paris avec des bottes à talons aiguilles de maîtresse SM aux pieds, façon Rachida Dati, pour trouver un maître capillaire à qui elles pourraient abandonner leur chevelure (enfin, façon de parler car une Parisienne ne s'abandonne jamais totalement, en tout cas pas sans avoir formulé moult exigences sur le degré de dégradé, de frisé ou d'ondulé requis). C'est l'un de ses drames : elle vit une histoire passionnelle avec les coiffeurs. Le jour où elle tient le bon (ou la bonne), elle lui est plus fidèle qu'à n'importe lequel de ses maris. À la vie, à la mort !

Sylvie, Aurélie, Lyn et Sophie, toutes de la même famille, sont prêtes à traverser la Seine (et même l'Atlantique, puisque l'une d'entre elles habite New York) pour aller dans un banal Biguine du XVIIe arrondissement dont l'unique intérêt est d'abriter le talent d'Inès, une jeune coiffeuse qui, outre son habile coup de ciseaux, a l'énorme avantage de ne pas se lancer dans des délires créatifs (ça compte beaucoup pour les Parisiennes de bon goût). Stéphanie, qui travaille dans le prêt-à-porter, ne confie sa frange vénitienne qu'à Enrique, chez Jean Louis David. Aurore suivrait sa coiffeuse au bout du monde, et même chez Franck Provost. Quant à

Catherine, 60 ans, sa fidélité est un morceau d'anthologie de la haute coiffure parisienne : « Ma tante était l'avocate du coiffeur Alexandre quand il s'est séparé des sœurs Carita et qu'il a créé son propre salon rue du Faubourg-Saint-Honoré. Je connaissais donc très bien Alexandre (je passais mes vacances à Saint-Tropez chez sa maman), puis je me suis fait coiffer par son premier assistant, Édouard. En 1972 ou 1973, Édouard a monté son propre salon, avenue George-V. Édouard a pris sa retraite il y a cinq ans en ayant revendu à Jacques Emmanuel, mais c'est toujours l'ancien assistant d'Édouard, qui s'appelle Fabrice, qui me coiffe depuis le départ d'Édouard… Fabrice travaille dans ce salon depuis plus de vingt-cinq ans. Je suis fidèle aussi bien en amitié qu'à mon coiffeur. » Les tifs, ça vous crée des dynasties.

En matière de salons, la panoplie qui s'offre aux Parisiennes est quasi illimitée. Des salons conceptuels aux coiffeurs « bio » (ils sont de plus en plus nombreux, comme RVégétal et Coiffure et Nature, à jouer la carte des produits végétaux), de la haute coiffure (Christophe Robin, Carita, Alexandre, Dessange, Maniatis, Zouari) aux salons de quartier plus décontractés.

Pas de doute, Franck Vidoff appartient à la catégorie des conceptuels : il ne coiffe que les blondes. Si vous êtes brune, il faudra devenir sa copine pour avoir le droit de poser vos fesses sur son siège vibromassant au bac à shampooing, ou alors être prête à vous transformer en blonde warholienne. Rien ne fait peur à Franck, génie des mèches et des colorations, qui compte quelques exubérantes parmi ses clientes. Une quadra mondaine *overdressed*, griffée Prada, Chanel et Marc Jacobs, qui exige que son « blond » matche avec son sac en croco rose pâle ! Ou le sosie de Kill Bill, toute de noir vêtue, chaussée de boots stilettos, dont les longs cheveux lissés, noirs d'origine, sont devenus blond platine : « Mes copines sont jalouses. Quand elles me demandent où je vais pour ma couleur, je les envoie chez Dessange ! Je veux garder Franck pour moi ! »

Il y a six ans, Franck, fils de coiffeuse, a quitté sa ville natale, Bordeaux, pour ouvrir son premier salon parisien, au cœur de Saint-Germain-des-Prés. L'ambiance intimiste tranche avec les usines à brushing de la rive droite. Franck n'a qu'une assistante (ici, on ne dit pas shampouineuse), Myriam, qui connaît toutes les manies de ces dames. « Quand je me suis installé à Paris, les Bordelais m'ont dit : "Surtout, ne dis pas que tu viens de province !" Mais en fait, tout le monde s'en fout parce qu'ici, tout le monde est "monté" de quelque part. » Il n'a pas fallu longtemps à Franck pour avoir la cote auprès des Parisiennes. À en devenir plus parisien que les Germanopratines : « Je ne traverse jamais la Seine. Dans le VIIIe et le XVIe, on vit comme en province ! » dit-il en rigolant à moitié.

Son salon est minuscule, blanc, minimaliste, avec au milieu un cube qui accueille ses lectures préférées – Marguerite Duras, Kressmann Taylor, nos pommes, et quelques incontournables pour ce fétichiste de la blondeur, comme *Marilyn, dernières séances* et *Blonde* de Joyce Carol Oates. C'est là qu'il range ses fiches manuscrites, à l'ancienne, sur lesquelles il inscrit les habitudes de ses clientes, aisées pour la plupart car il faut pouvoir sortir 195 euros pour une couleur. Chez lui, on croise l'oisive élégante, la journaliste de mode, l'acheteuse du Bon Marché, l'attachée de presse de cinéma, et juste ce qu'il faut de people pour se savoir à Paris. Mais certaines peuvent casser leur tirelire, l'assurance de ne pas ressortir avec les cheveux jaune filasse n'ayant apparemment pas de prix.

Paris ne compte évidemment pas que des grands salons et des enseignes branchées. Beaucoup de femmes ont leurs habitudes dans des salons de quartier. Nadia, qui vit dans le XVIIe, va chez la même coiffeuse depuis des années, rue Legendre, en bas de chez elle. « Martine est très psychologue. On est devenues copines. Son salon, c'est mon deuxième chez-moi. Ça m'arrive de m'arrêter uniquement pour faire pipi ! » Martine a commencé à travailler dans ce salon comme apprentie il y a vingt ans, avant de le racheter. À ses côtés, Damien, dont les tatouages n'ont rien à envier à ceux des bikers, évoque, sans regret, ses premières années dans les salons prestigieux parisiens, les 8 000 dollars de pourboire les jours qui précèdent Noël chez Fekkai à New York, la surenchère permanente entre coiffeurs bodybuildés. « Moi, le côté caleçon Gucci qui dépasse du jean pour épater les clientes, ça ne m'intéresse pas ! »

Chez Martine, même si vous répondez : « Personne » à la question : « Qui s'occupe de vous ? » quand vous prenez rendez-vous par téléphone, on vous traite comme une habituée. Nous sommes venues pour un simple brushing, un samedi après-midi, à l'heure où les mamies du quartier et les bobos des Batignolles se bousculent aux bacs à shampooing au sous-sol, entre la machine à laver, la cafetière et les produits capillaires. Pour 45 euros, on a eu droit à un accueil personnalisé, un massage du crâne, divin, entre les mains d'une apprentie très douce – une métisse dont le rêve est d'ouvrir un salon afro à Toulouse dans quelques années (« parce que là-bas, ça n'existe pas ») –, un shampooing végétal colorant sur les conseils de Martine qui nous a trouvé le cheveu triste, et un brushing lissé de main de maître par Damien. Mieux qu'une séance chez le psy !

Et on n'avait même pas envie de foncer se laver les cheveux en sortant, c'est dire !

De A à Z

Il est, paraît-il, la superstar du ciseau parisien, celui à qui les « élégantes » et le président viennent confier leurs mèches. Alexandre Zouari coiffe la bourgeoisie parisienne depuis vingt ans. Comme il le disait lui-même sur Fashion TV en 2004, il a créé un « salon global *beauty concept*, c'est de A à Z, comme Alexandre Zouari ». Global et *beauty* et *concept*, mais alors d'une façon bien locale et parisienne. Quand on est allées chez Zouari, on n'a pas senti un vent de modernité, ni d'exotisme. On s'est senties à Paris, et encore, dans un certain Paris.

Rendez-vous pris pour samedi matin. Dès l'arrivée, je me rends compte que Zouari, ça se mérite. C'est un peu comme pour faire partie d'un club privé, mieux vaut être parrainée. Et pas de bol, ce n'est pas mon cas. Pas de vieille tante fidèle cliente qui m'a refilé le nom de celle qui la coiffe. À la prise de rendez-vous, j'ai bien senti que quelque chose clochait. « Et qui vous coiffe d'habitude ? » « Euh, personne, c'est la première fois. » Le temps de notre pucelage est bien loin et pourtant, boum, un coup de fil chez Zouari et le boomerang, on se sent aussi bête que la première fois qu'on a dû embrasser un garçon, l'excitation et le plaisir en moins.

Le jour J, on pousse la porte et c'est le bon goût
du VIIIe arrondissement qui nous accueille. Elle s'appelle
Sonia et s'entête à nous demander qui nous coiffe
d'habitude. Bon, ça va. On est pucelle, on l'avoue. C'est pas
la peine d'en rajouter. Il faut bien une première fois...
Linda, jeune apprentie coiffeuse, m'entraîne vers les bacs
de shampouinage. Peinture bleu lavande/layette sur les murs,
faux galuchat. Toutes mes voisines de bac sont visiblement
des habituées, et elles ont l'âge pour. En rang, chacune a
posé son Birkin sur la tablette devant elle. Après le dressing
de Victoria Beckham, le salon Zouari ce jour-là, c'était sans
doute la plus grande concentration de Birkin au monde.
Évidemment, pour une coupe « *global beauty concept* »,
il faut le sac qui va avec. À l'extrême droite, un Birkin en
croco, le premier qu'il nous ait été donné de voir...
Me voilà entre les mains de Valérie. Quand je demande
un brushing lisse, elle réplique, surprise : « Tout lisse, vous
êtes sûre ? » J'ai sans doute fait une gaffe, la tendance
doit être au bouffant. Tant pis, je persiste. Elle s'exécute,
visiblement démotivée. Pendant ce temps-là, dans
le salon, les quarante-huit employés s'affairent, coupent,
coiffent, bigoudisent et médisent. Après vingt minutes,
mes cheveux sont super lisses et Valérie est déçue.
C'est aussi plat que la Beauce. Pensant sans doute
bien faire, elle entreprend de me parler de ma couleur,
faite maison depuis deux ans. « C'est très noir, c'est trop
dur. Vous devriez faire des mèches, ça vous adoucirait.
Vous avez les traits très durs. »
Au moins, ça change de l'approche *borderline* hypocrite
des Américains qui consiste à vous dire que vous êtes
fabuleuse, mais que vous pouvez encore vous améliorer.
Je comprends bien le message à peine voilé. Je suis chez
les pros de la couleur, mais je repasserai avant d'investir
dans un balayage *made in* AZ.

À l'étage supérieur, un drame aux dimensions balzaciennes est en train de se jouer. Le coloriste à qui ces dames confient leurs tresses est manquant à l'appel. Il n'a pas donné signe de vie depuis la veille au soir. Tétanisée, une cliente affolée se demande ce qu'elle va devenir. L'heure est grave. Le staff est là pour rassurer. « Ne vous inquiétez pas, Irma peut vous faire votre couleur », assure un des managers. La cliente manque de fondre en larmes. « Mais je sais même pas ce que Sylvain me fait. Il n'y a que lui qui sait ! » Un secret peut-être emporté dans la tombe. On ignore si le coloriste est passé de vie à trépas, mais ce samedi matin, son absence était intolérable.

Quant à moi, j'ai perdu mon AZ pucelage entre les mains de Valérie. Je ne lui ai pas donné de plaisir et c'était réciproque.

Dernièrement, pendant un chat sur le site l'Internaute, AZ en personne répondait à la question : « Faut-il être une star pour "passer entre vos mains" ? » « Non, je suis toujours ravi de m'occuper de clientes nouvelles. Malheureusement, mon emploi du temps ne me le permet pas toujours. Toutefois, dans mon salon, chaque cliente, connue ou inconnue, est une star ! »

Bon, je dois être une étoile filante…

L'élégance des rides

À chaque retour de New York, je regarde les Parisiennes et je me dis : elles ne sont pas comme les New-Yorkaises. Elles ont du charme, de l'élégance, elles sont plus naturelles, et oui, elles ont des rides. Les rides à New York, ça qualifie les plis que le vent fait sur l'eau du Reservoir de

Central Park, mais certainement pas les plis que fait le temps sur les visages des habitantes.

À Paris, bien sûr, c'est une autre affaire. On est « bien dans sa peau, bien dans ses rides », comme l'affirmait le magazine *Elle* avec témoignages et photos de femmes – très légèrement – ridées à l'appui. Le même proposait dans son numéro spécial rajeunissement l'article ultra-gossip : « Que font les stars pour rester jeunes », et de microscoper Nicole Kidman avec son front aussi immobile qu'une bûche, Demi Moore (non, elle n'a pas fait de *facelift*), Sharon Stone (oui, elle a tout fait), mais, comme par hasard, pas une actrice française passée en revue, pas une passée à la loupe du mépris de la toxine botulique. Pas un mot sur Isabelle Hupert ou sur Jeanne Moreau. Pourtant, nous aussi, nous avons notre lot de *freaks* du rajeunissement, à commencer par Isabelle Adjani, qui pourrait être l'ambassadrice de Fontaine de jouvence Incorporated.

Emma, la quarantaine épanouie et le front très lisse, nous confie que ses copines font « un peu de trucs » dermatologiques. Comme du Botox. Mais elle, non. Même si elle admet que passé 40 ans, vieillir, c'est difficile.

Malgré toutes les publicités pour des produits censés tordre le cou aux radicaux libres et toutes les crèmes censées chasser le relâchement, quasi unanimement, les pintades parisiennes nous ont affirmé qu'elles s'en fichent de vieillir. Marlène, autoproclamée pintade parisienne pur jus, s'en est presque offusquée : « On n'est pas américaines », comme si le traitement antiâge était réservé à ces drôles d'oiseaux outre-Atlantique qui se shootent au jeunisme et à l'acide hyaluronique. Ici, rien de tout ça, tout juste aimerait-on une petite stimulation du collagène, comme on recherche un meilleur transit intestinal. Tout ça, c'est de l'hygiène de vie, pas du rajeunissement.

D'ailleurs, les crèmes de soin ne sont plus « antivieillissement », elles sont « raffermissantes », elles éperonnent le collagène et aiguillonnent l'élastine, elles contiennent des enzymes detox pour doper l'épiderme. Parce que réduire la profondeur des rides n'est pas la préoccupation avouée.

La vraie obsession (presque avouée) des Parisiennes, c'est la cellulite. Cette sacrée peau d'orange nous met les nerfs en boule et les cellules graisseuses en bouffissure : la cellule graisseuse est l'ennemie jurée, et les mesures pour en venir à bout sont dignes d'un roman de science-fiction. Parce que, comme chacun sait, aller à la gym demanderait vraiment trop d'efforts, la Parisienne, confiante en la science – enfin, en une certaine science –, sait bien qu'une armée de chercheurs planche sur le cas de sa graisse et qu'un jour, le Nobel (de médecine et de la paix, parce que celui qui éradiquera la cellulite aura apporté la paix sur Terre, non ?) sera décerné au dézingueur de gras. En attendant, on fait comme si. Une vendeuse d'une parfumerie Marionnaud nous affirmait avec le plus grand sérieux que la crème anticellulite avait un effet mange-graisse, mimant avec sa main droite la crème en action se bâfrant de notre cellulite avec un enthousiasme de Pac-Man goulu.

Mais la palme revient sans aucun doute à la brochure proposée par LPG, concepteur des machines Cellu M6, qui nous apprend que nous avons besoin de la mécano-transduction pour venir à bout de nos rondeurs. Ah bon, on croyait que c'était un truc inventé pour Goldorak. Il y a aussi une histoire de fibroblastes, mais là, on vous avoue que malgré un doctorat en physique moléculaire, on a décroché. Nous avons cependant découvert que nos cellules graisseuses sont prisonnières. De quoi, on n'a pas tout compris, mais il faut les libérer. Tels des Ingrid

Bétancourt aux mains des FARC, les nodules graisseux attendent leur délivrance, à coups de rouleau palpeur compresseur, leur Sarkozy à eux !

Le problème pourrait peut-être être réglé grâce au scalpel et à la pompe à gras d'un chirurgien, mais les Parisiennes ne sont pas des grandes adeptes du bloc opératoire.

Alors comment expliquer qu'il y a des chirurgiens esthétiques à Paris ? Certes moins qu'à Rio ou à Los Angeles, mais tout de même.

Rendez-vous pris dans le cabinet d'une des éminences parisiennes de la tension cutanée. Le docteur Patrick Bui sévit sur les peaux des Parisiennes depuis 1989. Il reçoit dans son cabinet du VIIe arrondissement. Ambiance ultra, ultrafeutrée. Aux murs, une collection impressionnante d'art aborigène, notamment un tableau monumental de Kathleen Petyarre qui vous provoque un lifting instantané tellement il est impressionnant. Aucun doute, vous êtes chez un esthète. Sa clientèle est vaste, sa réputation internationale, son charme irrésistible, sa discrétion légendaire.

Notre première question s'impose : les Parisiennes ont-elles recours à la chirurgie esthétique ? Au vu de son carnet de rendez-vous, qui est booké pour les six prochains mois, la réponse est claire. Il nous explique le style parisien : « L'important ici, c'est que ça ne se voie pas. Ça doit être naturel. Pas question de tirer comme une brute. Par exemple aux États-Unis, les chirurgiens font des opérations pour retendre la peau du ventre et les patientes se retrouvent avec le nombril quatre centimètres plus bas.

Ce n'est pas naturel. Ici, on préfère que ce soit moins tendu, mais plus naturel. » Idem pour les actes de cosméto, pour le blanchiment des dents, etc. L'idée, c'est qu'il n'y a pas d'avant-après. Il y a juste un : « Mais t'as bonne mine, ma chérie. » Toute cette jeunesse, cette fraîcheur et cette beauté doivent venir de l'intérieur, de bons gènes, d'une bonne alimentation, d'un sommeil réparateur. La médecine esthétique est taboue, taboue. À l'heure où, à Hollywood, toutes les starlettes de plus de 30 ans sont figées telles des poupées de cire du musée Grévin, Emmanuelle Béart a récemment jeté un pavé dans la marre en avouant (enfin) publiquement avoir fait refaire ses lèvres. De ce côté-ci de l'Atlantique, un tel aveu – assumé qui plus est – paraît révolutionnaire.

Nicole, la petite soixantaine, qui a travaillé dans plusieurs bureaux de style, a été directrice de la mode chez Dior avec M. Ferré, consultante pour le Printemps, la Samaritaine, et aujourd'hui le Bon Marché (donc autant dire que son empirisme s'appuie sur un paquet de cas concrets), confirme : « Les Parisiennes assimilent le Botox et les injections à de la chirurgie esthétique, elles sont assez méfiantes. » Si beaucoup ont peur des aiguilles, ce n'est apparemment pas le cas de Nicole, qui a récemment testé la mésothérapie (« Ça fait mal et ça ne donne pas beaucoup de résultats »), et qui s'apprête à essayer « l'acupuncture de beauté » qui, grâce à des aiguilles en or, promet un effet lifting. « Il paraît que c'est génial. » Nicole, qui n'est « pas gogo mais aime expérimenter », ajoute : « Je crois que vieillir est une vraie saloperie. Si quelqu'un me dit : "J'adore vieillir", je n'y crois pas. Mais le jeunisme à tous crins, c'est ridicule. »

Chez le docteur S., dermatologue des *people*, mieux vaut ne pas avoir peur des aiguilles. Ici, on pique à la chaîne. Mais seulement après un minutieux examen. On est là pour rajeunir, mais aussi pour être en bonne santé. On concède ce point : avoir l'air jeune et être malade n'a pas grand intérêt. Vendredi après-midi, la salle d'attente ne désemplit pas. « Elles préfèrent venir le vendredi après-midi, comme ça, elles se disent qu'elles ont le week-end pour récupérer, au cas où je leur ferais un traitement qui laisse des marques. » La première patiente, cheveux courts poivre et sel, la peau très ridée, est visiblement une fidèle patiente. Le docteur S. l'examine des pieds à la tête, brûle à l'azote quelques taches ici et là, puis elle lui tend un miroir et lui demande : « Qu'est-ce que vous souhaitez améliorer ? » Ignorant royalement ses rides, la patiente répond : « Ah, la couperose, docteur ! » Le docteur S. suggère habilement un comblement des rides avec des injections d'acide hyaluronique. La patiente n'en revient pas. Son front est plus lisse, les grosses rides creusées sont très largement estompées.

Une autre, totalement speed dès le moment où elle a franchi la porte, le visage lissé par les injections à répétition, en redemande : « Docteur, ça va pas du tout, j'ai l'air d'un shar-peï », alors que pas un muscle de son front ne peut bouger. Le docteur S. écoute, dédramatise. « OK, on va faire de toutes petites injections. Juste ici. Pour rendre le visage plus harmonieux. » La patiente reprend : « Je voudrais avoir les lèvres plus pulpeuses, comme ça ! » en tirant sur sa lèvre inférieure. Le docteur S., très habilement encore, rassure, relativise. « On va combler les rides des commissures et ça aura un effet tenseur sur la bouche. » La patiente continue : « Ma copine m'a dit que cette fois-ci, le Botox n'avait pas bien marché et que j'ai l'air toute plissée. » Le docteur S. s'offusque : « Et c'est qui, cette copine super sympa ? Et puis pourquoi vous lui dites que vous faites du Botox ? Ne dites rien ! À personne. »

En aparté, le médecin ajoute : « Je dis toujours à mes patientes de ne RIEN dire, à personne. Même si beaucoup de femmes ont recours à ces techniques, c'est encore un peu tabou. » Avec une douceur infinie, elle soupire : « La médisance, vous savez... »

L'héritière d'une famille d'industriels arrive avec sa mouflette sous le bras. Au menu, un peu de papotage et une verrue plantaire. Après avoir scrupuleusement examiné la gamine, le docteur S. déclare qu'il est inutile de traiter. La mère, une liane rousse à la peau laiteuse, sur le point de prendre le virage de la quarantaine, demande, les yeux plongés dans le reflet que lui tend le miroir : « Vous pensez que je devrais commencer à faire quelque chose ? » Le docteur S. répond sereinement : « Tenez, voici une brochure sur le Botox, c'est un produit qu'on utilise depuis plus de dix ans, c'est très sûr. Et voici pour l'acide hyaluronique. » La beauté quadragénaire et millionnaire se regarde d'un peu plus près dans le miroir, scrute les rides apparentes et glousse : « À mon âge, je suis sûre que mes copines américaines font déjà des tas de trucs. »

Les Américaines sont envieuses de notre société sans pression. Laura Dern, l'actrice vedette de *Sailor et Lula*, déclarait au *Figaro Madame* : « Dans dix ans, je demanderai l'asile esthétique en France, où je pourrai travailler ridée jusqu'à mes vieux jours ! Comme Jeanne Moreau. Un visage humain intègre, c'est la plus belle chose qui soit. »

Les faussaires de la jeunesse n'ont décidément pas la cote à Paris.

La révolte de Spa(rtacus)

Depuis quelques années, les spas sont aux salons de quartier ce que les bars aseptisés prétendument *lounge* sont aux troquets auvergnats. Paris s'embourgeoise et n'échappe pas à la mondialisation. Cela n'a pas que des inconvénients : il est agréable pour l'œil et apaisant pour l'esprit d'aller dans un spa raffiné, baigné d'une lumière douce et d'une musique relaxante, où les esthéticiennes vous susurrent des mots ouatés à l'oreille. Cela change de la gouaille d'un Vénus Beauté où les rideaux saumon font concurrence au sol carrelé et aux murs tapissés de publicités poussiéreuses. Nos « moments pour nous » ont indéniablement gagné en glamour. Il n'empêche. Les spas ont tellement proliféré que ça donne presque envie d'aller défendre l'exception culturelle des petits instituts de beauté devant l'OMC. Après tout, c'est aussi important que le camembert et le roquefort ! On l'avoue, on n'a jamais été très assidues des instituts, à part pour se faire épiler (et encore), mais c'est quand même la survie des confidences sur la blouse en Nylon et de tranches de vie dans les cabines de soins qui est en jeu, non ?

Longtemps cachés dans les grands hôtels et cantonnés à une clientèle haut de gamme, les spas ont maintenant pignon sur rue. La Sultane de Saba, les Cinq Mondes, Nuxe, Bleu comme bleu, Montecino ou encore Omnisens permettent à la citadine overbookée de se délasser.

Paris n'étant pas championne du monde du service, on est certaines de ne pas être à New York. « Ah non, madame, je suis navrée, mais nous sommes fermés le dimanche… Non, nous n'acceptons aucun rendez-vous après 19 heures. » Mais comment font les femmes qui bossent ? Elles posent une RTT ? « Ah non, madame, je ne peux pas vous booker un massage avec Nadège… Oui, je comprends, vous l'avez beaucoup appréciée la dernière fois que vous êtes venue, mais choisir son esthéticienne est un privilège réservé à nos clients VIP, je suis désolée… Ça serait trop compliqué pour les plannings, vous comprenez. » Non, on ne comprend pas, mais si vous le dites. Le plus difficile est parfois d'arriver à avoir quelqu'un en ligne pour prendre rendez-vous. Après plusieurs messages laissés au spa Cinq Mondes sans que personne ne me rappelle alors que mon forfait offert à Noël allait bientôt expirer, j'ai dû dépêcher mon mari scootérisé, *aka* « Toto 30 », car je n'avais pas le temps d'y aller moi-même (je sais, j'ai épousé un homme formidable).

Toutes les Parisiennes ne peuvent évidemment pas se permettre le massage « sérénité » ou le soin du visage « taoïste » à 90 euros de l'heure. Alors, quand elles ont envie d'une expérience de bien-être dépaysante, elles vont au hammam. Témoin d'une Paris multiculturelle, le hammam, c'est le lieu démocratique par excellence. On y trouve tous les milieux, tous les âges et toutes les couleurs de peau. L'ambiance est nettement plus retenue que dans les pays arabes : pas de femmes aux bourrelets sensuels en train de danser, de chanter des youyous et de fumer le narguilé en jouant aux cartes dans la salle de repos. Cela dit, on ne pensait pas les Parisiennes si pudiques. Quand on est allées au Medina Center – un hammam dont la déco est assez froide mais qui a le mérite de réchauffer un coin sinistre du XIXe arrondissement, et où il vaut mieux venir en semaine tant ça se bouscule le week-end –, elles portaient toutes un bas de bikini, voire le haut ! Les habituées briefaient gentiment les petites nouvelles sur la façon d'utiliser le savon noir, le rassoul, la salle de vapeur, la pierre chaude et la piscine glacée. Beaucoup d'habituées donc, un groupe de collègues de travail, des étudiantes, et aussi deux vieilles dames espiègles qui ont passé leur temps à dire du mal de leurs copines. Elles ont exsudé autant de peaux mortes que de ragots. Mon gommage était pour le moins énergique : la jeune fille qui s'occupait de moi n'arrêtait pas de parler, en arabe, à sa collègue de droite et apparemment l'histoire qu'elle lui racontait devait avoir l'intensité dramatique d'un feuilleton égyptien, car dès qu'elle vivait un peu trop son récit, en s'énervant ou en gloussant, j'avais droit à des coups de gant encore plus vigoureux qui me labouraient la peau ; comme mes voisines de table avaient l'air de subir le même traitement sans hurler, je me suis contentée de grimacer, ce qui a beaucoup fait rire ma gommeuse. Mais le massage du crâne à l'huile de jasmin qui a suivi a achevé de me faire oublier que j'étais à Paris par un après-midi pluvieux et froid.

Mme Martine

Il était une fois une pintade qui, pour se donner bonne conscience après le énième macaron Ladurée au poivre de Java, décida d'aller à la piscine (on avoue, c'est du vécu). Dans ce dessein, elle devait se débarrasser de cette affliction qui flanquait son aine. Me voilà donc prenant rendez-vous avec une esthéticienne pour un petit dégarnissage, étape obligée dans ma vie de vraie brune. Un poil anxieuse, j'arrive au salon de beauté. Un de ces salons qui foisonnent à Paris, un endroit qui ne ressemble à rien. Pas *fancy*, pas *trendy*, pas *hip*, même pas *hype*. Rien,

je vous dis. Une vitrine avec de vagues affiches pour des produits supposément miracles, censés effacer les outrages que la nature nous fait subir chaque jour (rides, affaissement tissulaire, décatissement inéluctable), quelques pots et tubes de crèmes, une mouche morte, et basta.
Je pousse la porte et à l'intérieur, je me retrouve nez à nez avec une sorcière. Grande, les cheveux longs, filandreux, accrochés en chignon, les doigts courbés, terrifiante.
Mme Martine, qui a choisi de laisser les outrages de la nature faire leur œuvre, m'accueille avec sa voix haut perchée. « Ah, c'est vous l'épilation du maillot ? » D'un air autoritaire, elle me montre la cabine de soins et m'ordonne : « Installez-vous. » Ne sachant pas bien ce qu'elle entend pas là, j'enlève mon jean, mes chaussettes et je m'allonge sur la table de soins. Mme Martine arrive, des lunettes demi-lunes sur le bout de son nez. Quand elle réalise que j'ai gardé ma culotte, elle pouffe (les voisines de cabine n'en perdent pas une miette) : « Ah, mais non mais non, allez, allez, on enlève la culotte, comment voulez-vous que je vous épile, si vous gardez votre culotte ? Pfff. » C'est sans appel.
Me voilà prête pour l'examen pelvien. À ma gauche, un gros chaudron rempli d'une concoction épaisse et brunâtre dont s'échappent des bulles. À ma droite, Mme Martine et son œil scrutateur. Elle se saisit d'une spatule en bois qui a l'air d'être sortie des placards de l'accessoiriste du set d'Harry Potter. Elle plonge la spatule dans le mélange flatulent et fait des tourniquets avec ses poignets, afin que la concoction reste bien sur la spatule.
On en a envoyé au bûcher pour moins que ça, je vous assure.

Mais bon, on est à Pantin en 2008. Je suis une grande
fille, la sorcellerie, ça n'existe pas.
La spatule recouverte de cire bouillante, Mme Martine, pas
du tout émue, me recouvre une moitié d'échancrure. Tchak,
elle arrache le tout. Et là, ahhh ! Incroyable ! Même pas mal.
Je n'en reviens pas. Pas de douleur, pas
d'évanouissement, pas de martyre pileux. La place
est nette, lisse. Les méchants poils sont ventousés sur
la bande usagée. C'est bon, elle m'a convertie. Je crois
à la sorcellerie. Elle me regarde par-dessus ses lunettes.
« Eh ben, relaxez-vous. J'vais pas vous manger ! »
OK, Martine, je me relaxe.
Elle regarde la récolte folliculaire avec satisfaction et
jette la cire usagée. Quand je m'enquiers des pratiques
de recyclage, elle m'explique que la cire utilisée pour
le maillot est jetée après usage, mais quand elle est utilisée
sur les autres parties du corps, elle est recyclée, au travers
d'un filtre, dans le gros chaudron. Donc, si je comprends
bien, la cire qui vient taquiner mes quartiers de noblesse a
déjà flirté avec les aisselles du voisinage. Hum.
Franco, Mme Martine me demande : « C'est pour
la piscine ou pour votre amoureux ? » Ben à vrai dire,
un peu des deux. Alors qu'elle s'affaire à rendre mon
entrejambe plus dune du Pilat que mont-de-vénus
(rapport à son côté désertique, pas à son altitude),
je lui demande si c'est la mode de s'épiler échancré.
« Ah, oui, maintenant, elles veulent toutes une épilation
bien dégagée sur les côtés. Ah ben, c'est plus propre,
c'est plus net, hein ! Mais quand elles me demandent
de tout enlever, je refuse. C'est simple, je leur dis tout net.
Pas question. Non, vous comprenez, elles le font pour
faire plaisir à leur petit ami. Ça fait petite fille pré-pubère.
C'est de la perversité. Moi, je veux bien faire les côtés,
mais je laisse le ticket de métro. »

Et comme avec Mme Martine, on ne discute pas, j'obtempère. Mme Martine fait partie de ces femmes besogneuses, qui ont le goût du travail bien fait.
Elle fignole à la pince en regardant à travers ses loupes. Dernière application de cire, derniers poils disgracieux éliminés. Et voilà. C'est propre, c'est symétrique, c'est net, et sans douleur. De la sorcellerie, peut-être. Du travail de pro, sûrement.
Je ressors de chez Mme Martine prête pour la piscine, frissonnant de savoir que j'ai un ticket de métro dans ma culotte. Si ça, c'est pas pervers !

Hard-cors

Plusieurs années passées à New York, ça vous déforme une Française. Aussi quelle n'a pas été ma joie, à mon retour à Paris, de découvrir que les ongleries, les « *nails bars* » comme on dit uniquement de ce côté-ci de l'Atlantique, avaient commencé à ouvrir un peu partout dans la capitale. Joie vite refroidie : « Quoouaaââ !!! Trente euros pour une manucure ??? Vous plaisantez !!! » Comme on n'a pas toujours le temps d'aller voir les Chinoises dans les salons de Strasbourg-Saint-Denis ou au-delà du périph (même là, ça coûte quand même 15 euros), à ce tarif, c'est sûr, ça ne risque pas de devenir une addiction. Sans parler du fait qu'il faut souvent prendre rendez-vous. Impossible de débarquer à l'improviste, entre deux rendez-vous de boulot, pour un raccord couleur. Même chez Sephora, qui a lancé ses fameux bars à ongles il y a plus de trois ans, je me suis entendu dire : « Ah non, c'est pas possible de vous prendre : vous n'avez pas rendez-vous, et de toute façon, la dame qui fait les ongles, elle est en RTT. » *Only in Paris*...

Vérification faite auprès de mes amies, très peu fréquentent avec assiduité ce genre d'endroits (ou alors pour se faire poser des faux ongles et ne plus ronger les vrais). En bonnes Françaises, elles continuent, au choix : à se ronger les ongles des mains (voire des pieds pour les plus souples), à se les couper une fois de temps en temps quand elles ne peuvent plus composer avec leurs allures de Cro-Magnonnes, ou, pour les plus sophistiquées, à se faire une pose maison de vernis qui déborde de partout, le plus souvent l'été, en vacances, et qu'elles garderont écaillé des semaines durant. Les pieds secs et crevassés de nombreuses Parisiennes – le détail qui tue, même chez les plus élégantes – feraient cauchemarder la plus zen des Coréennes.

Cela dit, pas mal d'entre elles s'offrent une séance annuelle chez la podologue. Mais, comme c'est toujours sous couvert de soigner leurs ongles incarnés, dans leur esprit, ça relève plus du médical que de la beauté des pieds. Si l'on en juge par le nombre de cabinets de podologie, c'est fou le nombre de personnes qui ont des cors aux pieds. Ma copine Mimi y va chaque année, à l'approche des beaux jours : « À chaque fois, même déception devant le caractère récalcitrant de mes cors et autres durillons. Hummm, c'est glam ! »

C'est sûr, « pédicurie-podologie », ça ne fait pas rêver. D'ailleurs ne dit-on pas « cabinet », comme chez le médecin ? Jusqu'à il n'y a pas si longtemps, une plaque de podologue éveillait chez moi des images effrayantes d'œil-de-perdrix (un comble pour une pintade), d'oignons et de semelles orthopédiques. Très loin de la vacuité si dépaysante d'un *beauty parlor* new-yorkais. Il faut s'y faire, à New York, j'avais une carte de fidélité chez Lily Nails,

21st Street, aujourd'hui j'en ai une chez Pascal Beillevaire, maître fromager du haut de la rue de Belleville. À chaque terroir ses obsessions.

Bien que dépourvue d'affections unguéales, je décide, mue par le sens du devoir d'investigation, de prendre rendez-vous avec Catherine Tissier, une pédicure-podologue recommandée par Valérie, une de mes sources dans l'univers pintade parisien, pour être initiée à cette expérience paramédicale proche pour moi du paranormal.

Ça ne s'invente pas, son cabinet se trouve pratiquement en face de la boutique Christian Louboutin, rue Jean-Jacques-Rousseau, à l'entrée de la galerie Véro-Dodat – l'un des plus beaux passages couverts de Paris. « Les vendeurs de la boutique viennent me voir deux fois par an pour une pédicurie offerte par leur patron. C'est sympa ! » me confie Catherine Tissier, une brune piquante à l'accent chantant, installée depuis trente ans à Paris. Tout de suite, l'idée que les salariés de Louboutin, le pape de la haute-godasse, qui chausse Catherine Deneuve et Nicole Kidman de ses escarpins aux semelles rouges, viennent se faire poncer les pieds chez elle ajoute une touche sexy à mon baptême, qui s'annonçait très clinique.

Vêtue d'une blouse blanche, elle m'invite à m'installer dans un fauteuil et commence par me masser les pieds tout en les inspectant à la loupe. « Vous avez de très beaux pieds, un peu secs, mais en très bonne santé. » Ah bon ? « Oui, et puis vous avez des coussinets épais, comme les chats, c'est très utile pour amortir. » Bon, tant qu'elle ne vante pas les mérites des poils… On n'est pas là pour faire dans la dentelle. Lames de rasoir et ponceuse électrique sont ses deux armes essentielles. Pas de crème parfumée à la rose, pas d'eau tiède additionnée d'huiles essentielles, mais du Dakin et de l'alcool modifié. « Attention, il ne faut jamais couper les cuticules. dit-elle d'un ton catégorique. JAMAIS ! C'est la matrice de l'ongle, une zone tampon. Si on les coupe, c'est la porte ouverte aux germes. De toute façon, plus on les coupe, plus elles repoussent, comme les poils. Il faut juste les graisser et les repousser. » Je fais une allusion timide aux esthéticiennes coréennes de New York qui mettent tant d'acharnement à traquer la cuticule. « Ah, mais madame, nous ne faisons pas du tout le même métier ! Elles font dans le cosmétique, je suis dans le médical. Pour être pédicure-podologue, il faut faire quatre ans d'études à l'Institut national de podologie, avoir des connaissances solides en anatomie et en physiologie. » La gaffe. Donc, le pied peut être une vocation ?

En papotant, je découvre que les habitudes des Parisiennes ont un peu évolué. « J'ai de plus en plus de clientes qui viennent me voir même quand elles n'ont pas de problèmes, juste pour le plaisir d'avoir de beaux pieds. En général, elles aiment bien venir au printemps, avant les beaux jours, et une fois en hiver. » Dites donc, vous ne vireriez pas un peu esthéticienne, Catherine ? « Vous savez, c'est assez récent de montrer ses orteils à Paris. Je suis originaire du Midi et quand je suis arrivée ici, il était impossible de trouver des sandales ouvertes dans les magasins. Allez savoir pourquoi, il n'y avait que des ballerines. Ça a changé depuis une dizaine d'années. » Une conséquence du réchauffement de la planète ?

Une demi-heure plus tard, et une épaisse couche de peaux mortes à terre, me voilà avec des pieds de bébé. Du boulot de professionnelle. Mon seul regret, c'est qu'à 35 euros la demi-heure de soin, je vais devoir poser moi-même mon vernis rouge-noir et ça va encore être un carnage. « Vous êtes plutôt du genre raisonnable avec les talons, hein ? commente Catherine en me voyant enfiler mes tennis. À Paris, les femmes privilégient le confort, pas plus de cinq ou six centimètres de hauteur. Les Converse, quelle calamité ! Je ne vous raconte pas le nombre de jeunes femmes qui souffrent d'épines calcaléennes à cause de ça. Ça fait un mal de chien. » On imagine le soulagement de Cécilia depuis qu'elle n'est plus Mme Sarkozy, et le calvaire de Carla, condamnée aux talons plats pour cause de respect de la stature présidentielle.

Quelques minutes plus tard, je suis dans la rue, le nez collé à la vitrine de Louboutin. Avec mes pieds de star, je suis tentée de faire une folie. Mais l'idée de devoir crapahuter avec des stilettos me refroidit autant que le prix. Tant pis, je préfère risquer l'épine calcaléenne.

Ressourcées alternatives

« Chérie, il faut que je raccroche, je vais être en retard chez Tran ! Je ne peux pas ME faire ça ! » À force d'entendre les copines nous parler de Tran, on a voulu comprendre ce qu'elles lui trouvaient, à ce réflexologue du VIIIe arrondissement. « Profites-en pour voir Mme Li, son associée. Son massage du crâne est FA-BU-LEUX.

Mais je te préviens, il y a pas mal d'attente », me prévient
Momo. Pas mal d'attente ? Tu parles ! Deux mois !
Le jour J, me voilà allongée sur la table de David Tran,
un petit homme au physique sec, qui reçoit en blouse
blanche et cravate rouge, et dont le calme intimide.
La douceur de ses mains est au moins égale à son
économie de mots. Pipelettes hypocondriaques s'abstenir,
on n'est pas là pour raconter sa vie mais pour libérer
ses énergies. De longues minutes de silence, pendant
lesquelles il me masse les pieds en se concentrant.
Trop de silence, je l'imagine m'annonçant un truc
grave, forcément... « Le pied a sept mille deux
cents terminaisons nerveuses... le droit est différent
du gauche. Là, par exemple, me dit-il en appuyant sur
la partie inférieure du pied droit (à moins que ce ne soit
le gauche, je m'y perds), ça correspond à votre côlon
haut. Le vôtre est tout mou, ça va. » Ouf, j'aurais pas aimé
qu'il me propose une irrigation du côlon... Une séance
de réflexologie faciale (qui m'a permis de mieux saisir
le concept de prendre son pied avec sa tête) et un thé
au ginseng plus tard, je suis totalement relaxée. Je quitte
le cabinet de Tran, assez troublée par cette science
antique.
Est-ce parce qu'elles vivent dans la capitale
des mandarins (là, on ne parle plus des sages chinois
mais des professeurs de médecine qui règnent
sur les grands services hospitaliers) que tant
de Parisiennes sont devenues adeptes des médecines
douces ? En tout cas, il suffit que vous racontiez que vous
avez mal au dos pour qu'elles dégainent les rebouteux.
Mieux que les gourous ! Elles se refilent les bonnes
adresses pour combattre les maux de dos, les problèmes
de fertilité, les otites et les toux chroniques des gamins.
Réflexologues, acupuncteurs, ostéopathes, homéopathes,

phytothérapeutes, naturopathes, sophrologues, magnétiseurs, tout ce qui peut sauver du monde moderne est bienvenu. Nul doute que si elles avaient des « ramancheurs », les guérisseurs canadiens, sous la main, elles sauraient en faire bon usage.
« Cette ville te pompe, m'explique Anne, réalisatrice de 45 ans, mère de deux enfants et fervente adepte des médecines alternatives. Il faut pouvoir se ressourcer. Les femmes occidentales sont un peu coupées de leur corps, elles ne s'écoutent pas. » Dans son carnet d'adresses, Anne a évidemment les basiques : « Une femme ostéopathe extraordinaire totalement surbookée, un pédiatre homéopathe, un réflexologue, une sophrologue... » Quand on la voit, souriante, posée, bien dans sa peau (hâlée), le corps athlétique, on se dit qu'on ferait bien d'essayer quelques-unes des méthodes aux noms ésotériques qu'elle pratique. Comme l'étiothérapie, tiens. « J'avais la mâchoire coincée depuis des années, j'avais tout essayé, raconte Anne. J'ai fini par aller voir un étiothérapeute. Il utilise une technique qui mêle le pouls et l'auriculothérapie, et qui met en résonance ton problème de santé avec un traumatisme psychique passé. Tout à coup, il m'a demandé : "Vous souvenez-vous de vos 9 ans ?" et je me suis mise à pleurer, sans savoir pourquoi. Dans les trois jours qui ont suivi la séance, ma mâchoire s'est ouverte, et, au bout de cinq mois, j'étais guérie. » Pour le coup, on en a la mâchoire décrochée. Au cas où ça vous tenterait personnellement, sachez qu'il y a cinq mois d'attente pour obtenir un rendez-vous... Anne pratique également la psychogénéalogie, la psychophanie, la respiration holotropique... Alors inutile de préciser que la péridurale pour accoucher, elle laisse ça aux petites joueuses que nous sommes !

Spas et instituts

Joëlle Ciocco
8, place de la Madeleine, VIIIe - 01 42 60 58 80
Quand une biochimiste spécialisée en biologie végétale décide de se pencher sur « l'écosystème individuel » de votre peau, ça donne carrément une nouvelle profession : épidermologue. Son institut a vu presque autant de stars que les marches du festival de Cannes (on exagère à peine). Pour une consultation de deux heures avec Joëlle Ciocco *herself*, comptez deux mois d'attente et 680 € (aouch !).

L'Institut Guerlain
68, avenue des Champs-Élysées, VIIIe - 01 45 62 11 21
Un lieu mythique relooké par Andrée Putman, l'un des premiers centres de beauté à avoir ouvert en France (en 1939). Une contribution à la fameuse élégance française qui fait notre réputation *overseas*. Les tarifs sont sans surprise, 130 € l'heure de soin. Le Soin impérial, en hommage à l'eau de Cologne impériale, est semble-t-il un *must do*.

Appartement 217
217, rue Saint-Honoré, Ier - 01 42 96 00 96
Eau sans calcaire, câbles électriques gainés sous isolant, linge biodégradable, aromathérapie, cabines aménagées en respectant les préceptes du feng shui, ici la beauté est holistique et bio. Si c'est votre truc, pour achever de vous allécher, sachez que Stéphane Jaulin, le maître des lieux, a fait ses classes chez Guerlain et Joëlle Ciocco et que c'est l'ancien responsable du *beauty corner* de Colette.

Spa La Sultane de Saba
78, rue Boissière, XVIe - 01 45 00 00 40

Un spa oriental qui revient souvent dans les conversations des Parisiennes quand il s'agit de se faire du bien.

Spa Nuxe
32, rue Montorgueil, Ier - 01 55 80 71 40

Quand on a envie de luxe sans tralala, c'est là qu'on va. Si vous utilisez déjà leurs produits cultes – personnellement nous ne pouvons pas nous passer de l'Huile prodigieuse et de la Crème nirvanesque –, vous avez une petite idée de la qualité. Le spa est à la hauteur. Aménagées dans un ancien chai de près de 450 mètres carrés, les cabines sont immenses, avec pierres apparentes et poutres. Ça n'est pas donné, mais ça reste raisonnable pour une envie de volupté. De 70 à 130 € pour un soin du visage ou un massage de 1 h 15.

Spa Cinq Mondes
6, square de l'Opéra-Louis-Jouvet, IXe - 01 42 66 00 60

Dommage que l'accueil téléphonique ne soit pas toujours au top et qu'on ne puisse pas choisir son esthéticienne quand on prend rendez-vous, un avantage réservé au club des VIP (sic). Mais ça vaut le coup de s'accrocher. C'est zen, c'est beau, les produits maison sont bons. Le spa Cinq Mondes est l'un des pionniers du bien-être à Paris. Massage ayurvédique à l'huile chaude, massage balinais et bain japonais font partie des favoris de ces dames.

India Spa
76, rue Charlot, IIIe - 01 42 77 82 10

Un spa sans prétention, joli à l'œil et agréable au toucher. Soins du visage et du corps à environ 65 € l'heure. Le forfait Romance mauricienne est d'un très bon rapport qualité-prix.

Thémaé
20-22, rue Croix-des-Petits-Champs, Ier - 01 40 20 48 60
Ce spa est entièrement dédié au thé, plein de petites attentions raffinées. Leurs produits cosmétiques sont à base d'eau de source et de quatre variétés de thé (blanc, noir, rouge et vert). La Cérémonie Onsen (un massage crânien dans un bain japonais à 45 €) est grandement recommandée aux stressées.

Doux Me Beauty Room
37, rue Rousselet, VIIe - 01 42 73 24 19
En toute logique, la marque 100 % bio est accueillie chez Romain Colors, le coloriste adepte des produits végétaux. Les *green* pintades apprécient.

À vous de plaire
29, rue Poncelet, XVIIe - 01 47 66 36 32
Cette minichaîne de beauté compte plusieurs instituts dans Paris. Nous avons atterri dans celui de la rue Poncelet. C'est propre, l'accueil impeccable, les tarifs raisonnables pour des soins sans surprise, allant du raffermissement au massage en passant par l'épilation et les ongles.

Valérie Marcou
06 82 81 87 57
valmarcou@hotmail.com
Une magicienne qui dénoue les pires abus d'ordinateur. Quand on en a plein le dos, c'est notre hotline. Valérie se déplace à domicile avec sa table de massage. 95 € pour 1 heure, 125 € pour 1 h 30. Son massage de relaxation aux huiles essentielles est tonifiant et rééquilibrant.

adresses

Jinna Yu
17, rue Rennequin, XVIIe - 01 47 64 12 03
www.jinnayu.com
Une enclave, un boyau, mais vous aurez suffisamment de place pour étaler votre carcasse et ses contractures… Des Chinoises toutes menues et à la force inversement proportionnelle à leur tour de taille vous prodigueront un massage enchanteur. Rapport qualité-prix imbattable.
50 € pour une heure.

M. Tran et Mme Li
82, boulevard Malesherbes, VIIIe - 01 42 25 17 95
Libérez vos énergies grâce à leurs massages thérapeutiques.

Beauté des mains, spa des pieds

Impossible ou presque de débarquer sans avoir pris rendez-vous. Vu de New York, une manucure (pardon, une beauté des mains) à 35 €, ça laisse toujours sceptique, mais heureusement, il y a quelques bonnes surprises. Et puis, vous pouvez aussi tenter votre chance du côté de Strasbourg-Saint-Denis, dans les salons de coiffure africains où officient les Chinoises, souvent très pros et moins chères, mais vérifiez bien l'hygiène avant. Un conseil, où que vous alliez, demandez toujours si la pose du vernis est incluse.

Manucurist
13, rue de la Chaussée-d'Antin, IXe - 01 47 03 37 33
C'est l'endroit fréquenté par les branchées qui veulent du vernis Essie sur leurs ongles, « comme à New York ! ». Sauf

que non seulement il faut prendre rendez-vous, mais en plus il faut attendre deux semaines en moyenne. C'est un concept. Vous pouvez toujours vous inscrire sur la *waiting list* (car il y en a une). Ou continuer à vous ronger les ongles.

Carlota
16, avenue Hoche, VIIIe - 01 42 89 42 89

Un incontournable, disent les pintades de l'Ouest. À 45 € la manucure quand même (pour ce prix-là, la pose de vernis est incluse). Un incontournable, on vous dit.

Institut Laugier
32, rue Laugier, XVIIe - 01 47 64 16 46

Un classique du genre.

L'Ongliste
94, avenue de la République, XIe - 01 48 05 67 99

Propre et efficace, d'après les copines qui vivent dans le quartier, comme Aurore. La manucure de base est à 25 €. Vous pouvez venir avec Poupette, c'est 15 € pour les petites filles…

Sephora Champs-Élysées
VIIIe - 01 53 93 22 50

Sephora a été parmi les premiers à « démocratiser » la manucure avec ses « *nail bars* ». La manucure exprès coûte 16 €.

Mavala
Printemps Haussmann, IXe - 01 42 82 50 00

Des tarifs presque raisonnables ! Manucure sans pose de vernis 12,50 €, avec pose 18,50 €, pour la french comptez 22 €.

Catherine Tissier
12, rue Jean-Jacques-Rousseau, IIe - 01 42 33 58 41
Vos cors ne résisteront pas à cette podologue joviale et efficace.

Muriel Montenvert
5, rue d'Ouessant, XVe - 01 43 06 20 71
Une podologue recommandée par notre copine Sophie.

Hammams

Le bon compromis quand on a envie de lâcher prise et qu'on ne veut pas dépenser une fortune. C'est sympa d'y aller toute seule, à deux, ou avec une bande de copines. Renseignez-vous avant pour savoir si vous devez emporter un maillot, certains jours sont mixtes.

Hammam de la Mosquée de Paris
39, rue Geoffroy-Saint-Hilaire, V[e] - 01 43 31 38 20
Une institution. On y va avant tout pour le décor, l'ambiance et le thé à la menthe dans le patio quand il fait beau.

Hammam Medina Center
43-45, rue Petit, XIXe - 01 42 02 31 05
Ahhh, on ne s'est toujours pas remises du massage du crâne à l'huile de jasmin, dommage qu'il soit trop court. La déco est sans intérêt, mais c'est propre, le gommage vigoureux, le thé à la menthe bon. De 39 à 65 €.

adresses

Bains Montorgueil
55, rue Montorgueil, IIe - 01 44 88 01 78
Un très joli hammam marocain réservé aux femmes – mais tenu par un homme, Armand ! Vous aurez droit à la totale, savon noir, gommage au rassoul ou aux sels de la mer Morte et massage à l'huile d'argan pour 88 €.

Les Bains de Saadia
30, rue des Solitaires, XIXe - 01 42 38 61 68
Un hammam éthique, en tadelakt, enduit traditionnel de Marrakech, qui utilise des produits naturels fabriqués pour la plupart par des coopératives de femmes, pour soutenir leur formation et leur alphabétisation. L'un des meilleurs rapports qualité-prix de la ville : 43 € pour entrée, gommage et massage.

Parapharmacies

Quelques pharmacies bénies des Parisiennes, pour faire le plein de produits Nuxe, La Roche-Posay, Vichy, Lutsine, Avène, Klorane & co à prix discount.

La Générale de Pharmacie
58, rue Saint-Placide, VIe - 01 45 48 40 43

Suprapharm
26, rue du Four, VIe - 01 46 33 20 81

Pharmacie du Louvre
38, rue du Louvre, Ier - 01 45 08 92 59

Et aussi
www.easyparapharmacie.com

Les tifs

Blonde by Franck Vidoff
12, rue du Pré-aux-Clercs, VIIe - 01 42 22 66 33
C'est notre amie Christelle, une brune !, qui nous a fait découvrir Franck. Depuis, on est fan. Son salon a beau être minuscule, il est capable d'accueillir un paquet de pintades !

Atelier M'SO
83, rue de la Mare, XXe - 01 42 06 61 92
Pas vraiment l'ambiance d'un salon de coiffure. Plutôt celle d'un joyeux bazar coloré, tenu par Sandrine et Emma, typique du quartier Jourdain.

Art'Coiffure
48, rue Legendre, XVIIe - 01 47 54 90 94
LE salon de quartier traditionnel, comme on en voit dans les films, avec ses habitués, les Mme Picot et les petites louloutes des Batignolles. Accueil chaleureux et personnalisé, même quand on vient pour la première fois.

R'Végétal
36, rue Beaurepaire, Xe - 01 42 06 80 04
Un coiffeur éthique écolo pas hors de prix, ça ne se rate pas.

Dorah Salon
182-184, rue Saint-Martin, IIIe - 01 48 04 83 87
Voici comment une copine décrit Dorah : « C'est un salon un peu rock'n'roll, qui ne ressemble pas à un salon. Dorah est une Black qui coiffe pour des défilés et va régulièrement à New York et à Londres. Il ne faut pas être trop pressée, mais

je suis contente quand je ressors, la coupe tient longtemps, et ça coûte 60 €. » On n'a rien à ajouter ! Si ce n'est que les *big hairs* sont les bienvenus !

Olivia Hardy
34, rue Ramey, XVIIIe - 01 46 06 26 08.

Ça n'est pas un salon, c'est un atelier. C'est écrit dessus. Olivia est celle à qui nos copains Julie et Sébastien confient leurs cheveux en exclusivité. Pour le rapport qualité-prix de la coupe. Pour la psychanalyse capillaire, pour les palabres. Et parce que chez Olivia, la musique est toujours à fond, du rock indépendant progressiste, et aussi Tiken Jah Fakoly. Olivia a souvent du retard, mais comme elle sourit pour se faire pardonner…

Je suis une grosse chaudasse...

... à condition que ce soit avec mon mari, dans la position du missionnaire, et dans le noir.

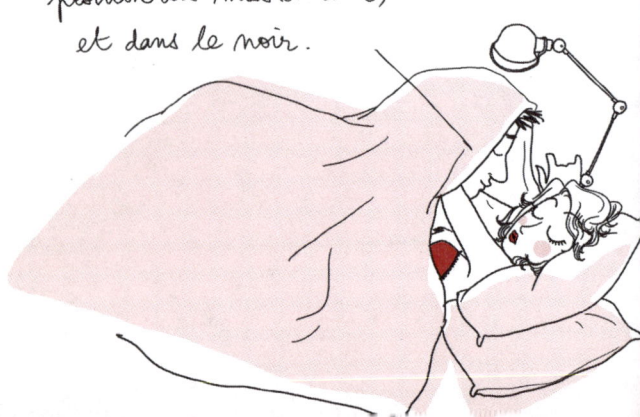

Une pintade à hommes

Séduction, une arme innée ?

Séductrices, irrésistibles, avec un don inné, et s'il est acquis, c'était par transmission placentaire… À entendre parler nos copines américaines, les Françaises sont les reines de la séduction. Et quand elles pensent « Françaises », nos copines amerloques pensent « Parisiennes » (elles ne savent même pas qu'il existe des Françaises en dehors de la capitale). C'est d'ailleurs très drôle de constater qu'en anglais, c'est l'expression « femme fatale », en français dans le texte, qui désigne la femme irrésistible. La version anglaise de l'encyclopédie en ligne Wikipédia donne cette définition de la femme fatale : « Une femme fatale (pluriel : femmes fatales) est une séductrice qui par son charme capture ses amants et les retient dans un désir irrésistible, qui les mène souvent dans des situations compromettantes, dangereuses et mortelles. » Eh bien ! Tout un programme.

Situations compromettantes et mortelles peut-être pas, mais nos potes Ludovic, Michel et Fred, des dragueurs invétérés, à l'expérience pluridisciplinaire et multiculturelle, confirment : « Les Parisiennes sont celles qui ont le plus de charme. Elles ont un truc en plus, que les filles des autres pays n'ont pas. » *Go girls !*

La Pompadour et la Du Barry ont marqué la psyché des Parisiennes, et on a toutes un peu de cet instinct séducteur. D'abord, depuis la cour de récréation, c'est un jeu auquel on s'adonne comme un passe-temps. Notre premier *boyfriend* officiel date de la crèche et notre premier baiser sur la bouche a eu lieu lors de notre entrée en maternelle. On a été encouragées par une grand-mère un peu coquine. Nos mères nous ont appris à marcher, à nous tenir, à mélanger un peu de chic, un peu d'audace, un peu de mystère, un peu de jeu. Et puis, on a toutes lu avec gloutonnerie ce qui fait notre atavisme culturel : Pierre Ambroise François Choderlos de Laclos[1], le divin marquis, Crébillon (fils). Il n'est pas question de dire que les Parisiennes sont toutes des courtisanes ou des Salomé en puissance, réclamant la tête de saint Jean-Baptiste, mais si on doit se comparer aux voisines d'outre-Atlantique, on a une *french touch* d'avance, en anglais dans le texte. On confesse qu'on se repose peut-être un peu sur nos lauriers et que la lingerie de nos placards n'est pas que soies, jarretelles et bas couture, mais on ne renie pas les pubs Aubade et ses leçons égrenées le long des courbes d'un sein ou d'une fesse. Pas plus qu'on ne renie cette phrase du chevalier de Gramont : « Les yeux de la Parisienne ont toujours l'air de faire quelque chose de plus que de vous regarder. »

Alors, que faire de cette couronne de lauriers quand on est célibataire ? Parce que savoir naviguer sur l'héritage de Mme de Merteuil ne donne pas forcément la solution pour trouver un jules. Il n'y avait sans doute que la Pompadour pour se faire épouser secrètement par son roi, après avoir été sa maîtresse pendant si longtemps.

---

1. Mais si, vous avez lu *Les Liaisons dangereuses* ! Au moins vu le film, enfin, l'une des adaptations.

Là où, à New York, on est en terrain balisé, avec des règles bien définies (on se rencontre, on « *date* », et plus si affinités), à Paris, il y a une loi que nul n'est censé ignorer : on joue « le jeu de l'amour et du hasard ». Beaucoup plus qu'un marivaudage. On a toujours l'air de ne pas y toucher. Tout est discret. Pas question de débouler avec un tonitruant : « T'as de beaux yeux, tu sais. » Paris n'est plus le *Quai des Brumes*. Les mecs ne sont plus taillés sur le moule de Gabin. Et le droit de conquête n'est plus sentimentalement correct.

On drague à Paris de façon systématique, comme on plonge ses filets en attendant de voir ce qui pourra bien s'y prendre. Mais on drague en douce. Comme nous l'expliquait un de ces experts en drague, Olivier, un garçon plutôt joli, la petite trentaine, le sourire de loup pas trop méchant : « La Parisienne n'aime pas la vraie drague. Il ne faut pas être un dragueur lourd, il faut faire de l'antidrague. » C'est comme le coup des vrais passeports des faux époux Turenge (oui, on a l'âge d'avoir vécu l'affaire du *Rainbow Warrior* !).

Aujourd'hui, la DGSE ne s'embêterait pas à marier les Turenge. Elle les pacserait. Cinquante pour cent des mariages parisiens se soldent par un divorce. Le conte de fées réécrit à l'assaisonnement parisien : ils se pacsèrent, eurent un peu d'enfants (ou plutôt dans l'ordre inverse), se séparèrent, refirent leur vie et décidèrent de se marier chacun de son côté et de refaire un peu plus d'enfants.

Mariée, pacsée ou simplement concubinée, déjeuner champêtre avec des potes, grosse affaire de famille, grande robe blanche ou pas, église, mairie, vin d'honneur ou pique-nique nuptial ? Encore une fois, la grande césure se joue entre l'est et l'ouest de Paris. Hugo, 27 ans, garçon de bonne famille ouestien, ancien élève de Janson-de-Sailly, atteste : « On a vu nos parents faire n'importe quoi, se marier, divorcer, vivre en concubinage, se séparer, alors les jeunes de ma génération prennent le contre-pied ; parmi mes amis de lycée, presque tous sont mariés, et depuis trois ou quatre ans. »

Mais avant d'en arriver là, il faut trouver le prince charmant. Qu'on soit à New York, à Rome, à Tokyo ou à New Delhi, ce n'est pas tâche aisée. À Paris, ça fait partie des exercices de funambule. Car, voyez-vous, à New York, les agences de *dating* sont là pour vous épauler, à New Delhi, vos tantes se sont déjà chargées à votre naissance de vous promettre à un parfait inconnu pour un mariage arrangé et néanmoins prometteur, alors qu'à Paris, rien ni personne ne peut, ni ne doit, aider à vous pousser sur le chemin de votre nirvana conjugal. Seul le hasard est autorisé à s'en charger. Pas question pour vos potes d'organiser un dîner avec trois couples et deux célibs. Beaucoup trop téléphoné. Pas question non plus de rencontrer en tête à tête le cousin du copain du voisin qui est seul comme vous. Ne pas paraître désespérée, ne pas avoir l'air en manque, ni d'affection ni de sexe. D'ailleurs, nos copains les méchants dragueurs invétérés nous ont avoué fuir les filles entre 28 et 40 ans : « Elles deviennent infréquentables, beaucoup trop acharnées à trouver une relation qui dure. Nous, ça nous saoule ! »

Pas étonnant de rencontrer plein de filles célibataires dans cette tranche d'âge, et même après. « Je connais plein de nanas super qui n'ont pas de mec, nous raconte la créatrice de mode Isabel Marant (qui, elle, a la chance d'être maquée avec un beau gosse, qui en plus crée des sacs à main qui portent des prénoms masculins, Diego, José, Bernard, Tom, Yves, Billy, Robert, "réservés aux femmes qui cherchent des compagnons fidèles" !). Les femmes sont de plus en plus indépendantes, entreprenantes, fortes de caractère, du coup c'est plus difficile de trouver chaussure à son pied. On a un peu dépossédé les mecs de leur côté macho, ils n'osent plus. En fait, je crois qu'on a envie d'avoir cette indépendance, cette liberté, et en même temps, d'avoir un mec, un vrai. »

Ce n'est peut-être pas étonnant que Meetic ait eu autant de succès. Un petit coup de pouce virtuel au destin. Parce que ce fichu hasard est un fils de p… On ne peut pas compter sur lui, du tout, mais on peut faire semblant. C'est sûr que le romantisme se fait un peu érafler sur Meetic. Les témoignages de rencontres réussies, comme celle de Rémy, ne fleurent pas le romantisme baudelairien. Le site lui demandait : « Quels points vous ont séduit sur sa fiche pour que vous ayez envie de lui répondre ? » La réponse de Rémy : « Elle m'a semblé nature et pas difficile à vivre. » On aurait presque l'impression qu'il parle de sa nouvelle tondeuse à gazon. Lou, Parisienne de 39 ans au charme gouailleur, confesse : « Je ne pensais pas atterrir sur Meetic, mais j'en avais marre d'être seule dans ma gaine. » Le résultat est pour l'instant maigre, pas de vie commune à l'horizon. Quant à Nadia, divorcée, mère de deux filles dont elle a la garde alternée (ce qui, une semaine sur deux, lui permet une plus grande spontanéité pour les rencards possiblement amoureux), elle a testé, mais ce n'est pas pour elle : « Meetic, je n'aime pas trop car j'ai besoin de sentir les gens. On te demande tes mensurations, ton poids ! C'est surtout pour des plans cul. Il y a beaucoup d'hommes mariés sur Meetic, qui annoncent la couleur d'ailleurs, pas comme les femmes, qui ont plus tendance à taire cette information. »

Heureusement, il y a des initiatives plus festives, pour tordre un peu le bras au destin. Fred Chesneau, le *globe-cooker*, organise des cours de cuisine pour célibataires. Le *cook-dating*. Peut-être qu'entre l'épluche-légumes et le batteur mixeur, Cupidon va réussir à vous décocher une petite flèche. Fred n'a pas de statistiques sur le nombre d'unions dont il est responsable, mais ses cours de tambouille font un carton. Le cahier de réservations ne désemplit pas !

Dans une ville qui a même un musée de la Vie romantique, et de laquelle les cinéastes juifs new-yorkais hypocondriaques disent : « Tant que vous n'avez pas été embrassé par un de ces pluvieux après-midi parisiens, vous n'avez jamais été embrassé[1] », peut-être qu'il est temps de tordre aussi le cou au conte de fées. Parce que dans toute la tripotée d'histoires qui lui sont consacrées, pas une fois Prince Charming n'a changé une couche, et pourtant, Dieu sait qu'il a eu beaucoup d'enfants. OK, Princess ? Ça va pas t'aider à trouver un mec, mais au moins t'es prévenue.

C'est arrivé près de chez vous (au bar du Marché plus exactement)

Et ça ressemble à un film d'horreur. Ce carrefour de la rue de Seine et de la rue de Buci n'a rien d'un set de film gore. Il est célèbre pour favoriser les rencontres.

---

1. Woody Allen dans *Maris et Femmes*.

Un lieu de drague, comme on dit. Car comme il y a
des lieux de culte ou des lieux de mémoire, il y a des lieux
de drague. Et qu'attendre dans un lieu de drague qui
par ailleurs ressemble à un troquet du coin ? La réponse
est à la hauteur de ce qu'on n'attendait pas. C'est-à-dire
terrifiante. D'abord, l'espace du bar du Marché est très
restreint, ce qui force à la promiscuité. On se retrouve
rapidement avec son voisin de table quasiment sur
les genoux, même s'il n'est pas en train de vous aguicher.
Vous ne resterez sans doute pas seule très longtemps,
surtout si vous y allez en binôme de filles. Et là, tout est
possible. Lorsqu'on y était, on a vu notre voisin de table
attendre que son rencard aille aux toilettes pour brancher
sauvagement la (très jolie) fille assise juste derrière lui et
dont le rencard était allé saluer des potes un peu plus
loin. On a eu aussi le bonheur de rencontrer Damien,
Grégory et François-Xavier, la bonne trentaine *casual*
chic, chemise chambray et petit pull sur les épaules, qui
ont entrepris de nous faire une démonstration magistrale
de séduction. Ça a commencé par un reluquage en règle,
jaugeage de la marchandise, évaluation en kilos du potentiel
draguistique de la terrasse. Puis, après décision
de passage à l'attaque sur nos personnes, tels des Vauban
(là, on leur prête beaucoup, mais l'image est savoureuse,
alors tant pis pour la réalité !), ils ont lancé l'assaut sur
notre citadelle. En utilisant la technique dite du dommage
collatéral, ils ont envahi l'espace adjacent au nôtre et, sous
prétexte de manque de chaises, ont demandé très poliment
la permission d'emprunter l'une des nôtres. « Mais bien
sûr. » Petits coups d'œil, petites interjections dans notre
direction. Après une dizaine de minutes, les jeunes filles
à leur table se lèvent et s'en vont. Bien sûr, les garçons
restent. Nous n'avons aucune solution de repli, si ce n'est
la fuite, mais nous venons de reprendre un verre de saint-

joseph, alors nous devenons une audience captive,
à défaut d'être captivée. Répartition rapide des rôles,
conversations indolores, pas de propos enjôleurs, non,
c'est plutôt la grosse cavalerie qui débarque. Les garçons
vantent leurs propres qualités. Avant de déplorer les défauts
des Parisiennes (on avoue, on leur avait demandé leur avis
sur la question) : « Elles manquent de naturel. Elles sont
hautaines. » Entre deux gorgées de vin rouge, Damien,
le (pas si) jeune chien fou de la bande, se prenant pour
un maquignon à la foire aux bestiaux de Meyssac, soulève
une mèche de mes cheveux et s'écrie : « Tu as des jolies
petites oreilles. » On doit dire que devant tant de goujaterie,
on n'a pas envie de lui sauter dans les bras, mais plutôt de
la jouer hautaine. « Euh, Damien, comment te dire ? C'est
un peu mufle comme remarque. Et la muflerie n'a jamais été
le plus sûr chemin vers le cœur ou la croupe d'une fille. »
Les trois compères ont ajouté qu'ils n'avaient pas
de technique de séduction à proprement parler. Avant
de nous lâcher : « On est des bêtes. Si les filles n'ont
pas envie d'être draguées, alors elles devraient rester
chez elles. » Après avoir rendu les armes, ils ont
montré un visage bien plus agréable et on a en fait
passé un bon début de soirée en leur compagnie,
mais on vous prévient, au bar du Marché, vous êtes
chez les légionnaires de la séduction. Mesdames,
mesdemoiselles, à bon entendeur salut !

Le mâle au cœur

Quand on est parisienne, on a grandi avec une tante
vaguement sulfureuse, celle dont les autres disaient qu'elle
était au mieux libérée, au pire une garce. Petites, on ne

savait pas exactement ce que ça voulait dire, mais on avait deviné que des drôles de choses se passaient en dessous de la ceinture. On a aussi grandi avec une tante qui pique, mais c'est pas le sujet !

Le divin marquis nous a transmis son impiété en héritage, Justine, le libertinage, les vices élevés au rang de noblesse. Et puis Balzac et ses bourgeoises frustrées sont venus saper ces belles énergies sexuelles. Plof, nous voilà inhibées, refoulées, complexées. Mais bien sûr, Mai 68 et sa grande révolution sexuelle sont là pour nous sauver, la pilule gobée vingt et une fois par mois et le tour est joué, on est censées avoir réglé la question.

Mais quelle question, au fait ? Ah oui, la question du sexe, du nôtre, du leur, de celui des autres. C'est pas clair.

Dans la ville de l'amour, comment fait-on l'amour ? D'abord, observez le choix des mots : ici, on ne baise pas. On ne couche pas. Non non, on fait l'amour. Un truc quand même totalement incroyable, alors qu'à New York, on *have sex* et qu'à Londres, on *fuck*, de préférence bourrée en sortant du pub, après avoir vomi et avant de s'endormir. À Paris, on a des étreintes, des élans, des passions amoureuses, des ardeurs de volupté. Si on vous dit « érotisme », vous répondrez peut-être *Le Baiser* de Rodin. Ou encore celui de Doisneau. Ouuuuhh ! On entend nos voisines yankees grincer des dents : « *Boring*[1] ! »

La Parisienne aime cultiver sa réputation de femme fatale, elle n'a pas le contact facile, elle est froide d'apparence, mais en fait c'est une incorrigible amoureuse. Même quand elle a un plan cul, elle rhabille son joe de service de la tenue de prince charmant et elle n'est jamais

---

1. Ennuyeux.

aussi heureuse qu'en princesse. C'est son besoin de supplément d'âme.

Marlène, jeune pintade, webmaster du site Les Pasionarias, nous avouait : « Oui, je suis une vraie chaudasse, sexuellement libérée… avec mon mari. » Mais elle ajoutait : « Mes amies sont plus frivoles que moi, et c'est vrai qu'à Paris on est dans l'extrême, on ne dit pas bonjour à ses voisins, mais on peut finir dans le même lit qu'un homme rencontré une heure plus tôt ! »

Et là, on réalise qu'on est en pleine névrose. Chicanes du genre érotique. La baise, c'est pour l'instant encore le domaine réservé des mecs. Enfin, ce serait en train de changer, si l'on en croit ce que nous racontent certaines vingtenaires. Pourquoi couche-t-on à Paris ? Par désir, par devoir, par désespoir, et parfois même, par pur plaisir. La grande tendance, romantisme oblige, c'est la liaison. Forcément dangereuse, à écumer les hôtels de la ville pour un cinq à sept, la culpabilité chevillée au corps. On se souvient de cette copine qui trompait son mari depuis trois ans et qui mourait de culpabilité à chaque étreinte avec son amant. Son mea culpa consistait alors à satisfaire les désirs de son légitime chaque jour où elle étreignait son amant. Quand la liaison extra-conjugale s'est terminée, bien naturellement, elle a aussi cessé de coucher avec son mari. Et au bout de trois mois, l'époux dépité et frustré lui a dit : « Ça fait trois mois qu'on n'a pas fait l'amour. Oh, toi, tu me caches quelque chose. Tu dois avoir un amant ! »

Émancipées, libérées, licencieuses, plus facile à dire qu'à faire. Quand le dernier *Biba* propose de vous révéler les quinze trucs pour le rendre fou au lit, cela suppose que Joe soit parfaitement opérationnel, parce que, en vrai l'amour, c'est formidable, et le sexe c'est… hum, disons… plus sibyllin que ça. Le corollaire du bon plan, c'est son infortuné alter ego, le mauvais coup.

On a toutes eu un sale plan cul, celui où l'on se dit que même avec Robert Hue[1], ça aurait été mieux.

Il y a les mecs accros au porno qui auront toujours 17 ans et qui, comme les enfants croient au Père Noël, pensent avec toute leur âme que les actrices de films X jouissent pour de vrai. Dans ce scénario, les préliminaires dureront le temps d'une pelle roulée dans l'entrée, quand vous ouvrez la porte. Après vingt minutes de ramonage dans six positions différentes, vous demandez grâce, seulement pour vous entendre dire que vous ne savez pas prendre votre pied.

Il y a les dingues de l'hygiène qui arrêtent le corps-à-corps avant même qu'il ait commencé pour proposer de sauter à deux sous la douche. Totalement incompatible avec le mascara que vous venez de plâtrer sur vos cils. Non, n'y allez pas ! Vous allez ressembler à un panda.

Et puis, il y a ceux qui croient que la galanterie est une terrine de poulet en gelée (ça, c'est la galantine). Comme

---

1. Nous devons préciser que nous n'avons aucune information de première main laissant présager une faible performance de Robert Hue, à part la dernière fois qu'il s'est présenté à une élection présidentielle. Mme Hue n'a jamais exprimé la moindre critique publique. Aussi, nous nous sentons un peu en délicatesse de parler ainsi de la vie privée d'un homme politique, mais il est couramment admis dans l'imagerie populaire parisienne que George Clooney est un dieu suscitant chez les femmes un appétit sexuel incommensurable et que Robert Hue est l'inverse de George Clooney.

l'a expérimenté notre amie B., qui décide d'avoir une petite aventure avec son collègue de boulot. Au lieu d'aller à l'hôtel, le couple décide d'étrenner la voiture de monsieur. Protégés dans leur intimité par la buée sur les vitres, ils commencent la chevauchée fantastique, pour être illico interrompus par la maréchaussée ! B. se souvient : « Les flics sont particulièrement odieux avec moi, mais ce n'est rien par rapport à mon camarade de jeux, qui ne lève pas le petit doigt pour leur dire de me laisser peut-être m'habiller un peu ou m'aider de quelque façon que ce soit. Il préfère se protéger lui (qui est évidemment beaucoup plus habillé que moi et beaucoup moins maltraité par ces messieurs de la police), et être sûr que personne n'appellera chez lui... »

Quand la pintade décide qu'elle a brûlé suffisamment de soutiens-gorge sur l'autel de sa libération sexuelle, alors, elle enfile sa plus belle robe (sans soutien-gorge et sans culotte) et ses souliers les plus vertigineux et elle va aider ses petits camarades à souffler les chandelles. Les Chandelles, c'est le club échangiste *hip* de la capitale. Très sélectif, se voulant très élégant et raffiné, il est tenu par Valérie, une libertine autoproclamée. Un bar, une piste de danse, des *backrooms* aux lumières tamisées. Sésame, ouvre-toi, c'est là qu'on vient chercher Aladin et sa hampe merveilleuse. Cet antre voué aux plaisirs partagés est devenu le nouveau lieu où l'on baise. Mais avec qui baise-t-on exactement ? Comme nous l'expliquait une de nos copines, habituée du lieu, il y a plein de gens qui y vont en couple, bien sûr, et qui en fait ne font pas grand-chose, si ce n'est coucher avec leur propre partenaire. C'est pas de l'échangisme, ça s'appelle du « mélangisme ». Nuance !

Lors de notre visite (non participative, nous sentons-nous obligées de préciser), il y a eu beaucoup de mélanges, certains même très savants, il y a eu aussi pas mal d'échanges en fait. Quelques râles, des soupirs, mais aussi beaucoup de couples faisant des choses essentiellement classiques et dans un calme absolu, le regard perdu au plafond recouvert de cœurs rouges... Incorrigibles romantiques qui font l'amour, même dans un sex-club... Donc oui, les Parisiennes sont des grosses salopes chiennasses, chaudasses, mais elles ont un petit faible pour leur chéri, en position du missionnaire, dans le noir.

Liberté, égalité, sororité ?

Les dîners entre copines, les soirées où l'on refait le monde et où l'on parle cul avec sa meilleure amie en sifflant une bouteille de rouge, ça a toujours existé. Mais depuis quelques années, on essaie de nous fourguer la version glamour. Dans la foulée du succès de la série *Sex & the City*, il y a d'abord eu les *girls night out* des Parisiennes, ces soirées « interdites » aux hommes, organisées dans des clubs ou dans des bars, avec ateliers massage, manucure, voyance, et parfois démonstration de sex-toys et exhibition de chippendales imberbes. Soirées ghettos pour certaines, bons moments sans jules et sans mômes pour d'autres. Comme ça ne correspond pas à la culture locale (Paris est une terre mixte, où l'on n'a pas l'habitude de voir des troupeaux de filles en virée), on s'est demandé si c'était un simple phénomène de mode, largement relayé par la presse magazine, ou si ça allait devenir une tendance de fond. Des sociologues ont expliqué qu'au-delà du côté basse-cour gloussante, les femmes prenaient enfin possession de l'espace public, qu'elles s'appropriaient des codes traditionnellement réservés aux hommes et que c'était très positif. Finalement, peu ont résisté.

« Au bonheur des dames », la soirée du jeudi soir qui a vu le jour chez Régine, en 2003 (ce qui en fait la pionnière du genre), fait partie des heureuses rescapées. Sans doute parce que ses organisateurs lui ont donné juste ce qu'il faut de branchitude et de kitsch pour assurer sa longévité (le fait que ce soit gratuit pour les filles, ça aide aussi, faut reconnaître). Quand on voit le nombre de nanas de 20-30 ans qui acceptent de passer sous le regard inquisiteur d'un physio ouvertement politiquement incorrect (« Elles connaissent la règle, ce sont les plus belles et les mieux sapées qui auront le droit d'entrer »), on se dit qu'elles doivent aimer ça. Et en effet, elles se marrent bien à reluquer des strip-teasers incarnant tour à tour un cow-boy, un plombier, un vigile, un docteur. Quand les hommes arrivent, vers 23 heures (parce que vient quand même un moment où les as de la finance et les rois du barreau sont les bienvenus pour payer des bouteilles de champ), c'est un euphémisme de dire qu'elles sont mûres. *In fine*, la quête du genre, c'est le mâle. On ne se refait pas.

La *sisterhood* à la parisienne a parfois du mal à dépasser les frontières d'un arrondissement. Celles qui ont déjà essayé d'organiser des dîners avec leurs amies sauront certainement de quoi on veut parler. Entre les copines fatiguées parce qu'elles quittent leur boulot trop tard, celles qui considèrent tout ce qui se trouve à plus de dix stations de métro (sans changement, cela va de soi) comme une terre d'expatriation, celles qui flippent (à raison) à l'idée de ne pas trouver de taxi pour rentrer, et celles à qui la baby-sitter a fait faux bond alors que leur mec n'est pas là, franchement, cela relève de l'exploit.

En fait, la « fraternité entre sœurs » se conçoit autrement qu'en meute. Quels que soient leur milieu social et leur mode de vie, les Parisiennes ont des « meilleures amies » qu'elles sont prêtes à écouter, à soutenir, à secourir. Et qu'elles aiment voir dans l'intimité. Marie-Sophie, 45 ans, qui vit près de la place Victor-Hugo, parle avec tendresse de ses « camarades » avec lesquelles elle faisait le mur quand elle était interne à la Maison française, un pensionnat catholique pour jeunes filles de bonnes familles, dans la forêt de Compiègne : « Avec elles, c'est à la vie à la mort ! » C'est souvent sur les bancs du lycée ou de la fac que l'on fait la connaissance de celles qui partagent les souvenirs de vacances et qui suivent par le menu détail vos péripéties sentimentales et sexuelles.

En même temps que les *girls night out*, on a vu émerger un *girl power* à la française. On entend même de plus en plus souvent parler de « sororité », un vieux mot de la langue française, déterré par les féministes dans les années 70, repris plus récemment par Clémentine Autain et Ségolène Royal. Faut-il y voir le pendant féminin de la fraternité ? Ou bien l'exclusion pure et simple des hommes, à l'image des organisations semi-secrètes d'étudiantes américaines, les fameuses *sororities* ? En tout cas, le nombre de réseaux et de clubs féminins qui se sont récemment créés est impressionnant : HEC au féminin, Essec au féminin, Du rose dans le gris, Femmes 3000, Femmes Business Angels, le prix littéraire Lilas, le Rallye des princesses, le Club des amatrices de cigares, SensationnElles, le Club des épicuriennes… « Entre leur boulot, la vie de famille, la maison, les femmes n'ont pas le temps de faire du réseautage. Quand elles sautent le pas, ce qu'elles recherchent, c'est le partage d'expérience, de contacts, et aussi la rencontre avec des modèles. Grâce au réseau, elles prennent confiance en elles », assure Marie-Claude Peyrache, ancienne cadre dirigeante chez France Telecom, présidente de Paris Professional Women Network, un réseau de cadres supérieures qui compte mille deux cents membres en France, essentiellement des Parisiennes. EPWN organise des ateliers, des formations, du *mentoring*. On a loupé la galette des Reines (sic !), mais on a eu le droit d'assister au traditionnel cocktail de printemps du réseau, organisé cette année au musée Maillol. Je ne connaissais personne, à part la présidente, qui m'a tout de suite mise à l'aise en m'accueillant par un : « Bon, je ne vais pas vous présenter à tout le monde. Je vous laisse vous débrouiller ! » D'habitude, dans ce genre d'événement mondain, on peut errer des heures, une coupe à la main, sans que personne ne vous regarde (sans parler de vous parler). Là, miracle, il suffisait que je me pose à côté d'un petit groupe de femmes en train de discuter pour que mon sentiment de faire tapisserie s'estompe instantanément. Le cercle s'élargissait spontanément, les présentations se faisaient naturellement et quelques minutes plus tard, j'échangeais des tuyaux avec des *top business women* sur l'art de se faire une place dans un monde de machos. Comme quoi, la solidarité féminine, ça n'existe pas que dans les séries télé où les filles se paient des Manolo à 400 dollars !

Érotisme

Lovestore
Passage du Désir
11, rue Saint-Martin, IVe - 09 60 18 42 50
23, rue Sainte-Croix-de-la-Bretonnerie, IVe - 01 42 76 03 45

Si vous devez vous acheter des jouets, c'est là qu'il faut vous rendre. La sélection est vaste, les matières sont diverses : latex, silicone, verre.
Le staff vous donnera des explications pragmatiques et claires.
C'est un sex-shop où les filles se sentent les bienvenues et d'où les garçons ne sont pas exclus. L'endroit est ouvert trois cent soixante-cinq jours par an.
On applaudit.

Exquise Design
www.exquisedesign.com

Exquise Design est une série de *lovetoys*, des jouets aux vertus érotiques et ludiques à utiliser selon les fantasmes de chacune.
Paola Bjaringer a réuni la fine fleur de la création internationale (Matali Crasset, Sara Szyber, Andrea Knecht) pour fabriquer des objets 100 % en silicone et hypoallergéniques, destinés à satisfaire les désirs des femmes.

Dèmonia
22, rue Jean-Aicard, XIe - 01 43 14 82 70

L'une des plus grandes boutiques européennes dédiées au SM et au fétichisme.
Elle organise régulièrement des soirées SM, bondage et fétiches de haute volée.

La Musardine

122, rue du Chemin-Vert, XIe - 01 49 29 48 55

Librairie érotique, où l'on trouve des bons bouquins qu'on ne lit que d'une main.
Sélection de romans et de BD érotiques.
La Musardine est aussi une maison d'édition spécialiste du genre.
Ce sont eux qui publient Françoise Rey, l'une des auteures contemporaines érotiques les plus prolifiques.

Les Chandelles

1, rue Thérèse, Ier - 01 42 60 43 31

Un club échangiste tenu par une femme.
Déco érotico-raffinée.
On apprécie les cœurs rouges collés au plafond !
Hygiène irréprochable des lieux et paraît-il des participants.
Ambiance abordable, même pour les débutants.
Ici, quand une fille dit non, ça veut vraiment dire non.
Attention, conditions d'entrée assez strictes.
Il vous faudra être munie d'au moins douze centimètres…
de talons.
Hum, à quoi d'autre pensez-vous ?
Rangez les pulls informes et les Converse.
Les stilletos et les robes sont un must.

J'ai dû faire un truc très moche dans ma vie antérieure pour me retrouver là un dimanche matin au lieu de bruncher avec les copines.

Les titis parisiens

Silence, on crie

Ça se bouscule dans les salles de travail. Les pintades parisiennes se sont remises à pondre : près de trente-deux mille naissances par an. À tel point que pour être certaine d'avoir une place dans la maternité de ses rêves, « il faudrait presque s'inscrire après la toilette post-coïtale », conseille un obstétricien dont la formule a le mérite d'être claire – à défaut d'être poétique.

En France, on accouche à l'hôpital et Paris n'échappe pas à la règle. Les naissances se jouent, à guichets fermés, dans un énorme CHU où l'on fait partie des huit « césas » du jour qui s'ajoutent aux huit accouchements par voie basse (soit seize naissances dans la journée dans le même service, ce qui, on en conviendra, relève du travail à la chaîne), ou bien dans une petite maternité censée offrir du sur-mesure aux parturientes (un mot charmant qui dans le jargon médical désigne les jeunes accouchées).

La mère pintade parisienne a quelques particularités. Elle fait moins d'enfants que ses copines de province (la moitié des familles parisiennes ont un seul enfant). Et elle s'y met encore plus tard : 30 ans en moyenne pour le premier. Le temps de boucler son bac + 5 et de commencer l'escalade vers le plafond de verre. La jeune quadra parisienne surdiplômée en cloque est devenue une figure aussi commune que l'adolescente londonienne *welfare mum*.

La Parisienne respire. Elle a digéré Simone de Beauvoir, elle sait qu'elle peut avoir un enfant sans renoncer à être une intello, et qu'elle a aussi le droit de dire que la grossesse n'est pas forcément le moment le plus épanouissant de sa vie. Qu'elle ne supporte pas que son corps lui échappe et qu'elle a l'impression (mais est-ce vraiment une impression ?) que ses hormones bouffent ses neurones. Oui, quand on attend un bébé, on a des nausées, des brûlures d'estomac, des bouffées de chaleur, les jambes qui gonflent, on rote, on pète, on a des hémorroïdes, et on peut souffrir d'hypersudation. Pas sexy, mais alors pas sexy du tout. Le genre de détails dont se passeraient bien les garçons, mais que les filles ne peuvent pas s'empêcher de raconter, entre deux histoires gores d'épisiotomie et de ventouse. Vivement la grossesse par procuration, l'œuf à mettre en couveuse !

La Parisienne a le droit de se plaindre, après tout, elle est râleuse professionnelle, mais pas de se laisser trop aller quand même. Les magazines regorgent de photos de stars plus glamour les unes que les autres avec leur gros bidon à l'air et leur nombril sorti, et de conseils pour être sublime à six mois de grossesse. À force de voir Salma Hayek et Angelina Jolie pulpeuses et resplendissantes trois semaines avant la *due date* (et filiformes trois semaines après), elle finit par faire du déni de réalité et se bouche les oreilles pour ne pas entendre la sage-femme beugler : « Vous avez encore pris deux kilos ce mois-ci, ça ne va pas du tout !! » Est-ce sa faute si elle est en pleine régression alimentaire ? Non pas que l'Académie se soucie des vergetures qu'elle risque d'avoir si elle prend plus que les neuf kilos syndicaux. Non, ce qui importe, c'est sa santé et celle du bébé. La grossesse est une succession de prises de sang, d'analyses d'urine, d'échographies et de touchers vaginaux (une pratique franco-française qui requiert de se retrouver, une fois par mois, jambes écartées, en position gynécologique). Comme depuis quelques années on leur répète en boucle que l'alcool est toxique pour le bébé, il n'est pas rare de voir des femmes enceintes apporter leur bière sans alcool ou leur Champomy quand elles sont invitées à dîner (les mêmes qui s'accordent un petit verre de champagne de temps en temps : « Les bulles, ça peut pas faire de mal ! »).

Julie, 32 ans, enceinte de six mois, qui n'est pas du tout du genre à demander un déclenchement « pour convenances personnelles », a choisi d'accoucher à la maternité des Bluets, pionnière de l'accouchement sans douleur. Elle fait partie des Parisiennes qui fuient l'hypermédicalisation et souhaitent accoucher sans péridurale (oui oui, ça existe encore) et peut-être dans l'eau. Pendant sa préparation à l'accouchement, elle aurait adoré participer à un atelier baptisé « L'arbre à palabres », mais on lui a expliqué que c'était réservé aux femmes d'origine africaine, pour les aider à comprendre comment on met au monde un enfant en France. Sophrologie, acupuncture, piscine, chant prénatal… Julie et son mari Olivier forment un couple moderne et ouvert, alors ils ont essayé l'haptonomie. « C'est comme ça qu'on s'est retrouvés encastrés sur un lit, chez une haptothérapeute, moi en petite culotte et en soutif, jambes écartées, mortifiée car je n'avais pas eu le temps de passer chez l'esthéticienne avant, Olivier torse nu, à cheval sur moi, les mains sur mon ventre, raconte Julie en hoquetant de rire. Il ne faut pas avoir peur du ridicule. On a dû arrêter au bout d'un quart d'heure parce qu'Olivier avait une crampe à la jambe. J'étais écroulée de rire. Mais la première séance était incroyable, très émouvante aussi, la thérapeute nous a montré comment communiquer avec notre bébé en faisant certains mouvements avec nos mains. C'est dingue, ce truc. La deuxième séance, on a eu droit à l'haptothérapeute à moitié couchée sur Olivier, qui était en caleçon et en position de grenouille, pour simuler les mouvements qu'il devait faire sur mon ventre… Elle glissait une main sous ses fesses, le caressait sur tout le corps, j'avais du mal à garder mon sérieux, je me demandais comment il faisait pour tenir, je me forçais à penser à des trucs tristes pour ne pas éclater de rire, alors qu'Olivier, lui, était très concentré, en plus il adore qu'on s'occupe de lui. Mais depuis, on arrive à jouer avec le bébé, c'est génial. » Nous aussi avons pensé que Julie nous décrivait une partouze, mais elle nous a confirmé que tout ceci était à but thérapeutique.

Autre grand moment de la grossesse française en général et parisienne en particulier : l'échographie du deuxième trimestre, entre les vingt-deuxième et vingt-quatrième semaines de grossesse, heu pardon, d'aménorrhée, décidément on ne se fera jamais à cette façon de compter. L'heure des débats et des prises de position enflammées entre ceux qui veulent connaître le sexe du bébé le plus tôt possible, ceux qui veulent garder le mystère jusqu'au bout, ceux qui préfèrent avoir deux surprises, la première quand ils découvrent le sexe du bébé à l'échographie et la deuxième quand ils découvrent sa tête à la naissance.

Comme on n'est pas à une bizarrerie administrative près en France, la Sécurité sociale rembourse toujours douze jours d'hospitalisation pour un accouchement. Mais on peut s'estimer heureuse quand on réussit à squatter une chambre pendant trois jours (ce qui continue à faire rêver les copines américaines, qui sont éjectées de la mat le jour qui suit leur accouchement, et qui ont donc intérêt à accoucher à 8 heures du matin plutôt qu'à 23 heures). Si la Parisienne a décidé d'allaiter, elle peut quand même espérer qu'on la garde jusqu'à sa montée de lait. L'allaitement est un sujet à la mode sur les forums de discussion dédiés à la maternité. Alors que les black pintades ont tendance à ne pas vouloir allaiter et à réclamer des biberons parce qu'elles pensent que c'est socialement plus valorisant, de plus en plus de bobos blanches s'y collent, persuadées de faire ce qui est le mieux pour leur bébé, et ravies de voir Anna Mouglalis placardée sur les colonnes Morris en train de donner le sein à son enfant sur l'affiche du film de son homme[1] (une image de la mère nourricière autrement plus sexy qu'une manif de la Leche League !). Quant à celles qui ne veulent pas se transformer en camion de lait, elles ne supportent plus d'entendre leur entourage s'exclamer : « Ah bon, tu ne vas pas le nourrir ? », comme si elles s'apprêtaient à commettre un crime.

N'empêche, il faut être sérieusement motivée pour ne pas se retrouver avec des pastèques à la place des seins quand on décide d'allaiter. Parce que, à la maternité, les conseils cohérents en matière d'allaitement sont aussi fréquents que les repas mangeables (des années après, le goût de la soupe Orastel à la tomate synthétique nous poursuit encore). La seule certitude, c'est que la trousse de puériculture offerte par Gallia ou par Blédina, c'est terminé. Du moins en théorie. D'accord, c'était mal, plein de pubs, beurk, mais nous on l'aimait bien la petite trousse avec des nounours bleus et jaunes dessus.

---

1. *J'ai toujours rêvé d'être un gangster*, de Samuel Benchetrit.

Heureusement, Sophie la Girafe, elle, est toujours là, après plus de quarante-cinq ans de bons et loyaux services, en tête des cadeaux de naissance, talonnée par la flopée de doudous qui se tirent la bourre pour gagner le concours de l'objet transitionnel. Signe des temps, depuis quelques années, le Petit Colin noir est devenu un must à offrir à un bébé parisien. La mixité sociale, ça commence dès le berceau !

Les bases d'une « bonne » éducation à la française

On a beau dire que la France succombe au politiquement correct, voir de plus en plus de mères « parfaites » masser leurs enfants sur fond de berceuses classiques, utiliser des couches lavables[1], aller aux bébés nageurs, râler parce qu'un magasin ose vendre des cigarettes en chocolat, inscrire leurs enfants à un cours de baby gym dès l'âge de deux ans, à un atelier Petits Bilingues dès trois ans, et leur offrir la meilleure école privée, Paris reste Paris, avec des réflexes éducatifs dont on n'a parfois même pas conscience, mais qui peuvent être déroutants pour des étrangers.

---

1. Ce sont souvent les mêmes qui utilisent une *mooncup*, une sorte de ventouse écolo, une alternative aux serviettes hygiéniques et aux tampons, dont on vous épargnera les détails ici.

Avertissement : nous ne cautionnons pas tous les comportements décrits ci-dessous, mais nous n'excluons pas d'y succomber de temps à autre.

Second degré

Les poulbots parisiens doivent apprendre très tôt à repérer la raillerie. « Tu fais quoi, papa ? » demande Poupette, 2 ans et demi, à son père qui est en train de réparer son vélo. Un New-Yorkais aurait pris sa fille sur ses genoux pour lui apprendre en chantant le nom de toutes les parties du vélo. Mon mec, en bon Parisien, lui a répondu : « Ça s'voit pas ? J'épluche des carottes ! »

Autre exemple, le soir où des copains viennent dîner à la maison et que Junior décide de nous interpréter, à l'apéro, TOUTES les chansons qu'il a apprises à la chorale. Dans l'assistance, les copains américains en redemandent, enthousiastes, pendant que les Français (eux-mêmes parents de six enfants !) se tapent du coude, « Tu vois, je t'avais bien dit qu'on aurait pu arriver encore plus en retard ! », et que nous, on verse une larme en demandant quand même à Junior d'abréger.

Taches

« Je n'ai jamais compris pourquoi les Françaises mettent des beaux habits et des chaussures cirées à leurs enfants pour aller au parc, si c'est pour leur dire toutes les cinq minutes : "Arrête, tu vas te salir" », me faisait récemment remarquer un copain américain. Une obsession très française : d'après un sondage Skip (forcément), 14 % seulement des Françaises pensent qu'il est bon de se salir en jouant contre 90 % des Anglaises et des Espagnoles.

Bon goût
Très jeunes, les enfants doivent apprendre qu'il y a des fautes de goût à ne pas commettre dans la vie. Delphine, à sa fille de 4 ans : « Dora l'exploratrice ne passera jamais la porte de cette maison, tu m'entends ! Tes chaussures Dora, TU te les achèteras quand tu auras 18 ans. » On attend avec impatience de voir comment elle réagira avec sa punkette de 13 ans.

Nudité
Nous sommes vendredi, il est 12 h 30, sur la terrasse du Délicabar, au dernier étage du Bon Marché. Tout en continuant de parler à son homme, une quadra BCBG, assise à la table à côté de nous, baisse la culotte Petit Bateau de sa fille de 2 ans, au milieu du restaurant, pour lui mettre une couche propre. Personne n'a même l'idée de lui faire remarquer qu'elle pourrait faire ça aux toilettes.

Se faire peur
Il paraît que les histoires qui font peur, c'est comme les cauchemars, c'est très sain pour le développement de l'enfant. Ça rassure quand on sait que les comptines populaires françaises sont truffées de tortionnaires et de psychopathes.
« Une souris verte qui courait dans l'herbe [...] ces messieurs me disent, trempez-la dans l'huile, trempez-la dans l'eau, ça fera un escargot tout chaud ! » (On ne peut pas s'empêcher de penser à la torture de la baignoire pendant la guerre d'Algérie.) « Promenons-nous dans les bois, pendant que le loup n'y est pas, si le loup y était, il nous mangerait ! », ou encore :
« Ils n'étaient pas sitôt entrés / Que le boucher les a

tués, / Les a coupés en p'tits morceaux, / Mis au saloir comme pourceaux. »

On connaît aussi un papa qui a une version exprès du Petit Chaperon rouge qui, à peine sorti de sa maison, se fait dévorer tout cru par le loup, comme ça il peut retourner voir la fin du JT. Les enfants ont eu leur dose de frayeur, c'est l'essentiel !

Respect

Les Parisiens ont une façon parfois singulière de s'adresser à leur progéniture.
Entendu un dimanche matin au jardin d'Acclimatation, dans la bouche d'un père que l'on qualifiera de surmené, à sa fille de 5 ans que l'on qualifiera de chia… pardon, de capricieuse : « Y en a marre ! On n'est pas à ta disposition, t'es jamais contente. On fait tout pour toi ! Arrête de pleurer !… je compte jusqu'à trois… Un, deux… Et avance, sinon je te donne une fessée ! » Des citations de ce genre, on aurait pu en remplir toutes les pages de ce livre !

La fessée (ou la menace de la fessée)

« Attention, Zoé, ici on est en France et j'ai le droit de te mettre une fessée si tu n'arrêtes pas immédiatement de te rouler par terre ! » s'est écriée une amie à sa fille qui avait grandi dans un pays où, quand vous élevez la voix sur votre enfant qui hurle dans sa poussette, les gens appellent les flics. Bon, on est tous d'accord pour dire qu'il ne faut pas taper ses enfants. Mais il reste pas mal de parents pour trouver qu'une fessée de temps en temps, quand un gamin dépasse les bornes, c'est pas le bout du monde et que, sans même parler du soulagement éphémère que cela procure à celui qui la donne, ça peut être efficace. Dans la bouche d'un pédopsychiatre, ça s'appelle « la fessée tempérée ». Pas sûr que ça suffise à convaincre le Conseil de l'Europe, qui vient de lancer une grande campagne de sensibilisation pour interdire cette pratique.

Bon sens

« Le bon sens et l'ironie, en France, sont nés le même jour », écrivait Alfred Capus. Une phrase qui s'applique aussi à l'éducation.

Les parents le savent bien, il n'y a pas de recettes. Après avoir fait de leur mieux, depuis trente ans, pour mettre en pratique les conseils de Françoise Dolto et ne plus traiter leurs enfants comme des adultes miniatures, badaboum, voilà qu'on leur dit que leurs gamins sont infernaux, mal élevés, et que c'est tout de leur faute, notamment parce qu'ils n'ont pas lu Dolto jusqu'au bout. L'enfant est un être à part entière, certes, qu'il faut respecter, certes, mais qui a aussi besoin de limites et d'autorité. Un peu perdus, quand ils pensent ne plus pouvoir faire confiance à leur bon sens, ils jettent un œil, sans conviction, à « Super Nanny » sur M6 et à « Fais pas ci, fais pas ça » sur France 2, achètent le dernier livre de Marcel Rufo ou de Claude Halmos. Quand vraiment ils ont besoin de justifier un retour aux bonnes vieilles méthodes, ils se réfugient dans la lecture d'Aldo Naouri : un ordre est un ordre, les parents ne sont pas là pour séduire ni pour négocier ; à trois mois, terminé le camion de lait à la demande, plus de tétine ni de biberon après deux ans, pareil pour le doudou ; fini le rituel du coucher (vous voulez en faire des obsessionnels ?), terminé le câlin du matin au lit, les goûters d'anniversaire avec magicien et quinze petits copains... Si vous ne voulez pas qu'ils vous marchent sur la tête, frustrez vos enfants. C'est pourtant simple, non ?

Tais-toi mon amour, maman respire !

Très jeune, le petit Parisien apprend que ses parents ont besoin d'oxygène. Et que malgré l'amour que lui porte sa mère, il n'est pas gagné qu'elle lui consacre tout son temps libre sans broncher. Il suffit de laisser traîner ses oreilles : « Putain, les enfants pots de colle, j'en peux plus ! » « Je rentre d'une semaine de vacances avec mon fils. Vivement le boulot que je me repose. » « Depuis sa naissance, j'ai habitué ma fille à ne pas me voir pendant quinze jours d'affilée. Elle va chez ses grands-parents. Elle est très autonome. » Ou encore (notre préférée) : « Les enfants devraient jouer plus souvent à cache-cache, comme ça on les verrait moins ! »

Passé les quatre ou cinq premiers mois de son existence, un bébé est généralement jugé apte à l'autonomie. Le conditionnement démarre parfois dès la naissance. À moins d'être né dans une bassine, à la maternité des Lilas ou aux Bluets, il peut avoir à affronter le regard réprobateur de l'auxiliaire de puériculture qui, vingt-quatre heures après l'accouchement, explique à sa mère hébétée, épuisée, qui a laissé son bébé s'endormir sur son sein après la tétée : « Ah ! C'est pas bien ça, madame, il va s'habituer ! Je vous jure, elles sont toutes les mêmes ! » Des fois que cet enfant âgé d'une journée ait des velléités de prendre le pouvoir, autant lui faire comprendre tout de suite qui est le chef ! Et tant pis pour le *bonding* !

Les adeptes de l'haptonomie et de l'écharpe porte-bébé ont beau être de plus en plus nombreux, l'enfant doit survivre à certains rites initiatiques. Il n'est pas rare d'entendre une maman (un peu expérimentée) assener avec le sourire : « Pour qu'un bébé ne pleure plus, c'est simple : il suffit de fermer la porte de sa chambre ! » Ça s'appelle fixer des limites.

Après avoir vécu plusieurs années à New York où les mères se transforment en hélicoptère pour suivre leur enfant à la trace sur les structures totalement sécurisées des *playgrounds*, il est rafraîchissant de voir les Parisiennes au square, assises sur un banc, tentant de faire abstraction des cris et des pleurs pour lire le « Décryptage » du *Monde* consacré au capitalisme à la chinoise (ou alors le dernier dossier de fond sur Brandgelina dans *Voici*).

Même si de plus en plus de mères (et de pères) rêvent d'avoir davantage de temps pour emmener leurs enfants à l'atelier Kapla ou au Musée en herbe, à Paris, les *professional mums*, comme on appelle outre-Atlantique les mères qui ont fait de l'éducation de leurs enfants une carrière, sont considérées comme des allumées du cordon ombilical. Le nombre de mères qui pètent les plombs le mercredi soir après une journée « off » passée à faire le taxi entre le judo, la danse, les cours de piano et les goûters d'anniversaire ! Certaines ont trouvé la parade, comme Marie-Claire, maman d'un petit garçon de 5 ans, qui a repris des études à la naissance de son fils : « J'ai dit non aux activités obligées du mercredi. En revanche, il m'arrive d'emmener Paul au musée des Arts décoratifs. On y va en bus, ça nous fait une balade dans Paris. J'ai aussi l'impression d'en profiter : pendant qu'il participe à un atelier sur les couleurs au Moyen Âge, je vais faire mes recherches à la bibliothèque des Arts déco. » Et pourtant, Marie-Claire a l'impression de passer pour « la caricature de la mère parfaite » aux yeux des copines, qui travaillent à temps plein et qui rêvent d'envoyer leurs gamins par Fedex aux grands-parents.

C'est une règle culturelle : les enfants et les adultes ne vivent pas dans le même monde.

Alors à notre retour, il a fallu réviser les bases. Quand on est invité à dîner, on ne doit pas considérer que cette invitation inclut *de facto* les enfants, le premier réflexe doit donc être de booker la baby-sitter. Quand on arrive chez des amis, leurs enfants sont déjà couchés – ou sur le point d'aller au lit, après avoir dit « bonsoir aux invités » et chipé trois pistaches sur la table basse. Toute preuve visible de leur prise de pouvoir dans le salon le restant de la semaine est tant bien que mal camouflée (les jouets qui dépassent de sous le bahut ne trompent évidemment personne).

À Paris, il n'y a pas, comme il fut un temps à New York, de cinémas où les mères peuvent voir un thriller sanguinolant avec leur nouveau-né dans les bras. Les enfants restent avec la baby-sitter pendant que leurs parents – qui ont bien le droit « à un moment à eux » – rassemblent le peu d'énergie qui leur reste pour aller voir le dernier Klapisch. Des copains nous ont même raconté avoir laissé leur bébé de quatre mois, le soir, seul à la maison, endormi dans son berceau, pendant qu'ils se faisaient une toile. Ça fait longtemps qu'ils auraient été dénoncés aux services sociaux américains !

En 2007, l'ouverture du Poussette Café, un café-concept-boutique-atelier dédié aux parents et aux enfants, près du square Montholon dans le IXe, a défrayé les blogs des bobos tellement on n'était pas habitué à ça. D'ordinaire, un enfant toléré par le garçon de café parisien – et par le client de la table d'à côté – est un bébé endormi dans les bras de ses parents (la poussette étant laissée à l'entrée, « sinon, ça va gêner le passage ! ») ou un petit gars ayant dépassé l'âge de raison, capable de s'occuper autrement qu'en courant entre les tables. Il suffit d'aller chez Gégène, guinguette du bord de Marne, pour le vérifier. Sur la porte battante des WC, on peut lire : « Merci de tenir et de surveiller vos enfants ! » Certes, depuis l'interdiction de fumer dans les bars, le serveur a gagné en tolérance, mais par principe, cette tolérance a des limites (idem dans les rames de TGV, on connaît d'ailleurs un grand célibataire devant l'éternel qui, quand il se plaint d'être dérangé par la marmaille dans le train, et que la mère de la marmaille lui fait la réponse classique : « Vous ne devez pas avoir d'enfants, vous ! », n'hésite pas à mentir éhontément : « Si, justement, j'en ai élevé quatre ! » pour la faire culpabiliser). De toute façon, il est très rare, en semaine, de croiser des femmes en train de déjeuner dans un bistrot avec leurs enfants. À moins d'être dans un salon de thé comme Le Loir dans la théière, dans le Marais, et que lesdits enfants aient l'âge requis pour accepter d'être ligotés dans une poussette sans se rebeller, pendant que leur maman explique qu'elle hyperventile à l'idée de ne pas être Wonder Woman quand elle reprendra le boulot.

L'école souvent normale, parfois supérieure

Il y a des jours, quand on a l'âme sadique, où l'on aimerait bien être vendeuse à Auchan porte de Bagnolet. Ou à Carrefour porte d'Auteuil. Au hasard début septembre. Rien que pour voir de plus près les parents hagards dans les rayons, tétanisés à l'idée de ne pas trouver la pochette de feutres « à pointe moyenne », le cahier format 21 x 29,7 ou le protège-cahier violet 24 x 32 qui figurent sur la liste des fournitures scolaires. « La directrice a dit un cartable rigide, pas de sacs à dos ni de roulettes. Mais je ne vois que des sacs à dos et des cartables mous ! On va quand même pas lui acheter un cartable en cuir, c'est super lourd ! »

On a parfois l'impression que c'est nous, parents, qui faisons notre rentrée. Comme cette voisine et amie, le reste du temps tout à fait saine d'esprit, qui, à la sortie de l'école, après la première journée de CP de sa fille aînée, a ouvert son cahier de devoirs, tétanisée : « Il faut qu'elle écrive son prénom… Tu crois qu'il faut qu'elle l'écrive une seule fois ou bien qu'elle fasse des lignes de prénom ? Je ne comprends pas ce que la maîtresse veut. Je vais avoir l'air idiot si je retourne lui demander ? » Mais non, simplement d'une mère angoissée à l'idée que sa fille rate sa rentrée et donc, forcément, sa vie.

Dans un pays où sans diplôme, on ne vaut pas grand-chose, la Parisienne est comme toutes les Françaises : elle mise gros sur l'école. La pression est d'autant plus grande que l'esprit des lycées prestigieux comme Louis-Le-Grand et Henri-IV, des classes prépas et des concours des grandes écoles plane sur les écoliers. La prétention de l'école française a toujours été d'être l'école de la République, où les enfants, des citoyens en devenir, apprennent le libre-arbitre, les belles-lettres, la philosophie des Lumières.

Vu de l'étranger, une école laïque et gratuite, dès l'âge de 3 ans, ça fait rêver ! Mais quand on vient de la planète New York, où, à 3 ans, Junior est encouragé par sa maîtresse : « *Yesss !!! Yesss !!! You can do it !* », puis félicité : « *Gooood job !!!* » comme s'il venait de résoudre une équation à trois inconnues alors qu'il a simplement cueilli une pomme dans un arbre, et où, quand un élève de 13 ans dit que la guerre de 14-18 a commencé en 1916, son professeur lui répond : « C'est bien ! Ça n'est pas tout à fait exact, mais c'est bien d'avoir essayé », le choc culturel est rude ! L'école française n'est pas exactement la patrie du *positive reinforcement* ! Plutôt celle de l'apprentissage dans la douleur, des bulletins de notes, des heures de colle, de l'élitisme et de l'excellence. Comme aime le souligner Alain Finkielkraut, produit de l'école publique des années 50, rue des Récollets dans le Xe arrondissement : « L'école promet un accès long et difficile au savoir. » Alors, quand on part vivre quelques années à l'étranger, le retour à Paris est brutal. C'est un peu comme si vous demandiez à votre enfant de passer l'après-midi au département des antiquités égyptiennes du Louvre au lieu d'aller tester le nouveau Space Mountain à Disneyland. Les journées à rallonge, les devoirs tous les soirs, dès le CP, les « Peut mieux faire », les punitions collectives, l'école centrée sur le savoir du maître. *Welcome back !* Pour ceux qui ne supportent pas, il y a bien quelques ovnis alternatifs dans le public, tels que l'école Vitruve dans le XXe et l'école Saint-Merri dans le IVe arrondissement, où les feux vert, orange et rouge remplacent les notes jusqu'en CM1, où les classes n'ont pas de cloisons et où les parents sont tellement les bienvenus qu'ils animent même des ateliers de chant ; et aussi quelques écoles privées laïques dites différentes, comme l'École alsacienne et Montessori.

Chaque année, des milliers de petits Parisiens se retrouvent domiciliés chez leur grand-tante ou à une adresse « boîte aux lettres », genre chambre de bonne louée par trois familles, pour échapper à une école de quartier jugée peu sûre ou trop médiocre. Et chaque année, des milliers d'enfants veulent prendre russe en première langue (c'est fou, cette nouvelle manie de vouloir que son enfant sache lire *Guerre et Paix* dans le texte) ou chinois en option ! En

2005, en classe de sixième, plus de quatre pintadeaux parisiens sur dix n'étaient pas scolarisés dans leur collège public de rattachement (contre moins de trois sur dix en province). La plupart du temps pour aller dans un établissement privé. Pas certain que la suppression de la carte scolaire change la donne. Les enfants parisiens sont plus souvent scolarisés dans le privé que les autres petits Français.

Le choix du privé ne tient pas souvent – en tout cas, pas officiellement – à des cas épineux ou à de grandes convictions religieuses. Pas mal de Parisiennes, vivant dans le VIIe, le XVIe ou le XVe, où les écoles publiques ne sont a priori pas des coupe-gorge où Poupette se fera piquer son cache-cœur Bonpoint ou son gilet Cyrillus (selon qu'elle est dans le VIIe ou le XVe), inscrivent leurs enfants à Notre-Dame-des-Oiseaux, l'Institut de l'Alma et autres écoles privées catholiques. « La directrice de l'école publique du coin ne m'a pas fait bon effet au moment de l'inscription, du coup j'ai mis mes filles à La Rochefoucauld. » « Je ne voulais pas être embêtée par les grèves. » Ou encore : « On n'avait pas envie de se lever le samedi pour l'emmener à l'école et on voulait pouvoir partir en week-end, alors on a mis Victo dans le privé. » (Un argument qui n'est plus valable aujourd'hui !) Et puis, c'est un peu comme pour les soirées rallyes : on a l'assurance de ne pas risquer les mauvaises fréquentations. Cela dit, pas mal d'écoles privées accueillent des enfants des classes moyennes dont les parents craignent pour leur sécurité dans le public. Comme ce chauffeur de taxi zaïrois qui vient chaque mois payer en liquide la scolarité de ses enfants dans une école du Xe arrondissement.

Il y a aussi celles qui redemandent une dose d'élitisme et de rigueur. Frédérique, qui se souvient avec bonheur de ses années d'internat à la Légion d'honneur, et qui vit aujourd'hui boulevard Malesherbes dans le XVIIe, a commencé par mettre ses enfants dans le public, avant de vite opter pour le privé : « Le public, c'est le nivellement par le bas. Aujourd'hui, on est dans une société très concurrentielle : les enfants auront d'autant plus de chance de s'en sortir plus tard qu'ils sont bien encadrés à l'école, que les parents sont vite informés s'il y a un problème, qu'on leur inculque le sens des vraies valeurs comme le respect, se lever quand le prof entre dans la classe par exemple. En plus, le privé est nettement plus convivial, les parents sont les bienvenus dans la vie de l'école. Tous les mois, il y a les petits déjeuners avec les mamans relais. » L'acolyte de l'école privée, en particulier dans les quartiers bourgeois, c'est l'esprit de concurrence. Marie-Sophie, une pintade du XVIe à la langue bien pendue, admettait, en parlant d'une école privée catholique : « C'est catholique certes, mais c'est pas là qu'on apprend à aimer son prochain. Ici, c'est marche ou crève. »

Passé les années cocon de la maternelle, l'école publique est un sanctuaire où les pintades pénètrent, quand on veut bien les convier, non sans appréhension. Un lieu sacralisé. Qui a ses codes et son propre langage. Un monde étrange peuplé de maîtres E, de maîtres G, de Rased (ce n'est pas la nouvelle façon *hip* et anglicisée de porter le poil pubien), de Segpa, de liste complémentaire, de Zil, de brigades de remplacement... La première fois qu'on a assisté à un conseil d'école, on était à deux doigts d'abandonner nos enfants en se résolvant à admettre que ce désir de maternité, c'était une vraie bêtise... plus sérieusement, de demander l'aide d'un traducteur...

L'école, qu'elle soit publique ou privée, est un formidable lieu de socialisation. Grand moment dans la vie scolaire : la kermesse, qu'on appelle simplement fête de l'école de ce côté-ci du Ranelagh. Kermesse, ça fait trop campagne. La fête annuelle de La Providence, école privée du XVIe arrondissement, est sans doute l'une des plus réputées de Paris. C'est même une destination shopping pour tout le quartier. On vient y trouver les beaux santons de Noël, les calendriers de l'Avent et tout un tas d'objets religieux. Le bar à huîtres est très couru, après la messe du dimanche, on va s'en jeter un petit dans le gosier, accompagné d'une demi-douzaine d'huîtres, avec bonne conscience, c'est pour nos chères têtes blondes.

Il y a évidemment encore beaucoup de Parisiennes pour croire en l'école de la République. Des femmes qui estiment que la mixité sociale est une chance pour leurs enfants. Et qui militent pour que la devise « liberté, égalité, fraternité » inscrite sur les bâtisses scolaires ait encore un sens dans quelques années. « L'école est la seule plateforme où il y a un minimum d'égalité et dans laquelle on peut se sentir citoyen », disait dans une interview Faïza Guène, Française issue de l'immigration, jeune auteur du roman à succès *Kiffe kiffe demain*, qui vivait à ce moment-là dans une cité de Pantin. Sur la banderole déployée le long de la façade de la mairie du XXe arrondissement, place Gambetta, on peut lire : « Une école qui ferme, c'est une prison qui ouvre. Victor Hugo. » Elles sont des milliers à Paris à se faire élire sur les listes de représentants de parents d'élèves, à protester contre les fermetures de classes, à battre le rappel des troupes.

Secrétaire à mi-temps, enceinte de six mois, Amélie Ragueneau est présidente de la FCPE de l'école Saint-Merri, rue du Renard dans le IIIe, où son fils est scolarisé en maternelle. « Quand on a appris que le rectorat voulait encore fermer une classe, on a réussi à mobiliser 150 parents sur 850, ce qui est déjà énorme, tous les matins, pour bloquer la rue devant l'école pendant un quart d'heure, raconte cette jeune femme toute menue. On n'a malheureusement pas réussi à éviter la fermeture de la classe, mais cette action nous a soudés. On va continuer à se bagarrer pour la survie de cette école différente, qui doit rester accessible à tous. J'ai hérité des convictions de mes parents. Ma mère était issue de la bourgeoisie de province, mon père du prolétariat, très pauvre, sa famille vivait dans les bidonvilles de Vigneux. Tous les deux, avec des origines sociales très différentes, étaient de fervents défenseurs de l'école publique. »

Le système est loin d'être parfait, mais vu d'ailleurs, il semble tellement vertueux.

Sortie de classe

Ça a commencé comme une sortie de classe classique. Vingt gamins de 6-7 ans, trop contents d'échapper au rituel scolaire en cette journée de juin ensoleillée (un miracle) ; deux par deux, en file bien droite, encadrés par la maîtresse et deux mamans qui, dans un moment d'égarement, se sont portées volontaires pour les accompagner. Trois gamines qui arrivent sans pique-nique parce que leurs parents étourdis ont oublié que c'était le jour de la sortie, ou peut-être parce que ça coûte moins cher de glisser trois gâteaux secs dans une poche. Les filles qui gloussent : « Eh m'dame ! Vous êtes la mère à qui ? » « Vous savez, Ami, elle est amoureuse de votre fils ! » Les garçons

qui friment et qui pensent aux cartes Pokémon qu'ils vont pouvoir s'échanger (les mêmes qu'il y a dix ans, le marketing est un éternel recommencement). « Dis, madame, je peux te prendre la main ? Je veux pas prendre celle d'Anna pa'ce que c'est rien qu'une voleuse ! Elle me pique toujours mes affaires. »
En matière de sorties, les écoliers parisiens sont vernis : cinémas, expos, spectacles, théâtres, Cité des sciences et de l'industrie, Musée en herbe, Musée national d'histoire naturelle, Palais de la découverte (menacé de fermeture à l'heure où nous écrivons)… On est en juin, c'est la période des sorties en plein air. Certains parents ont droit aux lions de Thoiry, d'autres à l'Arc de Triomphe de France Miniature. Pour nous, c'est balade en bateau sur le canal Saint-Martin, du port de la Bastille au bassin de la Villette. Le prospectus promet « l'histoire des quartiers de Paris au fil de l'eau ». Petit moment de flottement quand on lit que ça dure deux heures et demie. Mais on se dit que l'animation à bord doit être prévue en conséquence !
Le trajet en métro se passe plutôt bien, on se laisse attendrir par ces petits d'hommes qui tiennent précieusement leur ticket de peur de le perdre, et dont la fraîcheur effervescente amuse la rame. Une grosse demi-heure plus tard, nous voilà à bord du *Marcel-Carné*. Un rapide coup d'œil nous informe que le reste du bateau est rempli non pas d'enfants, mais de touristes. Donc des adultes, pour ceux à qui ça aurait échappé. Et c'est là qu'on réalise que ça va VRAIMENT durer deux heures et demie. Sans que les gamins aient le droit de se lever de leur chaise. Au début, pas de problème : l'attrait de la nouveauté – certains n'ont jamais mis les pieds sur un bateau – suffit à les tenir. Mais passé l'effet de surprise de la première double écluse (il y en a quatre et chaque

passage dure vingt minutes), et du premier bateau croisé
à qui on fait coucou de la main, « *Hello everybody !* »,
les choses se gâtent. « Quand est-ce qu'on mange ? »
« J'ai faim ! » « J'ai soif ! » « Quand est-ce qu'on arrive ? »
« Je veux mon pique-nique ! »
Quand la guide cesse d'égrener ses anecdotes
historiques truffées de lépreux, de pendus exposés
« pendant des semaines voire des années ! » sur
les gibets, de guillotinés de la Révolution, de fédérés
fusillés et de noyés, pour demander d'un ton doucereux
aux enfants si ça leur arrive de jouer à chat, on se dit :
« Ouf ! elle va enfin se mettre à leur niveau. » On déchante
vite. « Les enfants, que se passe-t-il quand vous jouez
à chat et qu'il en reste un qui n'est pas perché ? »
Vingt mains levées. « Il devient chat, madame ! »
« Ah ? ! De mon temps, on était moins gentils, il était
éliminé ! Alors on va dire qu'on joue à chat maintenant.
Quand je dis "Chat !", ça veut dire qu'il faut se taire
parce que je vais expliquer des choses au micro !
Ceux qui continueront de parler seront éliminés. Quand
j'arrête de parler au micro, c'est la récré. » Elle a
l'air tellement terrifiant, super nanny, qu'on l'imagine
balancer les récalcitrants par-dessus bord. Nous,
on les trouve plutôt très mignons vu le contexte (surtout
quand on apprend un peu plus tard, en discutant avec
le personnel à bord, qu'il existe une version beaucoup
plus courte, d'une heure quinze, réservée aux enfants,
mais dont personne n'a apparemment jugé bon d'avertir
la maîtresse). « Attention les enfants ! Chat ! » Entre
l'écluse des Récollets et celle des Morts (sic), on a droit
à un résumé de *Hôtel du Nord* (devenu un restaurant,
dont on peut apercevoir la façade) : « Merveilleux film,
l'histoire d'un couple d'amoureux qui veut se suicider... »
Faudra pas s'étonner s'ils font des cauchemars cette nuit !

Miraculeusement, personne n'a pété les plombs, pas même nous après avoir emmené vingt gamins faire pipi (on n'aurait pas voulu être à la place des deux vieilles dames qui sont passées derrière). En descendant, quand on entend la guide saluer les enfants d'un « Merci les enfants, et bravo, vous avez bien travaillé » (sic), on se dit que ça ne se serait sûrement pas passé comme ça à NY.
Puis on se souvient que samedi prochain, c'est merguez et jeux de massacre à la kermesse de l'école. Puis spectacle de l'école de danse mardi, concert de l'école de musique mercredi, et remise des médailles de judo. Le mois de juin n'est pas un long fleuve tranquille pour les parents.

« Maman, c'est la police la dame ? »

Paris, ville verte ? Les pintades qui ont grandi près du parc Montsouris ou au bord du bois de Boulogne ne vous diront pas le contraire. La Mairie s'enorgueillit d'ailleurs de son titre de capitale la plus boisée d'Europe. Les petits Parisiens fabriquent leurs souvenirs dans les parcs. Chacun son univers… Le romantisme des chemins escarpés et du lac des Buttes-Chaumont ; la poésie nostalgique des chevaux de bois et du théâtre de Guignol du Luxembourg (dommage que l'aire de jeux soit payante ! un carré VIP ? Very Important Pintadeaux ?) ; le charme du jardin des Plantes avec la ménagerie, le museum, le labyrinthe ; la sérénité du parc de Bercy avec sa vigne et le potager ; le futurisme du parc André-Citroën où l'on profite des jeux d'eau dès que le soleil daigne s'installer ; l'éclectisme contemporain de la Villette, avec ses immenses pelouses traversées par le canal, les percussionnistes et le ciné en plein air ; l'élégance chargée d'histoire du jardin des Tuileries, le plus ancien de Paris, où les enfants transforment les statues de Rodin en terrain d'escalade ; la gouaille moderne du parc de Belleville.

Et puis il y a les squares. *Sooo Paris* les squares, avec leurs kiosques à musique, les bancs publics qui attendent les amoureux, à l'ombre des platanes et des marronniers.

Sooo Paris également les gardiens, qu'on croirait échappés d'un film des années 50, déboulant, sifflet aux lèvres, pour faire évacuer les pelouses. Les espaces verts parisiens sont magnifiques, avec de jolis parterres de fleurs et des arbres parfois centenaires. Mais pendant longtemps, c'était surtout plaisir des yeux ! On regarde, on ne touche pas. Pas le droit de jouer, de s'allonger, de bouquiner sur les pelouses. Et les structures de jeux faisaient franchement pitié. Heureusement, ça a changé depuis quelques années et on doit avouer qu'on a été agréablement surprises. Les enfants sont moins considérés comme des nuisibles, exterminateurs potentiels d'arbres, de fleurs et de vieilles dames. Mais bon, ça reste Paris… La première fois qu'on a emmené nos enfants dans un square parisien (ils étaient habitués aux *playgrounds babyproof* new-yorkais), ils ont été un peu traumatisés par l'apparition de la gardienne, un croisé de dragonne et de matrone. « Maman, c'est la police la dame ? » m'a demandé mon fils, âgé de 4 ans à l'époque. La grosse dame en question agitait d'une main un bâton qu'elle venait de ramasser et de l'autre un doigt accusateur (inquisiteur ?). Surgie d'un bosquet, elle était en train de sermonner des gosses qui avaient envoyé leur ballon de foot dans le massif de fleurs. Ballon qu'elle s'est ensuite chargée de confisquer car il n'était pas en mousse. « Le square est à tout le monde ! Un ballon, ça peut faire mal ! »

C'est vrai, toutes les générations cohabitent avec les pigeons et les corbeaux des « jardins de quartier ». Les petites vieilles qui viennent casser la solitude de leur appartement, les nounous et leur armée de poussettes, les mômes qui se castagnent, les mères qui râlent parce que leur fille a encore mouillé sa belle robe et sali ses jolis souliers dans le bac à sable, les pères qui jouent à chat, les étudiants qui viennent réviser leurs exams, parfois avec leur ordinateur portable depuis que l'on peut se connecter en haut débit grâce aux bornes wi-fi installées dans pas mal de jardins. Du concentré intergénérationnel.

En tout cas, nos enfants sont devenus très forts pour repérer l'arrivée des gardiennes.

Vamps de poche

Elle déambule dans les allées du rayon cosmétiques du Bon Marché. Elle s'arrête pour renifler le dernier parfum Dior, file au stand Bobbi Brown, où elle entreprend de se faire présenter tous les brillants à lèvres de la marque par la vendeuse, passablement horripilée. La taille prise dans une robe en tissu Liberty, une besace extralarge en cuir verni jaune poussin sur l'épaule, elle pourrait être comme vous et moi. Sauf qu'elle vient d'avoir 11 ans et de rentrer en classe de sixième. Elle n'a pas encore ses règles. Elle va régulièrement faire du shopping avec sa maman, dont elle est un clone. On les voit vadrouiller dans le rayon des designers juniors des grands magasins parisiens. Les créateurs se mettent à leur portée, les Judith Lacroix, Antik Batik, Bash, Isabel Marant, qui, comme beaucoup de créatrices, a cédé à la tentation depuis qu'elle a un enfant, et les *usual suspects*, Dior, Kenzo,

Burberry, Rykiel, qui concoctent des lignes rien que pour les prépubères. Des modèles de vêtements comme pour les grandes, avec hanches bien marquées et seins soulignés en taille 4 à 12 ans. Dur dur, le décolleté plongeant sur cage thoracique raplapla. Dans les castings mère-fille du Comptoir des cotonniers, on croise des mères qui, sans forcément dépenser des fortunes pour vêtir leurs filles, n'essaient même pas de négocier : « Quand elles veulent des fringues de mauvais goût, je leur dis non, et j'attends que ça passe ! » Faudra qu'elles nous donnent leur truc, parce que nous, on n'a pas réussi à couper aux tee-shirts de princesse à strass (même pas Hello Kitty en plus).

Le trench Burberry en taille 8 ans ou la robe cocktail Derhy en taille 6 ans ont de quoi décontenancer. Les minimiss et leurs mamans ont décidé de zapper la case enfance, pas de bonnes vieilles cagoules en hiver, pas de pantalons récupérés de leur grand frère. Les prénubiles ont le réflexe fashion. À 7 ans, elles veulent déjà ressembler à des dames, elles suivent les tendances, et elles ont même leur propre magazine de mode, *Milk*. Une incarnation glaçante sur papier glacé des répliques miniatures de la mode des grandes. Le magazine traque la dernière boutique vintage pour enfants, la collection en cachemire pour fillettes, les souliers à talon en pointure 32. Toujours *hip*, c'est le critère indispensable. De quoi ravir les parents obsédés de looks, qui ont déclaré la guerre aux vêtements génériques. Un peu déroutant quand on sait que même Lolita avait déjà 12 ans.

La régression

La Parisienne, qui n'est pas à une contradiction près, a beau vouloir préserver son espace vital d'adulte, elle est la première à aimer plonger dans un état régressif, qui la transporte dans ses souvenirs d'enfance. Et pas seulement quand elle est enceinte... L'édition limitée pour fêter les 40 ans du Petit Ourson en guimauve, vendue exclusivement chez Colette ? C'était pour elle ! De toute façon, bizarrement, ses enfants trouvent ça trop sucré et écœurant. Heureusement, ils la rejoignent sur les fraises Tagada et sur les Carambar. Elle a beau culpabiliser pour ses fesses, elle ne peut pas s'empêcher de lécher le couteau du Nutella en rangeant la table du petit déjeuner. Elle a des débats de fond avec son fils pour le convaincre que Casimir et son cousin Hippolyte, c'est quand même vachement mieux que Dragon Ball Z. Est-ce qu'il connaît la recette du gloubi-boulga d'abord, Dragon Ball Z ?

Elle a des trémolos dans la voix quand elle déniche des éditions originales de *Martine* (même si, chaque époque ayant son politiquement correct, le père ou l'ado de la maison trouvent ça néopétainiste) et de *Fantomette* dans les brocantes et les vide-greniers. Elle en veut beaucoup à sa mère d'avoir donné sa collection de Bibliothèques rose et verte. Elle pique ses *J'aime lire* à sa fille pour savoir ce que Tom-Tom et Nana sont devenus. Elle offre à ses copines cuisinières *Cantines, recettes cultes corrigées par les grands chefs,* un livre qui arrive à sublimer l'escalope cordon-bleu, le poisson pané et le gratin de salsifis. Enfin, plus maintenant parce qu'il est épuisé et c'est bien dommage. Alors elle se rabat sur le *Petit Livre de recettes régressives pour les grands qui ont gardé une âme d'enfant* ou le *Petit Livre de recettes régressives pour gourmets nostalgiques* (du même auteur, qui a manifestement senti le filon), *Mes recettes Haribo* et *La Vache qui rit, sa vie, ses recettes* (parce qu'elle n'a pas attendu le South Beach Diet pour savoir que la Vache qui rit est un formidable coupe-faim). Le poulet fermier au Coca-Cola de Korova, feu le restaurant de Jean-Luc Delarue rue Marbeuf, la glace aux fraises Tagada ou au Carambar de Ducasse l'ont totalement décomplexée.

Elle continue d'aller manger des raviolis et de la purée-jambon au Réfectoire, une cantine pour trentenaires nostalgiques dans le XIe, mais c'est plus pour les verres Capitaine Flam et Goldorak (le seul, l'unique, dont elle attend avec impatience la sortie en DVD pour le faire découvrir à ses enfants) que pour ce qu'il y a dans l'assiette. Elle se dit qu'elle ne doit pas être la seule à aimer régresser quand elle aperçoit des roudoudous dans la vitrine de son chocolatier et qu'elle voit le juge Halphen et Florence Aubenas en grande conversation, à la soirée organisée pour le premier anniversaire du site d'information Rue89, devant une montagne de fraises Tagada.

Quand elle est en manque de madeleines, elle prétexte un brunch en famille, le dimanche, chez Hansel et Gretel, un salon de thé merveilleux et totalement régressif de la Butte-aux-Cailles. Ou un chocolat chaud à la Charlotte de l'Isle, autre salon de thé de poupées et de sorcières, sur l'île Saint-Louis. Ça, c'est quand elle veut se reposer de ses macarons de grande parfumés au balsamique de Modène, 25 ans d'âge, au marron et au thé vert Matcha ou à l'abricot et au safran. C'est sa *comfort food* à elle.

Les endroits kids friendly

CONCEPT-STORES POUR LES PETITS

Notsobig
38, rue Tiquetonne, IIe - 01 42 33 34 26

Ubé Ule
59, rue Condorcet, IXe - 01 45 26 93 63

VÊTEMENTS POUR LES MINI-ME

On est plutôt DPAM, Old Navy, Monoprix, La Redoute et Gap pour habiller les loulous. Mais une fois de temps en temps, on ne crache pas sur une belle maille ou une jolie blouse de designer (mais bon, si possible, en soldes).

Bonpoint
6, rue de Tournon, VIe - 01 40 51 98 20

Bonton
82, rue de Grenelle, VIIe - 01 44 39 09 20

Zoa Vintage
55, rue de Lancry, X[e] - 01 44 52 01 67

Coquelicot Paprika
99, rue du Bac, VIIe - 01 42 22 69 68

LES MINI-ME BRADÉS

La Réserve des Sioux (dépôt-vente)
25, avenue de Tourville, VIIe - 01 53 59 94 50

Chercheminippes (dépôt-vente)
110, rue du Cherche-Midi, VIe - 01 45 44 97 96

Ménil Mômes (dépôt-vente)
134, rue de Ménilmontant, XXe - 01 43 49 70 66

Stock Bonpoint
42, rue de l'Université, VIIe - 01 42 20 10 55

JOUETS

Si vous devez trouver en urgence la Batmobile ou l'épée laser de Dark Vador, il y a évidemment La Grande Récré, JouéClub et le rayon jouets du Bon Marché.
Sinon, voici quelques magasins où les Parisiennes sont assurées de trouver autre chose que du merchandising.

Bilboquet
25, rue Henri-Monnier, IXe - 01 42 81 12 36

Le Dragon savant
36-42, rue de la Villette, XIXe - 01 42 45 75 30

Moi le héros
32, rue Montmartre, Ier - 01 42 21 07 17

Les cousins d'Alice
36, rue Daguerre, XIVe - 01 43 20 24 86

Il était une fois
1, rue Cassette, VIe - 01 45 48 21 10

Baobab Jouets
59, rue Orfila, XXe - 01 40 33 29 87

OÙ BOIRE UN CHOCOLAT CHAUD, MANGER, JOUER AVEC LES PINTADEAUX

Le Poussette Café
6, rue Pierre-Semard, IXe - 01 78 10 49 00

Cafézoide
92 bis, quai de la Loire, XIXe - 01 42 38 26 37

Pendant que les enfants jouent
45, rue Traversière, XIIe - 01 43 42 00 78

Hansel et Gretel
43, rue des Cinq-Diamants, XIIIe - 01 45 88 74 29

Charlotte en l'Isle
24, rue Saint-Louis-en-l'Île, IVe - 01 43 54 25 83

A priori thé
35-37, galerie Vivienne, IIe - 01 42 97 48 75

Les pintadeaux en goguette

adresses

Nostra culpa… contrairement à ce qu'on pensait avant de rentrer vivre à Paris, les squares et les parcs ont fait beaucoup de progrès pour occuper les zouzous (enfin, excepté le parc Monceau)…

Jardins de Belleville
Angle rue des Envierges et rue Piat, XXe

Oubliés les sols mous synthétiques et les plastiques moulés. Après le règne du tout-sécuritaire, voici le retour de la prise de risque. Cabane perchée, toboggans géants, structures d'escalade, terrains accidentés, que du béton et du bois. Parfait pour se faire un remake de *La Guerre des boutons*. La vue panoramique depuis la rue Piat, à l'une des entrées du parc, vaut à elle seule le déplacement.
Entrée gratuite.

Parc André-Citroën
2, rue Cauchy, XVe

Construit à la place des anciennes usines Citroën, ce parc futuriste ouvert sur la Seine est atypique. Bacs à sable, tyroliennes, jeux d'eau… et aussi une montgolfière captive qui vous emmène à 150 mètres au-dessus du sol (gratuit pour les Parisiens de moins de 12 ans, 10-12 € pour les adultes).

Parc de la Villette
211, avenue Jean-Jaurès, XIXe
C'est le plus grand parc de la capitale, peut-être notre préféré. Les gamins blacks blancs beurs adorent venir faire de la tyrolienne, sauter sur les « boudins », dévaler le dragon-toboggan, pique-niquer sur l'herbe, se balader dans les jardins thématiques, écouter les percussions ou faire un tour de manège. Vous ne couperez pas à la pêche aux canards.
Aire de jeux gratuite.

Bois de Boulogne et jardin d'Acclimatation
Warning : sachez que si vous commencez par le village des manèges, vous pouvez dépenser beaucoup (trop) d'argent. Passez d'abord par la case aires de jeux (gratuites) avec pataugeoire, trampoline, miroirs déformants, et aussi ferme, zoo, poney-club, potager, théâtre de Guignol…
Entrée du jardin : tarif unique 2,70 € ; gratuit pour les moins de 3 ans.

Parc Floral
Esplanade du château de Vincennes, route de la Pyramide, bois de Vincennes.
Le parc est magnifique, les fleurs embaument, on peut pique-niquer à l'ombre des arbres, puis laisser les enfants se défouler sur l'une des aires de jeux.
Entrée gratuite sauf les jours d'animation : 5 € ; demi-tarif 2,5 € (entrée gratuite jusqu'à 7 ans).

Et aussi, parmi les valeurs sûres, le parc des Buttes-Chaumont, le jardin des Plantes, le parc de Bercy et le jardin du Luxembourg.

Quelques idées pour occuper les (nombreux) jours de pluie

adresses

Beaucoup de musées proposent des ateliers pour les enfants : Musée en herbe, musée du Louvre, péniche Antipode Abricadabra, musée Picasso, centre Pompidou, musée des Arts décoratifs, musée national d'Histoire naturelle, palais de la Découverte, musée Carnavalet, et même le musée de la Vie romantique (à quand l'atelier *kids friendly* du musée du Sexe ?), atelier Kapla, Palais de Tokyo, Cité des enfants à la Villette, le Centquatre, le nouveau lieu culturel parisien installé dans les anciennes pompes funèbres du 104, rue d'Aubervilliers…

Toutes les infos pratiques sur Internet.

Je vais vous prendre une andouillette - purée maison, et un coca

...

LIGHT le coca !
J'suis au régime.

Pintades en cocotte

Quand la pintade prend son pied grâce à son bec (fin)

Les filles qui font un régime à Paris, il faudrait leur décerner une médaille, la médaille Maggie Thatcher (*the iron* pintade) tiens, par exemple. Pas très pintade, on vous l'accorde, mais il faut au moins ça pour récompenser la discipline et la volonté de fer nécessaires pour résister à la baguette tradi croustillante, au fromage de tête, à la blanquette de veau, à l'époisses, au saint-joseph, au mille-feuille et à des milliards d'autres choses à portée de nez et de papilles. C'est simple, même le rayon yaourts du supermarché fait envie quand on revient en France après une longue absence. Vraiment, on comprend que la Parisienne passe son temps à faire des petits arrangements avec sa conscience. Si vous en êtes encore à penser que la gourmandise est un vilain défaut, les Parisiennes, elles, ont envoyé balader depuis longtemps la morale judéo-chrétienne dans ce domaine. La bonne bouffe, c'est leur péché mignon.

Les révolutionnaires sexuelles ont déserté les cuisines, leurs filles y sont revenues avec une jouissance non dissimulée. Aujourd'hui, pour être une femme complète, il faut avoir un job – si possible épanouissant –, un bébé calé sur la hanche, accessoirement un jules, ET le dernier livre de recettes de Trish Deseine pour recevoir vos amis dans votre cuisine (et aussi un ostéopathe qui vous fait craquer, au sens propre comme au sens figuré, parce que, forcément, vient le moment où vous en avez plein le dos d'être une femme parfaite). Dans les magazines féminins, il y a maintenant des « foodistas » et des « fashion food victims » comme il y a des fashionistas et des fashion victims.

Qu'on se le dise, les femmes ne sont plus prisonnières de leurs fourneaux ! Elles y sont parce qu'elles le veulent bien, parce que leurs amis le valent bien et parce que depuis que la cuisine est dans le salon (ou le contraire), elles ne sont plus obligées de s'exiler au fond de l'appartement pour vérifier que le poisson ne crame pas dans le four. On en connaît qui sont capables d'y passer leur samedi, voire leur RTT. Ça n'est plus une histoire de vulgaire popote, c'est un moment de partage, de communion, d'expression culinaire, bref une déclaration d'amour à ses potes (et aussi un formidable booster d'ego).

On n'est pas près d'oublier le buffet « rose et noir » concocté par Anne en l'honneur d'une amie de passage à Paris (Anne qui a par ailleurs un travail à temps plus que plein et deux fils à élever). Pourquoi rose et noir ? Parce que c'était girlie et « rouge ou orange et vert, ça aurait été trop facile, tu comprends ». C'est sûr. Sur le buffet, un truc à nous filer des complexes pour le reste de notre vie : des radis roses avec leurs sels, noir de Hawaï et rose de l'Himalaya (jusque-là, fastoche), une salade de lentilles noires et de haddock fumé, une salade de pomelos, crabe et crevettes, une salade de seiches à l'encre, des verrines de soupe betterave/orange et chou-fleur/trompette-de-la-mort (les trompettes-de-la-mort, c'est pour la touche noire, au cas où ça vous aurait échappé), des brochettes de poulet tandoori (oui, bon, c'est un orangé qui tire sur le rose), un plateau de fromage à base de chèvres et de tommes cendrés, et pour le dessert, riz au lait parfumé à la rose avec des pétales de rose cristallisés, soupe de fraises au vinaigre balsamique, tartes aux pralines, brochettes de litchis et de fraises Tagada, rouleaux de réglisse et bâtons de Zan. Après ça, allez l'inviter à dîner chez vous.

La bonne bouffe est un sujet qui frise l'obsession chez beaucoup de pintades. Quand elles ne sont pas en train de cuisiner ou de manger, elles parlent de bouffe, à moins qu'elles ne fassent les trois à la fois.

Réunissez par exemple autour d'une table Sébastien Demorand, une fine et grande gueule qui n'est pas une pintade mais qui pourrait être le pintade de ce livre (voir p. 242), et ses copines Clotilde Dusoulier et Sophie Brissaud, deux têtes chercheuses du goût[1], et ça donne ça : « Dis-moi, dans les ravioles, est-ce que l'oignon était haché ou tranché à l'intérieur ? » « En lanières. » « Ah, en mousseline, ce serait plus intéressant comme texture, non ? » « Moi je suis comme Jean-Pierre Poulain[2], je pense qu'il faut réintroduire les cours d'économie domestique à l'école pour les filles et les garçons. » « Comment ça, les tendrons de veau au barbecue, c'est pas possible ? Ne me dis pas que tu n'as jamais grillé un tendron de veau ! ? » « Non, moi je *slow-cooke* à la cocotte. » « Mais vous êtes des *food geeks*, les filles ! »

---

1. Vous pouvez retrouver Clotilde et Sophie sur leurs blogs www.chocolateandzucchini.com et http://ptipois.canalblog.com.
2. Jean-Pierre Poulain est socio-anthropologue, spécialiste de l'alimentation.

Toutes nos copines sont loin d'être des cordons-bleus. « Mettre des bougies sur la table, c'est à peu près le summum de mes capacités de maîtresse de maison », aime répéter Mélanie. Mais dans ce cas-là, elles ont le bon goût de vivre avec un mec qui aime cuisiner. Sinon, y a toujours Picard, mais faut faire gaffe, on est vite repéré. On se souvient encore de ce SMS mortifié envoyé par des amis au lendemain d'un dîner où la viande était trop cuite, la ratatouille – Picard – presque crue et le fondant au chocolat – toujours Picard – cramé. « Vraiment désolés de vous avoir aussi mal reçus hier soir. »

Si leur mère (ou leur père, n'est-ce pas Anna ?) ne leur a pas transmis le gène, et qu'elles n'ont pas une cuisinière sri-lankaise ou philippine à domicile, certaines n'hésitent pas à prendre des cours pour survivre dans la capitale du pays dont le président a demandé le classement de sa gastronomie au patrimoine de l'Unesco ! Il suffit de googler « atelier de cuisine à Paris » pour se rendre compte que l'offre est pléthorique. Tous les chefs s'y sont mis. Ça permet aux filles de frimer dans les *battles* de cuisine qu'elles organisent avec leurs copains.

Donner du plaisir, se faire plaisir : de la nourriture à l'érotisme, c'est connu, il n'y a qu'un pas. Alors, le week-end, les pintades vont flirter sur les marchés. Des marchés découverts, comme il en existe des dizaines à Paris, ou alors l'une de ces rues piétonnes commerçantes si typiques, Montorgueil, Levy, Daguerre, Poncelet. Elles flirtent avec leur fromager, leur tripier, leur volailler, leur boucher (qui leur vend des paupiettes de veau et de la saucisse de Morteau en vantant le fait qu'elles ne sont « pas grasses, comme moi ! »), leur primeur, leur poissonnier… Un petit baisemain par-ci, un compliment par-là, ça fait partie du jeu. Elles flirtent ensuite avec le serveur du bar où elles vont boire un café en lisant le *JDD* ou s'envoyer une douzaine d'huîtres accompagnées d'un « petit » verre de blanc.

C'est leur trip, elles prennent leur pied, au milieu des andouillettes AAAAA, des foies de porc, de veau, de génisse, des boudins, des têtes de veau, des langues de bœuf, des truites de montagne, des bars de ligne, des sardines, des morues séchées, des olives, des épices, des maroilles, des coulommiers, des comtés… Pour aimer les marchés, il faut aimer les mélanges, d'odeurs et de gens. Les petites vieilles ratatinées comme des pommes qui tendent leur porte-monnaie pour que le marchand se serve parce qu'elles n'y voient plus bien, les mamas africaines et arabes qui viennent au moment du remballage pour profiter des ristournes, les CSP + qui font la queue chez le maraîcher bio, les vendeurs des bazars « tout à 1 euro »…

Les marchés ont leurs figures féminines, des caractères bien trempés, comme on dit. La première fois que Caroline, une jeune maraîchère aussi volubile que costaude, nous a regardées en demandant « Je vous coupe les oreilles ? », on a eu un mouvement de recul, avant de percuter qu'elle proposait de couper les fanes des carottes. Pour tous ceux qui se plaignent de vivre dans une société aseptisée, les marchés font partie des derniers bastions du politiquement incorrect. Échange entendu au marché de la place des Lilas, entre un client africain et la dame un peu rougeaude de la rôtisserie : « Bonjour, madame, je voudrais un poulet rôti, s'il vous plaît. » « Mais certainement, monsieur ! J'vous en mets un bien grillé ? Un bien noir, comme vous ? »

La pintade collectionne les livres de recettes. Il suffit de voir l'explosion de l'édition culinaire ces dernières années. « Le grand snobisme aujourd'hui, c'est d'exposer des livres de recettes dans sa cuisine, même si on ne cuisine pas », témoigne Jessica, salariée de la société de conciergerie To Do Today, qui s'est longtemps occupée de l'intendance de maisons parisiennes pour le compte de clients fortunés qui l'envoyaient acheter des oranges à jus en sachet Prestige à 7 euros le kilo au Bon Marché (elle a fini par arrêter, trop de stress et de tendinites aux bras à force de porter les oranges du BM).

Sur les étagères des Parisiennes, à côté des derniers bouquins sortis chez Marabout, il y a toujours un vieux Ginette Mathiot ou Françoise Bernard qui traîne, le kit de survie dont on hérite en partant de chez ses parents. *Je sais cuisiner*, la bible de la cuisine familiale de Ginette Mathiot, s'est vendu à plus de six millions d'exemplaires dans le monde depuis 1932. En 2002, la dernière édition (la cinquante-troisième) a eu la bonne idée de faire la peau du sauté de cochon d'Inde. Idem pour la queue de bœuf, les oreilles de cochon, la crête de coq et la langue à l'écarlate (bardée de lard et fourrée dans un boyau de bœuf), qui ont été rayés de la carte.

Depuis Ginette et Françoise, un vent de modernité a soufflé sur la gastronomie française. Un vent de féminité aussi. Quand les pintades vont au restaurant, et elles adorent y aller, elles sont contentes de voir qu'Hélène

Darroze, Flora Mikula, Rougui Dia, Odile Guyader, Ghislaine Arabian sont derrière les fourneaux des batteries de cuisine qui comptent. « À Paris, il y a un restaurant tous les cinquante mètres, alors il faut réussir à se distinguer, l'ambiance et le service comptent de plus en plus, explique Flora Mikula, qui, elle, a choisi d'assumer son côté fille dans la déco de son restaurant, Les Saveurs de Flora, pour se démarquer de ses voisins du VIIIe. Ici, il ne suffit pas d'avoir une bonne critique dans un journal, il faut en avoir beaucoup pour construire sa notoriété. Les Parisiennes savent cuisiner, on ne leur fait pas avaler n'importe quoi. »

Certes, il y a encore beaucoup plus d'hommes que de femmes en cuisine, mais les Parisiennes leur pardonnent, parce que les William Ledeuil, Petter Nilsson, et Inaki Aizpitarte, elles en feraient bien leur quatre-heures.

Courgette solidaire ou concombre citoyen ?

« Je vous ai fait une petite purée de betteraves dont vous allez me donner des nouvelles ! » En gaspacho, râpée crue, rôtie au four, en velouté, les Parisiennes sont devenues incollables sur les façons d'accommoder la crapaudine, la globe, l'égyptienne, ou encore la chioggia. Si on leur avait dit gamines qu'elles aimeraient un jour la tourte aux blettes et le gratin de salsifis... Heureusement qu'elles s'y sont mises, vu le nombre de copains qui adhèrent à une Amap[1] ou à un panier bio de proximité et qui écoulent dans leurs

---

1. Association pour le maintien de l'agriculture paysanne.

dîners les kilos de topinambours, de panais, de rutabagas et autres légumes racines qu'elles avaient jusque-là rangés dans la case « trucs que ma mère me forçait à manger » ou « trucs que nos grands-parents mangeaient pendant la guerre, quand il n'y avait vraiment plus rien d'autre ».

Ces copains sont loin d'être tous des acharnés de l'écologie. Plutôt des Parisiens stressés, qui se donnent bonne conscience et sont convaincus de se faire du bien et de faire du bien à la planète en mangeant des fruits et des légumes de saison, produits localement par une agriculture raisonnée à défaut d'être bio. Leur motivation trouve parfois vite ses limites. « On a arrêté l'Amap, tu comprends, c'est trop contraignant de devoir aller chercher ton panier tous les mardis entre 12 heures et 18 heures quand tu bosses. » Quand d'autres optent pour la livraison à domicile (pas très écolo), Rémi et Mélanie, eux, avaient trouvé le truc : c'était la nounou qui allait chercher le panier surprise tous les mercredis vers 18 heures à la Courgette solidaire, le nom (véridique) de l'Amap proche de chez eux. Et pourtant... « Courgette solidaire, tu parles, courgette sournoise, oui ! rigole Rémi. J'en avais marre de trouver autant de cailloux que de carottes dans mon panier. Et puis, l'idée qu'on t'impose chaque semaine ton menu, ça me gonfle. » Du coup, Rémi va plus souvent chez Charlie, le boucher du quartier, qui vantait aux petites vieilles la qualité de la viande anglaise (« un régal et moins chère ») dès le lendemain de la levée de l'embargo.

Pour faire ses courses, la pintade verte a ses habitudes. Quand la vie chère n'est pas son problème, elle fait son marché bio aux Batignolles, place Brancusi et boulevard Raspail (le plus ancien marché bio de France, et sans doute le plus cher). Elle n'a pas son pareil pour s'y retrouver dans les farines T 80, T 130 et T 150 dans les rayons des magasins Naturalia. Quand elle a le temps, elle pousse jusqu'à Neuilly, Boulogne, Montreuil ou Ivry pour remplir son Caddie aux Nouveaux Robinson, la coopérative biologique vénérée par les Parisiens buveurs de lait de soja qui ont remplacé la lessive par des noix de lavage.

C'est à Montreuil, où cette coopérative a vu le jour il y a quinze ans, que Sophie a décidé de nous initier à la consommation écologiquement correcte. Auteur de nouvelles et de théâtre qui vit seule avec son fils de 10 ans, Sophie achète le plus souvent possible bio. « J'ai commencé quand j'étais étudiante, mais c'était trop cher. Je m'y suis remise plus tard. Aujourd'hui, c'est de plus en plus abordable. Ici, par exemple, ils ont un système de panier, une sélection de produits sur lesquels ils choisissent de réduire leur marge. » Peut-être, mais on a aussi vu un camembert à 5,45 euros et des couches jetables pour bébé à 15 euros le paquet de trente, pas exactement ce qu'on appelle bon marché.

Évidemment, le problème avec ce genre d'endroit, c'est que, à peine entré, on est assailli par un sentiment affreux de culpabilité en se disant que le reste du temps, on empoisonne sa famille. On visualise nettement le paraben et les pesticides courir dans nos veines et pénétrer nos pores. Alors, dans un excès de zèle, on se lâche sur le dentifrice à l'argile. Flop total à la maison (il faut dire que même goût ananas ou mentholé, c'est assez ignoble). Idem avec les pousses germées de brocolis et les graines de courge, qui ont fini moisies au fond du bac à légumes.

Ce jour-là, on y a croisé Hubert (aux Nouveaux Robinson, pas dans le bac à légumes !), un grand gars plutôt beau gosse, looké juste ce qu'il faut, qui venait se ravitailler en jus de bouleau. Un besoin urgent de se purger. On doit avouer que notre motivation a été stoppée net. Entendre Sophie et Hubert, qui nous avait proposé d'aller boire un café, comparer les vertus des cures de jus d'aloe vera, de sève de bouleau et d'HE (comprenez d'huile essentielle) de carotte, nous a plus donné envie de nous jeter sur le steak-frites bien graisseux (et pas du tout gaz à effet de serre compatible) des filles assises à la table à côté de nous. OK pour respecter la biodiversité dans son assiette, se laver au savon d'Alep et s'hydrater la peau avec Dr Hauscka, mais pour la purge, on passe notre tour.

Les Monoprix, et même les Attac, ont beau avoir des rayons bio de plus en plus fournis, l'Ecozac de Rungis a beau être en chantier dans le XIIIe, la première crèche écologique a beau avoir vu le jour en mars 2007 dans le XIXe, les cantines scolaires ont beau essayer de proposer des repas bio au moins une fois par semaine, et les BB rockers ont beau chanter *Mes vieux mangent bio*[1], les réflexes des Parisiennes en faveur de l'environnement sont encore limités. À Paris, on a plutôt la version glamour de la *green attitude*. Les pipoles, baskets Veja aux pieds, affichent leurs convictions écolos à la une des magazines branchés, les fashion victims portent des tee-shirts « God Save the Green » achetés chez Colette, les blogs éthiques foisonnent sur le Net, et les initiatives marketing je-me-sens-utile-pour-la-planète-en-recyclant-mes-vieux-tee-

---

1. Hepatite X, groupe de punk grunge prometteur de 13 ans de moyenne d'âge.

shirts sont de plus en plus nombreuses. « Avant, être écolo avait un côté ringard, aujourd'hui, c'est bien vu, relève Sophie. On a un peu l'impression que c'est uniquement parce que c'est à la mode. En même temps, si ça peut faire avancer les mentalités, tant mieux... »

La pintade verte sirote des smoothies Innocent, achetés au rayon vente à emporter, et des vins biologiques et naturels « qui font pas mal à la tête » (un argument de plus pour picoler sans se sentir coupable). Elle a même ses cantines biologiques : la Ferme et Bioboa pour déjeuner sur le pouce en semaine vers Opéra, Rose Bakery pour les brunchs du dimanche avec les bobos de SoPI[1], Bob's Juice Bar pour manger une soupe et boire un jus de fruit frais concocté par Bob, le New-Yorkais – forcément. Elle ne commande plus de thon rouge ni de cabillaud au restaurant, achète du lieu jaune chez le poissonnier et son pain dans des boulangeries bio comme Moisan.

Quand elle va sur ratp.fr, elle ne manque jamais de comparer les émissions de CO_2 sur son trajet, en transports en commun et en voiture, et ce n'est pas sans fierté qu'elle réalise faire cadeau de huit cent soixante-quatre grammes de dioxyde de carbone à la planète quand elle prend le métro de la porte de Pantin à Sentier. Elle ferme le robinet pendant qu'elle se brosse les dents mais elle est sans doute la dernière Européenne à prendre des bains. Au nom de la sauvegarde des nappes phréatiques, elle aurait mieux fait de garder le bidet pour ses ablutions essentielles.

---

1. SoPi pour South of Pigalle. On dit aussi NoPI pour North of Pigalle. Et même, depuis que certains Parisiens se sont mis à « manhattaniser » Paris à la sauce snob second degré, on parle de TROP KLASSE pour « Trocadéro Kleber Passy Est », de SARKO pour « Sablons Avenue du Roule Kleber Ouest », ou encore de CRAC pour « Crimée Riquet Après la Chapelle »...

Jésus dans nos assiettes

Dis-moi ce que tu manges et je te dirai qui tu es. Si c'est le cas, on peut vous dire que l'esprit chrétien souffle encore, droit et fort, sur la capitale. Les ouailles ont déserté les bancs des églises, mais elles rencontrent le Bon Dieu et ses saints au-dessus de leurs fourneaux. On ne veut pas jeter de l'huile (d'olive première pression à froid) sur le (pot au) feu, mais à l'heure où le débat sur la laïcité fait rage, la galette des rois est indétrônable des menus des cantines, et on mange toujours du poisson le vendredi. Et la Chandeleur, ahhh, les bonnes crêpes, on vous défie de nous dire l'historique et la symbolique de la fête religieuse. Par contre, pour la recette, on vous fait confiance.

On dit *bye bye* au proverbe « À la Chandeleur, grande neige et froideur », qu'on remplace par : « À la Chandeleur, jamais je ne renoncerai au beurre. »

Le « maque » de la pintade

Vendredi, j'ai épilé un maquereau. Je vous rassure, il s'agissait de la version comestible du maquereau. Le coup du *brazilian bikini wax* à un mac, y a qu'en France qu'on peut le faire. Et je dois dire que j'ai éprouvé une certaine jouissance à faire la peau à la pilosité maquerelle, c'est-à-dire à retirer une à une les arêtes

d'un poisson à l'aide d'une pince à épiler alimentaire.
Je ne savais même pas que cet ustensile existait avant
vendredi. Ce jour-là, j'ai aussi appris à piquer la parure
d'une lotte ! Traduisez : à dépecer une lotte.
Ma maîtresse en la matière s'appelle Marie.
Marie Chemorin. Une cuisinière, une auteur,
une artiste, une performeuse culinaire. Une ethno-
archéologue reconvertie en chef. Une personnalité
aussi bouillonnante et originale que tout ce qui mitonne
sur ses fourneaux. Depuis qu'elle a arrêté de voyager
aux quatre coins du monde, et notamment en Colombie,
Marie écume les fonds de mer dans ses casseroles.
Sa passion – culinaire –, c'est le monde marin.
Poissons, crustacés, coquillages. Elle en fait profiter
les autres, en étant cuisinière à domicile pour
des dîners privés ou des *happenings*, et en donnant
des cours de cuisine.
Vendredi dernier, elle inaugurait son atelier gastronomique.
Pas un simple cours de cuisine, plutôt un voyage culinaire.
L'atelier démarre à 9 h 30, par un petit espresso
chez Patrice, le patron de Litaliano, en bas de chez elle,
où elle se fournit aussi en parmesan et en riz carnaroli.
Ensuite elle nous emmène faire le marché
dans son quartier. Elle a ses habitudes au marché
Popincourt, sur le boulevard Richard-Lenoir, dans le XIe.
Baisemain du primeur à qui elle achète de la menthe
polio, blagues chez les maraîchères de Seine-et-Marne
qui produisent des fraises merveilleuses. Et surtout, arrêt
chez Lorenzo, le poissonnier. Grâce à Marie, j'ai enfin
assouvi mon fantasme océanique : rencontrer Lorenzo,
un personnage dont pas mal de Parisiennes m'ont parlé,
souvent qualifié d'odieux et de tyrannique mais dont
la qualité des produits justifie apparemment de se faire
traiter comme du poisson pourri. Avec nous, Lorenzo

est charmant, il se transforme en *showman*, blagues
grivoises et poses langoureuses entre une pintade et
un saumon entier.

Une heure et demie plus tard, nous sommes de retour
chez Marie, rue de la Folie-Méricourt, après un petit tour
à l'Izba, une épicerie russe où elle achète du maquereau
fumé et du pain noir. Dans l'entrée et dans le salon
de Marie sont pendus toutes sortes de tabliers. On en
choisit un en fonction de son humeur. Soubrette,
champêtre fleuri, rayé design, romantique en dentelle ?
Je prends la version SM, rose et noir. Pour épiler
le maquereau, ça s'impose, non ?

Le cours dure deux heures et demie. Variations autour
des produits de la pêche et des épices, l'autre passion
de Marie. Les épices, elle les « sniffe » ! (Et elle les
achète chez Goumanyat. Ah, le mélange Aphrodite !
Une révélation !) Au menu ce jour-là : risotto au shitaké,
tartare de maquereau frais et fumé à la laitue de mer
et au chou rave, salade d'herbes, carpaccio de lotte
au gingembre et à la sauce soja, lotte braisée, lotte en
papillote. C'est pas pour les touristes.

Marie nous apprend à improviser, à ne pas être
dogmatique, à ne pas suivre une recette à la lettre, à faire
confiance à notre instinct, à être créatif. Et aussi, en
bonne Française, à joindre l'utile au beau : « Moi, ce que
j'aime, c'est que ce soit beau, même avant d'être mis en
cuisson. L'esthétique, c'est primordial. »

Nadine, la caviste du Nouveau Nez, rue Saint-Maur,
nous a apporté l'apéro, un gris de l'Ardèche, non filtré,
légèrement pétillant. Sa robe trouble est troublante.

On passe à table. Je dois filer avant le dessert,
les fameuses fraises des petites dames du marché. J'en
pique une en passant. Il y a des jours où je me dis que ça
valait le coup de rentrer en France…

Suer est un terme réservé à la cuisson des oignons

Je suis secouée par ce qui vient de m'arriver. Vraiment secouée. Ma graisse aussi. Je viens de faire du Power Plate. Convaincue par une copine me répétant en boucle : « Mais si, j'te jure ça marche », j'ai décidé d'essayer. Au début je n'y croyais pas. Mais tout le monde me disait à quel point j'avais tort, mes copines, bien sûr, mais aussi un chirurgien très réputé sur la place de Paris (dont on taira le nom pour ne pas l'embarrasser, et pour éviter la mortification d'avouer qu'on a discuté Power Plate avec le docteur B.).

Je suis montée sur la machine, et là, Cédric, grand mec, jeune, beau, sympa et tout et tout, a appuyé sur le bouton. Le vibro-muscleur s'est mis en marche pour me marteau-piquer en ondes de choc de la tête aux pieds. Sur ce, mon coach m'a demandé de faire des exercices qui m'auraient de toute façon éreintée, même si la plateforme n'avait pas vibré. Mais, bon, si ça motive les Parisiennes de faire des mouvements de gym en étant vibraturée, pourquoi pas. Une drôle de formule, ce Power Plate, pas populaire pour un sou aux États-Unis. Forcément, c'est l'antithèse de la philosophie new-yorkaise « *No Pain, No Gain* », comprenez : « Pas de souffrance, pas de résultats. » Power Plate, c'est tout le contraire, prétendent-ils, c'est le « *No Pain, Yes Gain* » : le marteau-piqueur aurait la faculté d'activer les muscles sans trop en faire. C'est effectivement le credo du fitness à Paris. Oui, oui, on a bien compris que le sport c'est bien. De même que le tabac, c'est mal, et que le sucre, ça fait grossir. Mais de là à mettre tout ça en pratique, faut pas exagérer.

Les Parisiennes qui font du sport appartiennent à trois catégories. Si l'on exclut, évidemment, l'immense majorité qui ne fait rien ou à peu près rien, une catégorie sur laquelle on ne préfère pas s'appesantir. (Alors qu'on pourrait à son propos noircir ces pages d'exemples savoureux : Cécile, 33 ans, qui sort en moyenne quatre soirs par semaine, carbure au champagne et aux Malboro, et estime qu'être en stilettos sur le dancefloor jusqu'à 5 heures du mat, c'est sa gym ; Caroline, 29 ans, à qui l'on a offert un iPod et des baskets pour aller courir mais qui a « horreur du sport » et se sent « conne avec un jogging », et qui même si elle a adoré sa première séance de yoga n'y est pas retournée car « trop de contraintes, tu comprends » ; Deedee, 29 ans, qui avoue que ça lui arrive de zapper une séance de sport pour une séance de shopping en se disant que c'est pas grave car elle remontera à pied la rue Caumartin ; et bien sûr, toutes les femmes manucurées et brushinguées que l'on peut croiser, en tenue de sport immaculée, au très chic Paris Golf & Country Club de Rueil-Malmaison, « les Deauville » comme les surnomme une copine qui les côtoie tous les dimanches, adeptes du « sport en électrodes » tellement leurs tenues semblent n'avoir jamais servi !)

Trois catégories donc. D'abord, les Parisiennes à qui l'on a greffé le gène new-yorkais. Elles aiment VRAIMENT le sport, elles en font plusieurs fois par semaine, avec bonheur et sans arrière-pensée. Emma, quadra à l'allure altière, ne pourrait pas se passer de son jogging, un jour sur deux, dans les allées du jardin du Luxembourg.

D'ailleurs, elles sont plus de treize mille à courir chaque année à La Parisienne, une course de femmes de six kilomètres, alors qu'on ne vienne plus dire que les pintades ne se bougent pas. (D'accord, y en a quelques milliers qui viennent juste pour « participer », pour relever un défi entre mère et fille ou entre copines par exemple. Marie, ex-New-Yorkaise, marathonienne expérimentée, qui a couru pour la première fois La Parisienne en 2007, a noté quelques différences culturelles avec les courses d'outre-Atlantique. « À Paris, les filles courent avec des tee-shirts qui portent des inscriptions du genre "Si tu lis ce message c'est que je suis devant toi" ! Et puis, j'en ai vu plein se mettre du rouge à lèvres avant le départ et après la ligne d'arrivée ! Ah oui, certaines fument avant le départ aussi. »)

Ces accros à l'exercice étaient celles qui nous filaient des complexes en cours d'EPS et qui trouvaient ça super sympa de courir quarante-cinq minutes, même en plein hiver par moins dix degrés (vous vous souvenez que du temps « d'avant *global warming* », parfois il faisait moins dix degrés en hiver !).

Bref, de plus en plus nombreuses, mais pas la majorité...

Deuxième catégorie, les velléitaires. Depuis quelque temps, les clubs de sport de la capitale ne désemplissent pas. Tenez, si vous allez à l'heure du déjeuner au Club Med Gym à République, le cours de body combat fait salle comble. Mais voyez comme les marketeurs sont rusés. La chaîne ne s'appelle pas « Gym à gogo », ou encore « Fitness, abdos et biscotos », non non non, ça s'appelle Club Med, et si on vous dit Club Med, vous pensez... « vacances ». Donc reprenons : on va faire sa pause quotidienne vacances et l'on en profite pour faire un peu d'exercice. *Genius*. Bien sûr, la salle de sport *trendy* baptisée l'Usine est là pour ruiner notre démonstration, mais dans l'ensemble, les pintades locales sont des velléitaires du fitness.

Velléitaires dans leurs intentions, mais une fois dans la salle, elles assurent. Le cours body combat n'est pas rempli de neurasthéniques. Elles sont dynamiques et suivent avec entrain les directives du prof, un beau mâle venu d'Europe de l'Est qu'on rebaptiserait bien Joran. Le cours, super énergétique, en musique, combine mouvements de boxe et enchaînements chorégraphiques. Et comme ça s'appelle body combat, Joran demande à ses élèves de mimer : « Maintenant, de votre main gauche, vous attrapez la tête de votre adversaire par les cheveux et vous lui donnez des coups de poing avec la main droite. » (Hum, Joran, comment sais-tu quels muscles sont sollicités quand tu tapes sur la tête de ton adversaire ? Y a-t-il quelque chose dont tu veux nous parler ?) On se souvient qu'à New York, on avait assisté à un cours qui proposait un mouvement similaire et le prof avait suggéré : « Imaginez que vous êtes en train de scier une bûche. » On ne va pas ergoter. L'essentiel, c'est que le groupe musculaire deltoïde, dorsaux, triceps soit sollicité. Bûcheron, mercenaire, tant qu'on brûle des calories…

Là où les New-Yorkaises ont un rapport gymnique orgasmique, rares sont les pintades parisiennes qui prennent leur pied sur le tapis de course. Qu'est-ce qui motive l'oiselle à monter sur un vélo stationnaire ? C'est forcément plus complexe que la joie toute simple de pédaler. D'ailleurs, il est frappant de voir avec quelle rapidité les Parisiennes dégainent les bonnes excuses pour ne pas faire de sport : j'ai des problèmes de dos, de genou, de ventre, de pied. Ou encore, entendu pour de vrai : « Je ne peux pas faire du Power Plate parce que ça va faire bouger mon stérilet. » Celles qui veulent la bonne conscience, le *low impact*, on les trouve dans les cours de barre au sol, par exemple au Centre de danse du Marais. Une méthode qui devrait s'appeler sol sans barre puisque ça consiste à faire les mouvements que les danseurs classiques font à la barre, mais au sol, face à un miroir. La promesse : un corps élancé, des muscles fuselés, le tout en douceur, sans forcer, sans souffrir. « J'y vais deux fois par semaine, c'est mon opération "corps de rêve" », nous disait récemment une copine qui, après une expérience traumatisante chez une certaine Béatrice qui la torturait pendant le cours (parfaitement, c'est le mot qu'elle a employé), nous assurait avoir enfin trouvé son gourou.

Et la motivation, clé de voûte d'une activité sportive suivie et réussie ? Elle est souvent mince, plus mince que notre tour de cuisses, c'est dire. Anna, jeune pintade plutôt filiforme, à qui nous demandions au débotté quelles étaient ses motivations pour faire de la gym, nous répondait : « Clairement, la première raison, c'est les apparences... » et la réponse s'est arrêtée là... car force était de constater que de deuxième raison, il n'y avait pas. Et Anna de préciser : « Je n'ai pas besoin de perdre du poids, juste de me raffermir, donc en attendant, je camoufle ma mollesse sous mes vêtements. »

Enfin, au registre des filles qui bougent leur corps, il y a celles qui ne font pas de la gym, bien trop triviale. Elles ne font pas non plus de la musculation, du cardio ou du stretch. Elles ne font pas du fitness. Non, elles ont une « activité ». Un « moment » à elles. Pour rien au monde elles ne voudraient ressembler à ces pantins hystériques aperçus, de très loin, dans les cours de step au rythme d'un *trainer* qui n'a vraisemblablement appris à compter que jusqu'à huit, parfois douze, mais jamais au-delà ! Les

Parisiennes ont anobli la sudorification. Elles font de la danse, de la boxe, de l'escrime, ou même de l'équitation si elles sont proches d'un bois ou si leur grand-père est militaire de carrière et qu'elles ont encore le privilège de profiter du paddock de l'École militaire. Ou alors, elles font de la natation. Et là, on doit leur décerner une médaille. Parce que se mettre en maillot une fois par semaine au lieu de camoufler son corps sous ses vêtements, patauger dans la marre aux bactéries, risquer la verrue plantaire, ressortir avec les cheveux mouillés, les yeux rouges à cause du chlore, c'est un tel sacerdoce que ça doit être une passion.

Du coup, « je prendrai des profiteroles au chocolat, j'ai fait dix longueurs ce matin, j'ai le droit de prendre un dessert ». La voilà, la vraie motivation des Parisiennes.

Allez mes jolies !

Un endroit totalement improbable aux confins du XVIIe arrondissement, le long des voies de chemin de fer, là où le quartier compte encore son lot de carrossiers et de bars ayant échappé au temps. L'adresse est secrète, ou tout du moins confidentielle. Ici, on est entre soi. On n'est pas forcément connu, quoique, pas forcément branché, quoique, pas forcément fortuné, quoique.
Mais tout ça n'a aucune espèce d'importance.
Non, c'est autre chose qui lie toutes ces pintades venues ce soir dans ce lieu aux allures de cathédrale, un sanctuaire dédié à l'éducation physique, avec parquet de salle de basket au sol, miroirs aux murs

et sac de sable pour directs du gauche et uppercuts accroché dans le fond. Le maître des lieux : le très charmant François Rousseau, habillé en survêt, tout droit sorti d'une comédie des années 80 (heureusement qu'il a ce défaut, sinon, ce serait simplement intenable de faire de la gym avec lui).

François a repris la méthode que son père, Maurice, a inventée dans les années 30. Il est un professeur d'éducation physique, un poète des biscotos, un romantique de la sueur. Les yeux doux et rêveurs, les cheveux ondulés, il ne mélange pas les genres. Les garçons ont leurs jours, les filles les leurs. La voix ferme, presque d'un autre temps, il encourage ses élèves, telles des pouliches qui courent autour de la salle : « Allez mes jolies ! » Les jolies pouliches ont de 17 à 77 ans et, bon pied bon œil, sous le contrôle scrupuleux de leur maître à bouger, elles viennent entretenir leur forme physique. On verrait débouler Coco Chanel en turban et survêt de cachemire gansé qu'on ne serait pas surprises. D'ailleurs, on se demande si la vieille dame à notre gauche n'est pas sa cousine. Ici, bien sûr, pas de musique, pas d'encouragements exagérés. Tout est dans la mesure, la modération.

L'échauffement commence par un jogging de quinze minutes, puis on passe au jeu de ballon, une partie de volley. On pense que la cousine de Coco va se casser en mille morceaux, mais pas du tout, elle attaque et smashe la balle de l'autre côté du filet, marquant contre le camp adverse. Petite clameur dans la salle. Connivence. Si on est ici, c'est qu'on a passé le test, qu'on a été cooptée, qu'on fait partie de la bande. On laisse tomber les masques. Elles sont dermatologues, chefs d'entreprises, personnalités de la télé ou du cinéma. Les mères

y vont avec leurs filles. La plupart connaissent
François depuis plus de dix ans, certaines venaient
déjà du temps de son père. Et elles n'imagineraient pas
une seconde aller ailleurs pour faire du sport.
Pour la deuxième partie du cours, toutes les élèves
vont chercher des tréteaux et une planche. Elles y
grimpent et se retrouvent à un mètre du sol pour
continuer leurs exercices sur table. François explique :
« Sur la planche de bois, le corps garde une meilleure
posture. » C'est son père qui a mis cette méthode
au point. Une sorte de Pilates à la française, avec
un peu d'entraînement cardiovasculaire, un peu
de développement musculaire, un peu d'étirements,
et beaucoup de jeu. Comme un grand enfant, il fait jouer
ses « jolies ». Le cours dure plus d'une heure.
Si au début, on était vaguement sceptiques, à la fin,
on est vidées et conquises, d'autant qu'on ne s'est
même pas cassé la figure du haut de la table. Les abdos
sont anéantis et les fessiers demandent grâce.
Une fois les planches rangées, elles filent toutes
dans le vestiaire. À tour de rôle, elles sautent sous
la douche, on se refile les charlottes pour ne pas se
mouiller les cheveux, François fournit les serviettes et…
le champagne. « C'est toujours l'anniversaire de l'une
d'entre nous, alors après le cours, on boit un coup »,
explique Catherine. Comme un coq en pâte, François
se balade dans le vestiaire au milieu des photos de son
père en compagnie de célébrités, de ses « jolies »
à moitié nues, l'une rajustant un bigoudi, l'autre sa gaine,
et la troisième son string La Perla. On en profite pour
discrètement mater la cousine de Coco et en conclure
que c'est à François qu'elle doit sa forme. C'est promis,
on sera là toutes les semaines jusqu'à ce que la mort
nous sépare ! Champagne !

Bistrots, néobistrots et restos

Méli-mélo des endroits où nous aimons bien bien manger.

Bistrot Paul-Bert
18, rue Paul-Bert, XIe - 01 43 72 24 01

C'est le genre d'adresse qui nous rappelle pourquoi on est contentes d'être à Paris. Un bistrot patiné où l'on se régale d'une joue de bœuf confite, d'une entrecôte-frites maison ou d'un poulet au vin jaune et aux morilles. Très belle carte des vins. Formule à 16,50 € pour le déjeuner et 34 € pour le dîner (entrée-plat-dessert).

Ze Kitchen Galerie
4, rue des Grands-Augustins, VIe - 01 44 32 00 32

Les œuvres d'art (contemporaines) sont autant sur les murs (plusieurs expositions par an) que dans nos assiettes. On nage dans les marinades, les émulsions et les bouillons. Pas de doute, on est dans l'un des fiefs de la cuisine fusion parisienne, pimentée de racines, de rhizomes et d'épices venues d'Asie. Pas donné, mais on n'a rien sans rien. Menu à 70 €.

Hier et aujourd'hui
145, rue Saussure, XVIIe - 01 42 27 35 55

D'accord, il faut être perdu au fin fond du XVIIe (ou alors judicieusement conseillé) pour arriver jusqu'à ce petit restaurant, planqué dans un quartier plutôt sinistre. Mais vous ne regretterez pas l'expédition. Jolie déco – murs de brique et tons naturels –, accueil chaleureux et plats irréprochables, frais, de saison, raffinés sans être chichiteux… Délicieuses soupe de châtaignes et joue de veau le jour où nous sommes venues. S'il fallait encore trouver une raison de pousser la porte, alors ce serait le prix : formule à 20 € à midi, et 30 € le soir pour une entrée, un plat et un dessert.

Les Petites Sorcières
12, rue Liancourt, XIVe - 01 43 21 95 68

Le meilleur tendron de veau de notre vie. Ghislaine Arabian, l'ancienne chef étoilée de Ledoyen, a refait surface dans ce bistrot moderne à deux pas de Denfert-Rochereau. La carte se renouvelle tous les jours. Formule à 20 et 25 € à midi, le double le soir à la carte.

Hôtel Amour
8, rue de Navarin, IXe - 01 48 78 31 80

Une *scene to be seen* qui, en plus, nourrit sa pintade. Ce qui est dans l'assiette n'est pas d'une folle originalité, mais les produits sont de qualité. Le patio est hyper romantique, normal vu le nom du lieu.

Les Cocottes
135, rue Saint-Dominique, VIIe - 01 45 50 10 31

Pour des pintades, ça s'impose ! Des recettes de grand-mère revues et corrigées par Christian Constant (dont c'est la quatrième adresse dans la rue), servies dans des cocottes en fonte (Staub naturellement). Tellement moderne qu'il y a même un *take away* !

L'Avant-Goût
26, rue Bobillot, XIIIe - 01 53 80 24 00

Cuisine de ménage revisitée, sans doute l'un des meilleurs rapports qualité-prix de Paris, notamment la formule à 14 €

pour le déjeuner (menu du soir espoir à 31 €). C'est tout le temps plein. Si vous voulez goûter leur fameux pot-au-feu de cochon aux épices, réservez.

Le Mauzac
7, rue de l'Abbé-de-l'Épée, V^e - 01 46 33 75 22

Mauzac, c'est le nom du cépage principal du gaillac. C'est sans doute ce que vous boirez dans ce bistrot à vin qui sert une cuisine ultrafraîche et de saison (à 23 heures, la roquette avait encore des frémissements de jeune pousse !). Les préparations sont robustement exécutées avec une pointe d'exotisme bienvenu ici et là.

Les Saveurs de Flora
36, avenue George-V, VIIIe - 01 40 70 10 49

Flora Mikula est une pintade avec des racines provençales, ce qui ajoute encore une louche de chaleur et de spontanéité à sa personnalité. Son restaurant a des allures de boudoir, très fille, où le rose domine, mais où les hommes d'affaires du quartier viennent volontiers déjeuner. Chez Flora, on peut très bien manger (les trois œufs coque accompagnés de foie gras, de truffes et de cèpes, le cochon de lait rôti, la côte de veau fermière…). Dommage que ce soit parfois inégal (le baba au rhum était vraiment décevant, pour ne pas dire immangeable le jour où on l'a commandé). Un menu gastronomique à 36 € dans le Triangle d'or, ça ne se rate pas.

Café Panique
12, rue des Messageries, X^e - 01 47 70 06 84

Nous aimons beaucoup l'ambiance de ce restaurant-galerie, situé dans un ancien atelier de textile, au fond d'un couloir, dans une ruelle du Xe. La cuisine d'Odile Guyader, autodidacte, ex-prof d'allemand venue aux fourneaux à 36 ans, est très personnelle et féminine. Le rognon de veau rôti servi entier est un délice. C'est grâce à Odile qu'on a commencé à aimer les endives braisées… à l'âge de 30 ans ! 33 € menu carte, midi et soir.

La Boule rouge
1, rue de la Boule-Rouge, IXe - 01 47 70 43 90

Quand le désir de couscous monte, La Boule rouge est la réponse. Ici, il est servi à la mode juive tunisienne dans une ambiance familiale. Vous y trouverez aussi les incontournables de la cuisine tune, la mloukhia (soupe verte à base de feuilles séchées), le couscous loubia (aux haricots). Pour plus d'authenticité, il vous faudra sans doute aller à Sousse.

La Gazetta
29, rue de Cotte, XIIe - 01 43 47 47 05

Le chef, un Suédois qui revisite la Méditerranée, est sexy, très très sexy ! Mais ce n'est même pas ça qui attire les pintades comme des mouches dans ce joli bistrot déco années 30, à deux pas du marché d'Aligre. C'est tellement bon qu'on n'a absolument aucun scrupule à commander le menu de six plats.

Cantina Mundo
7, rue Marceau, 93170 Bagnolet - 01 43 63 26 95

Il faut savoir franchir le périph de temps en temps. Et ce restaurant de poche a l'énorme avantage, en plus de servir une cuisine *world food* savoureuse, d'avoir une cour arborée, tellement champêtre qu'on en oublie les vilaines tours Mercuriales qui ne sont pas loin.

Voici deux sites sur lesquels nous allons régulièrement piocher des idées de restaurants :
www.lefooding.com
http://chroniquesduplaisir.typepad.fr

Petite tournée des bars à vin

Parce qu'une Parisienne sans bar à vin, c'est aussi triste qu'un mois de mai sans manif.

Nono
43, rue de Tourtille, XXe - 01 43 49 37 79
Chez Bruno, qui est passé du salon de thé au salon de vin, on peut boire le vin (bio et de pays) sur place ou l'emporter. Et grignoter de la tomme de brebis, du lonzu et du saucisson d'âne.

Le Verre volé
67, rue de Lancry, X^e - 01 48 03 17 34
Une de nos adresses favorites quand on a un coup de blues et besoin (envie) de se remonter le moral avec un bon vin naturel accompagné d'une salade de museau vinaigrette et d'une andouillette. Mieux vaut réserver, difficile de se glisser au débotté, même à deux.

La Cloche des Halles
28, rue Coquillière, Ier - 01 42 36 93 89
On n'est pas dans le raffiné mais dans l'efficace, simple et bon. La déco a été récemment revue et corrigée (dommage),

mais la cloche surplombe toujours la façade. Ça s'arrose ! Patron, un pot de morgon !

Racines
8, passage des Panoramas, IIe - 01 40 13 06 41

On est sous le charme de ce minuscule bistrot à vin, ou « cave à manger » comme disent certains, situé dans le non moins charmant passage des Panoramas. D'abord, il y a l'accueil, adorable, avisé, ensuite la qualité des vins bien sûr, très pointus, et puis la viande d'Hugo Desnoyer, les légumes d'Alain Passard, mais surtout, surtout, il y a le lardo di Colonnata, un vice pour lequel on veut bien brûler en Enfer, du concentré de cholestérol (oui, mais que du bon, hein !), un lard gras italien macéré dans un mélange d'épices dans des cuves de marbre de Carrare. Un repaire de pipoles qui savent manger. La première fois qu'on y est allées, on est tombées sur Jean-Pierre Coffe, et sur Alix Girod-de-l'Ain qui dînait avec son astre, Didier.

Le Nouveau Nez
112-114, rue Saint-Maur, XIe - 01 43 55 02 30

Pour les conseils judicieux de Nadine Decailly. Une cave populaire remplie de vins de propriété conçus selon un procédé naturel.

Aux Enfants-Rouges
90, rue des Archives, IIIe - 01 48 87 80 61

On vient autant pour Dany que pour les choses délicieuses qu'il y a dans notre assiette et la carte des vins, impressionnante (ah les côtes roties !).

Le Baratin
3, rue Jouye-Rouve, XXe - 01 43 49 39 70

Ici, l'accueil bourru fait partie du concept. Une fois que vous avez fait votre trou, vous suppliez qu'on vous en remette une louche et une carafe tellement c'est bon. Raquel Carena, une Argentine qui ne s'en laisse pas compter, est aux fourneaux. Quand vous avez envie d'une bonne queue de bœuf bien fondante ou d'une côte de cochon fermier, c'est l'endroit où frapper.

Le Vingt 2
22, rue Desnouettes, XVe - 01 45 33 22 22

On vous l'accorde, il faut bosser ou habiter dans le quartier pour avoir envie de se traîner jusque-là. Mais ça vaut le coup ! Vins naturels, tartines, soupes et petits plats délicieux qui mettent en valeur le produit comme on dit aujourd'hui. Et ce qui ne gâche rien, on se sent tout de suite bien, à tailler le bout de gras en matant l'agitation en cuisine (ouverte sur la salle de briques apparentes).

Grignoter

Parce qu'il n'y a pas que les andouillettes dans la vie, la Parisienne aime aussi pouvoir avaler une soupe ou une tarte salée maison à peu près à n'importe quel moment de la journée.

Rose Bakery
46, rue des Martyrs, IXe - 01 42 82 12 80
30, rue Debelleyme, IIIe - 01 44 78 08 97

Cantine-épicerie-salon de thé bio britannique où le brunch du week-end est un *must do*.

L'Estaminet
Marché des Enfants-Rouges
39, rue de Bretagne, IIIe - 01 42 72 28 12
À nous la terrasse aux beaux jours, pour savourer une soupe à la courgette et au citron confit. L'hiver, on se replie à l'intérieur, tout aussi champêtre. Assiettes de charcuterie, de fromage, huîtres et plats du jour sains, accompagnés d'un verre de vin bio. « Buvez nature, mangez fermier ! » Au milieu du plus ancien marché de Paris : Boboland, ça a aussi du bon ! Et si vous avez plutôt envie de thé vert et de sashimis ce jour-là, nous vous recommandons le traiteur japonais du marché, Taeko, frais et vraiment délicieux.

Le Loir dans la théière
3, rue des Rosiers, IVe - 01 42 72 90 61
Un de nos QG parisiens, pour déjeuner, prendre un thé, bouquiner dans un fauteuil. C'est truffé de gourmandes qui prennent une salade de lentilles (délicieuse au demeurant) pour mieux se lâcher sur le dessert (ah, la tarte aux pêches rôties et au romarin !).

ChaCha
204, boulevard Bineau, 92200 Neuilly-sur-Seine - 01 47 22 58 85
Plein de gourmandises dans ce restaurant-salon de thé-épicerie, où l'on peut aussi acheter des objets rigolos.

Bread & Roses
7, rue de Fleurus, VIe - 01 42 22 06 06
Rien à voir avec le film de Ken Loach ! Les pintades pressées du VIe y déjeunent d'une bonne tarte feuilletée,

d'un assortiment de salades fraîches ou d'une douzaine d'huîtres Gillardeau.

Café du Petit Palais
1, avenue Dutuit, VIIIe - 01 40 07 11 41

Une pause enchanteresse dans le péristyle qui entoure le jardin intérieur du Petit Palais. On vient avec un bouquin, son amoureux ou sa cops, après avoir redécouvert les collections permanentes.

Coco & Co
11, rue Bernard-Palissy, VIe - 01 45 44 02 52

Bien sûr, il faut aimer les œufs puisque ce restaurant Mimi Pinson leur est presque entièrement dédié, mais pour une pintade c'est un peu obligé, non ? Voilà un poulailler de choix pour poser ses plumes. Le patron est avenant, ce qui ne gâche rien.

Savannah Café
27, rue Descartes, Ve - 01 43 29 45 77

Un vrai régal, les tapas du patron ! Il y a des gens qui aiment les gens, Richard Sahlani est l'un d'entre eux. On profite de ses origines libanaises pour déguster caviar d'aubergines, hummous, labné, kefta, et beaucoup d'autres spécialités méditerranéennes.

Les Deux Abeilles
189, rue de l'Université, VIIe - 01 45 55 64 04

À chaque fois qu'on vient dans ce salon de thé sucré-salé aux accents anglais, on se promet d'être raisonnable et de ne pas partir en *live* sur les pâtisseries. Peine perdue… C'est trop bon.

Café d'ArtCurial
7, rond-point des Champs-Élysées, VIIIe - 01 42 99 16 16
Même si vous n'avez pas les moyens de vous payer *Le Baiser de l'Hôtel de Ville* de Robert Doisneau (emporté en avril 2005 pour 185 000 €), rien ne vous empêche de faire un tour à ArtCurial, pour voir une exposition de pièces bientôt vendues aux enchères, passer une tête à une vente (on ne sait jamais, un petit collier pourrait vous tenter), apercevoir François Tajan ou une autre star du marteau, avant d'aller manger un morceau au café sous verrière de la maison. Toute une ambiance.

Commerces de bec

Le plaisir de la Parisienne gourmande, c'est de faire ses courses dans « ses » commerces de proximité. Mais pour manger un pain à la farine de châtaigne ou un saint-marcellin à la petite cuillère, elle est parfois prête à traverser Paris.
Alors voici quelques adresses de bouche recommandées par Sébastien Demorand, un journaliste qui aime manger et le raconter (entre autres sur les ondes de RTL). Certaines sont snobs, parce qu'elles valent le goût.

Fromagerie
Laurent Dubois
2, rue de Lourmel, XVe - 01 45 78 70 58

Fromagerie
Chez Virginie
54, rue Damrémont, XVIIIe - 01 46 06 76 54

**Les légumes
de Joël Thiébault**
http://joelthiebault.free.fr/

**Boucherie
Le Lann**
242 bis, rue des Pyrénées, XXe - 01 47 97 12 79

**Gilles Vérot
charcutier traiteur**
3, rue Notre-Dame-des-Champs, VIe - 01 45 48 83 32

**Caviste
Au bon plaisir**
104, rue des Pyrénées, XXe - 01 43 71 98 68

**Caviste
Les Caves du Roy**
31, rue Simart, XVIIIe - 01 42 23 99 11

**Pâtisserie
Pain de Sucre**
14, rue Rambuteau, IIIe - 01 45 74 68 92

**Boulangerie
Du pain et des idées**
34, rue Yves-Toudic, Xe - 01 42 40 44 52

Poissonnerie du Dôme
4, rue Delambre, XIVe - 01 43 35 23 95

La boucherie des Provinces
20, rue d'Aligre, XIIe - 01 43 43 91 64

Cours de cuisine

L'Atelier de Fred
Passage de l'Ancre 223, rue Saint-Martin, IIIe - 01 40 29 46 04

Fred, *globe cooker* qui crapahute à travers le monde pour s'inspirer des autres cultures, vous apprend « à épater vos amis sans flinguer votre samedi. On va au ciné, on fait du shopping et on cuisine ». On passe un très bon moment dans son atelier, passage de l'Ancre, le plus ancien passage parisien.

Ateliers enfants le mercredi et *cook dating* pour les célibataires le jeudi soir (réservé aux homos une fois par mois).

70 € pour 3 heures de cours et la dégustation du repas.

Marie Chemorin
Marie se sert de sa trajectoire professionnelle atypique (voir « Le "maque" de la pintade », p. 239) pour enrichir ses cours de cuisine et ses parcours gastronomiques.

90 € le cour, 125 € le parcours gastro.

www.marie-chemorin.com

L'école Ritz Escoffier
38, rue Cambon (par l'entrée de service !) - 01 43 16 30 50

L'occasion d'apprendre la tambouille sur des pianos de cuisine La Cornue (comme ceux du film *Ratatouille* !) dans un cadre mythique, en face des superbes cuisines du Ritz. Le programme change régulièrement et propose des thèmes

aussi variés que la pâtisserie, les accords mets et vins ou encore l'atelier réveillon. C'est très académique, mais pour celles qui ont le tempérament impressionnable…
Entre 100 et 135 euros pour 3 heures de cours et la dégustation.

Fitness

Club Med Gym
Adresses multiples.
Une chaîne à l'américaine. Du fitness, des cours d'à peu près tout : cardio, muscu, spinning, abdo-fessiers, des adresses partout dans Paris. C'est pratique et fonctionnel ; ouvert tard le soir et tôt le matin. Ça n'a pas le supplément d'âme des petites salles, mais c'est parfait pour brûler son lot quotidien de calories.

L'Usine
8, rue de la Michodière, IIe - 01 42 66 30 30
16-20, rue Quincampoix, IVe - 01 44 61 31 31
Ce club de sport est la crème de la crème du fitness *made in* Paris. L'endroit, dirigé par deux anciens du Gymnase Club, a gardé intacts les murs de pierres apparentes et les poutres métalliques. Les éclairages donnent une ambiance *loungy*. Les programmes et les cours sont pointus. C'est un peu élitiste et c'est un peu cher.

Élément
16, rue de la Grande-Chaumière, VIe - 01 53 10 86 00
Élément est le studio de yoga, de Gyrotonic et de Pilates des pintades de la rive gauche. La section Pilates est très bien équipée, vous trouverez Cadillac et Reformer de rigueur.

C'est le hatha yoga qui est enseigné. Le studio propose aussi des cours de danse orientale et des cours de Pilates pour ados. Fermé le dimanche et réservations indispensables pour tous les cours.

Le Centre de danse du Marais
41, rue du Temple, IVe - 01 42 77 58 19
Un endroit mythique, où l'on vient faire du classique, du hip-hop, du jazz et bien sûr de la barre au sol. Ne nous posez pas de question sur l'hygiène du lieu, ce n'est vraiment pas la question. Et une fois sur place, ne vous posez surtout pas la question. Concentrez-vous sur vos étirements.

François Rousseau
Sur cooptation uniquement. Si vraiment vous voulez le mot de passe, faites-nous signe sur le site des pintades, on verra ce qu'on peut faire pour vous.

Mairie de Paris
Les gymnases de la Mairie de Paris proposent tout un tas de cours partout dans Paris. Il y a notamment des salles spécialisées en boxe, en arts martiaux… Toutes les infos sur le site de la Ville de Paris, dans la rubrique sports.
www.paris.fr

Terrains de tennis de la Mairie de Paris
Quarante-trois centres couverts et découverts partout dans Paris. Entre 7,50 € et 14 € de l'heure.
www.paris.fr

Où s'ébrouer les plumes

Il y a 45 piscines publiques à Paris, d'accord elles ne sont pas toutes de la première fraîcheur et on n'exclut pas une verrue ou un *molluscum contagiosum* de temps en temps. Filez chercher votre bonnet de bain et vos lunettes, vous n'avez plus d'excuses, voici notre microsélection.

Piscine Pailleron
32, rue Édouard-Pailleron, XIXe - 01 40 40 27 70

Piscine des Amiraux
13, rue des Amiraux, XVIIIe - 01 46 06 46 47

Piscine Keller
14, rue de l'Ingénieur-Keller, XVe - 01 45 77 12 12

Piscine des Tourelles
148, avenue Gambetta, XXe - 01 40 31 15 20

Piscine de la Butte-aux-Cailles
5, place Paul-Verlaine, XIIIe - 01 45 89 60 05

Piscine Pontoise
19, rue de Pontoise, V^e - 01 55 42 77 88

Bah c'est à la 4e heure, quand ils ont apporté le phallus géant sur scène, que je suis partie.

Les pintades s'aèrent

La *night*

La nuit, enfin, la *night*, comme on dit ici, un monde en soi, avec ses codes, ses règles et évidemment avec ses tribus. Au fait, pour info, en anglais, on ne dit pas « *the night* », on dit « *nightlife* », comme dans « vie nocturne », mais bon, c'est juste une digression. Parce que honnêtement, que ce soit la nuit, *night*, la *nightlife*, la vie nocturne, ce qui compte c'est d'en être ou pas. Être un *insider*, un « du-dedans », avec code d'accès, mot de passe, login, trousseau de clés. Quelques règles de base qu'on avait bien comprises : venir à douze mecs un samedi soir vers 1 h 30 du matin, c'est pas une bonne idée.

Mais il y a évidemment des règles bien plus subtiles que ça… Tellement subtiles… Ah, si vous saviez combien elles sont… subtiles. Comme ce jour où, vêtues de nos tenues de soirée à la mode new-yorkaise, c'est-à-dire un tout petit peu plus *dressy* que l'uniforme de soirée parisienne – tee-shirt informe (mais griffé), jean taille basse (rebaptisé *whale tail*, c'est-à-dire queue de baleine, ou encore double fesse, rapport au string qui dépasse au-dessus du pantalon) et les inénarrables Converse –, nous voilà, la fleur au corsage (c'est une image, on vous promet qu'on ne portait pas de fleur piquée dans notre chemise, le camélia de Chanel était sagement resté à la maison…), nous voilà donc parties explorer la vie parisienne passé minuit et demi. Et là, devant le Mathis, endroit qui nous avait été vendu par les copines « bien introduites » comme

« un lieu qui compte », la porte s'entrouvre sur une blondeur peroxydée, les mamelles moulées dans un tee-shirt strassé barré d'une inscription DIOR, qui nous dévisage, de la tête aux pieds (oui, oui, nous insistons : nos pieds reçurent le même traitement que nos gueules, le « dévisagement » fut donc autant pédestre que facial). Et la dame de nous lancer, le zygomatique bloqué en position « hargneux », un très sérieux : « C'est pour qwaaa ? » « Euh, bah, on vient réparer la fuite d'eau dans les toilettes ? ! » avait-on envie de répondre. Le sarcasme est indubitablement *persona non grata* dans ce genre de situation. Inutile aussi d'insister, la dame ayant fort peu envie de se faire convaincre du bien-fondé de notre demande. C'est un peu comme essayer de faire entendre raison à une employée de la Sécurité sociale. Comme disait Horace, qui n'a jamais eu affaire à la Sécurité sociale : « La résignation allège tous les maux sans remède. » On ne nous y reprendra plus à sortir en *pretty dress* pour faire la fête à Paris.

Nous voilà donc vêtues de notre *skinny* jean et en route pour la Flèche d'or. La tribu qui y a élu domicile est boboïsante, musicophage et quarnorestienne[1]. Le territoire est largement plus ouvert, les valeurs qui priment : démocratie, tourment musical et facebookisme. Il suffit de répondre « *will attend* » et le tour est joué. Vous voilà sur la *guest list*. Enfin, en théorie.

La motivation est bigrement différente quand on va à la Flèche d'or, au Cha Cha ou au Baron.

Difficile d'arriver à la Flèche d'or au hasard. Généralement, on vient y écouter le tout dernier groupe d'electro ou de pop française (et néanmoins anglophone). Programmation pointue et looks à la hauteur des

---

1. Habitants du quart nord-est parisien.

événements, cheveux négligemment ébouriffés pour les garçons, pantalons aux poches surnuméraires et chaussures derby en cuir blanc étincelant pour les filles, façon rockabillies.

Ceux qui s'échoueraient sur cette rive du XXe un soir de programmation punk nihiliste à vous décoller les tympans auront au moins le plaisir de rentrer sans problème et pourront admirer la verrière au-dessus des rails désaffectés.

Et que les snobs londrophiles ou new-yorkophages ne viennent pas nous dire qu'il ne se passe rien à Paris. Oui, c'est plus confidentiel, moins *corporate*, et c'est aussi beaucoup plus sage que chez nos voisins d'outre-Manche ou d'outre-Atlantique. Les mélancoliques trentenaires (nous ?) pleurent encore la grande époque des soirées mousse au Queen ou les fêtes décadentes du Palace, où l'on croisait des barjots au quotien festif décuplé, qui incluaient Grace Jones, Jean Paul Gaultier et Roland Barthes totalement déjanté, et où les toilettes servaient à tout sauf à pisser. Certes, nous n'y avons jamais fait d'overdose (en tout cas pas de drogue et pour le reste, il y a prescription), mais ces excès de jeunesse nous laissent encore humides de nostalgie.

Le petit frisson de coquinerie aujourd'hui consistera à vous expliquer que la plupart des nouveaux clubs sont d'anciens *gentlemen's club*, des bars à hôtesses comme on dit, ou des symboles de la décadence passée, des anciens cabarets lesbiens par exemple.

Aujourd'hui, le show ne se passe plus sur le dancefloor ni sur les genoux des messieurs, mais dans la cabine du DJ. Être DJ, c'est être une star. Au panthéon des passeurs de disques, vous aimerez David Guetta, le blond deejay, mèche de côté et lunettes sombres, vous susurrant à l'oreille en rythme electro-pop *Fuck me, I'm famous*, ou Ariel Wizman, le brun deejay, mèche de côté et lunettes sombres, vous susurrant à l'oreille *Men Are Not Nice Guys*.

Mais celles qu'on préfère, ce sont les pintades DJettes. On ne les présente plus : Les Putafranges, Nadège Winter *aka* headbangirl, DJ Paulette. Depuis cinq ans, elles ont colonisé les tables de mixage des clubs de la capitale. Au menu, un son généralement plus joyeux que celui des boys. Et elles espèrent bien nous remettre sur nos pieds pour venir faire ce qui doit se faire dans un club. Draguer ? Non. Se droguer ? Non plus. Non, vous savez, bouger ses pieds en rythme et sur de la bonne musique. Nadège Winter, qui a été responsable de la com et des *happenings* de Colette, avait d'ailleurs réussi à entraîner les fêtards sur le dancefloor avec les Colette Dance Class. « J'aurais rêvé de faire *Fame*, c'est un vieux fantasme d'être en jambières toute la journée, confie cette Parisienne de 36 ans, dont la fraîcheur et l'enthousiasme démontrent qu'il n'y a pas que des chieuses râleuses à Paris. J'étais une inconditionnelle du Bal moderne à Chaillot il y a une dizaine d'années. On y apprenait aussi bien le menuet que le funk. Avec les Colette Dance Class, j'ai voulu offrir un espace qui ne soit pas académique, où l'on peut se lâcher sans être jugé. » Pour avoir testé une Colette Dance Class à feu le Paris Paris, on peut vous dire que c'est pas du chiqué, les gens sont là pour *shaker* leur *body*. Footloose, MC Hammer, Michael Jackson, Grease, hip hop, krump[1], et même Britney Spears, tout passe quand on est branché.

Le Parisien étant ascendant neurasthénique, très vite, il démode ce qui était à la mode, avec ce besoin impérieux de dire que oui, la première centaine de minutes c'était bien, mais finalement, non, c'est pas à la hauteur. On a même entendu dire que le Baron *himself* aurait du plomb dans l'aile. Et les marraines de la *night* se seraient penchées sur le berceau de chez Moune, un vieux de la vieille pourtant, temple des garçonnes et de leurs compagnes depuis 1936, mais récemment racheté par les deux Fairy Godmothers Lionel et André.

Est-ce que le Baron, flanqué du vigoureux Bak, saura pérenniser son statut de *king of la night* ? Réponse au prochain épisode.

Baronnie, terre imprenable

Un passage obligé, la référence en matière de clubbing. Le seul endroit où faire la fête à Paris… Tout est bon dans le Baron. À force d'entendre les autres en parler, nous sommes motivées pour aller découvrir cette terre de baronnie réputée hautement délectable. Mais la Baronnie est-elle terre imprenable ? On m'avait bien prévenue, il faut être introduite, que dis-je, initiée.

---

1. Pour ceux qui auraient raté *Rize*, le doc de David LaChapelle, le krump est une danse née dans les ghettos de L.A. dans les années 90.

Les pintades s'aèrent 273

Pas de problème, je connais plein de gens très bien
qui fréquentent des endroits très bien. Plein de potes
« qui-y-vont-tout-le-temps ».
Dring, dring... message, bip, répondeur. « Eh, j'aimerais
aller au Baron ! je peux venir avec vous ? » Pour avoir
prononcé cette phrase, c'est le goulag direct. Sans
passer par la case camp de redressement. La Sibérie,
que dis-je, l'Oural septentrional. Une bonne demi-douzaine
de copains qui jusque-là me trouvaient « super sympa »
mettent mon numéro sur leur *black list*. Une bonne âme
accepte quand même de me donner un peu de *feedback* :
« Le Baron... Ehhh, ça va être super dur, tu sais,
Bak, il est pas très facile. ». Bak, Bak qui, Bak quoi ?
Bak de fleurs, Bak à sable ? Je n'avais pas encore mesuré
l'ampleur du problème.
Persévérance est mère de tous les succès. Et si j'y allais
comme ça ? Peut-être avec une copine ? Tenue de pute-
à-frange, stilletos ultrafashion, par un soir de printemps,
je suis prête pour ma première rencontre avec B (comme
Baron, comme Bak, comme *Because-I'm-worth-it*).
Les cerbères sont en place, et le garçon à la mine pas
trop amène toise tout ce qui se présente devant sa
porte. Visiblement, quelques éconduits ne baissent pas
les bras. Devant le cordon rouge, ils poireautent en
espérant un changement d'humeur. Parfois ça marche.
Je suis venue accompagnée d'un couple, on est passés
à la jauge. D'une main, l'un des videurs me désigne :
« Toi, je te connais, tu rentres », de l'autre, montrant mes
amis : « Toi et toi, vous rentrez pas. » « Euh, ben en fait,
je sais pas d'où tu me connais puisque c'est la première
fois que je viens. Et puis j'ai pas trop envie de faire la fête
sans mes amis. » Adieu Baronnie, je reviendrai demain.
Les téléphones crépitent, les SMS se déchaînent.
J'ai trouvé un jeune et beau garçon, résident semi-

permanent du Baron, prêt à m'escorter. Cette fois-ci, sans ma bande. Rendez-vous pris dans une brasserie du pont de l'Alma à minuit. À 1 h 30, après avoir bu assez de Perrier-rondelle pour me distendre la vessie, je me retrouve sur le trottoir à attendre mon escorte qui n'en finit pas de me es.em.eser le même message toutes les dix minutes : « Je suis là dans dix minutes. » J'implore mon dicton favori : « Ne baisse pas les bras deux minutes avant le miracle. » Dan, mon escorte, finit par arriver, juste avant que je ne rentre en choc hypothermique. Trempée jusqu'aux os, perchée sur des plateformes à talons de dix centimètres, je parviens à marcher jusqu'à la terre tant convoitée. Le petit chapeau haut de forme illumine le bas de l'avenue. Allez, haut les cœurs, je suis avec un semi-résident. Mon entrée est assurée. Je me ressaisis. Je n'ai pas froid, je ne suis pas mouillée, je n'ai pas mal aux pieds. Je suis une déesse et je vais aller m'amuser dans l'antre parisien de la bonne humeur. Yeah ! Dan fait de son mieux. Bak, le torse musculeux enveloppé dans une veste croisée totalement chic, lunettes d'aviateur sur le nez, nous mate avec lenteur et certitude. Le doigt pointé sur moi, tel un Zola en pleine affaire Dreyfus : « Toi, j'te connais pas, tu rentres pas. » « Euh, mais monsieur Bak, hier votre collègue, il m'a reconnue. » La mâchoire carrée du monsieur m'oppose une fin de non-recevoir. C'est à ce moment-là que j'ai baissé les bras, donc deux minutes après le non-miracle, parce qu'à un moment, il faut bien baisser les bras. Trop envie de dormir, trop mal aux pieds, trop besoin de vidanger les Perrier-rondelle excédentaires. Je me suis juré qu'on ne m'y reprendrait plus.

Et puis, six mois plus tard, en virée nocturne avec une belle brune de mes amies, elle suggère : « Et si on allait au Baron ? » Ahhh non, pour me faire traiter comme une scrofuleuse candidate à l'immigration à Ellis

Island, je préfère passer. L'humiliation peut avoir ses charmes si elle est consentie, mais je ne suis pas assez intime avec Bak pour lui accorder ça. Ma camarade insiste, c'est l'été. Allez, pourquoi pas. On gare le scooter à dix mètres de l'entrée. On enlève le casque, on ébouriffe les cheveux. Dernière vérification dans le rétro d'une BMW garée dans la contre-allée. On y va.
Trois cerbères nous accueillent du traditionnel : « Oui, c'est pour quoi ? » Pas de sarcasme, pas de sarcasme, on n'est pas là pour réparer la fuite dans les toilettes, on est là pour s'amuser. Humilité, modestie, respect, sourire. Et là, miracle, un « Allez-y » nous pave la voie vers la tanière des branchouilles. Terre de Baronnie, attention, nous voilà !!! Dans le couloir-vestiaire, la vestiaire-girl avachie sur le canapé abrège sa conversation. « Bébé, j'te laisse, y a les premières clientes qui viennent d'arriver ! » Eh oui, ma condition d'entrée au Baron, c'était d'arriver en plein été et de faire l'ouverture ! Après avoir discuté avec Émile, jeune Libanais m'expliquant qu'il a pour mission de dépenser l'argent de son père parce qu'en essayant de lui en faire gagner, il en perd encore plus, bu une Piscine (du champagne s'accouplant avec des cubes de glace) et écouté Nena et ses quatre-vingt-dix-neuf Luftballons, j'ai décidé de laisser la Baronnie à ses nobliaux. C'est là que j'ai croisé Bak, dans le couloir. Quand il m'a vue, il a eu un haut-le-cœur.

Art tribal

Les Parisiennes n'ont pas attendu le musée du Quai-Branly pour être incollables sur les cultures tribales. Peut-être pas sur l'art sumérien, ni sur le runyankole, une langue bantoue parlée en Ouganda. Mais elles sont doctes sur la question des tribus parigotes. Sur la leur, mais aussi sur celle de leurs voisines. La tribu du Fooding, la tribu des bringueurs, la tribu des rallyes, la tribu des universitaires, la tribu du Baron, la tribu des intellos, la tribu des antitribus. Rien de très nouveau en fait, avant les parigots tribaux, il y a eu les templiers et les francs-maçons.

Michel Maffesoli, auteur de l'ouvrage *Le Temps des tribus*, explique sur le site de Bandista[1] – le *Who's Who* des tribus de branchés connus ou pas encore – que le phénomène, quoique ancien, est à son paroxysme. Voilà comment il explique la motivation à se tribuïser : « Il y a avant tout ce besoin d'être au centre de réseaux qui partagent ce même désir de se serrer les coudes, de vibrer ensemble, ou, pour reprendre une expression triviale, de "s'éclater". La créativité est en effet un moteur, mais il s'agit d'une créativité de l'instant, hédoniste, jouissive. La plupart de ces tribus n'ont pas de "pro-jet", au sens de projeter en avant un objectif et d'ajuster ses stratégies pour y parvenir. Elles appliquent plutôt une espèce de "carpe diem" immédiat et fertile. »

Les chefs des tribus sont parés de leurs pagnes, de leurs fourreaux péniens et de leurs plumes. Ils sont Matali Crasset et sa bande d'inventeurs, Lionel et André et leur clique de noceurs, Camdeborde et sa tribu de lécheurs de babines, Mouloud et sa moulouderie.

Centrée autour d'un territoire ou d'une activité, la bande est communautaire, identitaire. On est de la tribu du VIe ou du VIIe qui, malgré tout un tas de traits communs avec les habitants du XVIe, n'a « rien à voir avec ces gens de la rive droite ». Parce qu'appartenir, c'est déjà exclure

---

[1]. www.danslafamillebandista.com

les autres. La guéguerre est déclarée entre quart nord-est et quart sud-ouest. À chaque quartier ses sous-ensembles, ses codes, ses habitudes.

Dans les vieilles familles aristos et la grande bourgeoisie des quartiers aisés, le rallye est le rite initiatique par excellence de la jeunesse privilégiée. Ne faites pas comme une personne que l'on connaît et qui s'exclama, la première fois qu'elle entendit parler de ces sauteries : « Votre fille a 14 ans, et elle va participer à un rallye, mais elle n'a même pas le permis automobile ! » Il n'y a pas que le Dakar dans la vie des pintades tradi. Il y a surtout des rallyes qui portent des noms de pierres précieuses, de constellations ou d'oiseaux. Le principe est de permettre aux enfants de capitaines d'industrie et aux héritiers de se fréquenter, avec le but semi-avoué de favoriser les rencontres. Le permis de conduire n'est pas requis. Ça démarre à 12 ans avec les « rallyes sucettes », où les pré-ados apprennent à jouer au bridge, sortent au théâtre ou vont au musée ensemble. Vers 14 ans, ils prennent des cours de rock ou de paso doble (sans lequel ils ne seraient pas des êtres complets), à 18 ans, ils vont faire la teuf dans les grandes soirées, et à 20 ans, c'est fini. Le garçon étant, dans ces milieux aussi, une denrée rare, pour pouvoir s'inscrire dans un groupe, dès 7 ou 8 ans, chaque fille doit amener son lot de deux garçons.

Dans la tribu des rallyes, il y a bien sûr des sous-tribus, sinon ce serait trop facile. « Il existe deux types de rallyes, nous explique une mère qui s'apprête à recevoir, avec trois autres mamans, trois cent cinquante personnes pour leurs filles, ce que l'on peut qualifier de petit rallye. Ceux qui sont sélectionnés par l'argent, et ceux qui sont sélectionnés par le partage de certaines valeurs. » Comprenez qu'il faut que les enfants soient élevés chrétiennement, la conception du mélange étant, par principe, très étroite : « On se mélange, bien sûr ! On a plein de provinciaux, c'est une bouffée d'oxygène extraordinaire ! Ça désnobise les Parisiens et ça déprovincialise les provinciaux. On a aussi des étrangers, mais par cooptation, c'est un principe de caste. Par exemple, on est ravis d'accueillir nos cousins allemands. »

Et quand une tribu descend pour envahir le fief d'une autre, ça donne lieu à des conflits ouverts. Comme cette dame, grande bourgeoise tradi du VIIe arrondissement, qui s'exclamait au sujet d'une famille jet-set nouvellement fortunée et récemment installée dans son bastion cossu : « Ah ! Ils sont d'un commun ! Mais heureusement, ce n'est pas contagieux ! »

Quand elle n'est pas vectrice d'exclusion, la tribu peut être source de nouveau lien social. À l'heure où Internet est accusé de tous les maux de notre société, le site Peuplade propose justement d'utiliser la toile pour rencontrer ses voisins. Grâce à Peuplade, pour une fois, on se mélange. Sauf que, les Parisiens étant ce qu'ils sont, très souvent, les Peupladiens, comme ils se surnomment, finissent par rester entre eux. Et une tribu de plus !

Le phénomène identitaire peut bien entendu être religieux et ethnique. Dans la tribu des Juifs tunisiens, les Tunes, l'appartenance n'est pas élective. On a tous le cliché, renforcé par le film *La Vérité si je mens*, des Juifs tunisiens en vacances à Deauville. Le groupe se divise en sous-groupes, avec des notions fédératrices ultrapointues, comme par exemple le fait de presser du jus de citron sur ses grillades. Un signe de reconnaissance infaillible, qui ne fera que resserrer les liens entre membres du groupe. Notre copine Michèle, Tune assumée, adoratrice de l'agrume à peau jaune, transfusant le jus d'un demi-citron sur ses côtelettes d'agneau, ne peut pas s'empêcher de demander à sa compagne de dîner, d'un air presque inquiet : « Toi aussi, tu mets du citron ? » Répondre non aurait pu signer la fin de leur amitié. Autre pierre angulaire de la communauté : la passion pour l'harissa, qui transcende les religions pour simplement définir une origine territoriale, qui peut même être très lointaine, tunisien juif, arabe ou chrétien = amoureux de l'harissa. Le site communautaire des Tunes s'appelle d'ailleurs harissa.com et il recense fièrement tous les Tunes célèbres, Michel Boujenah, Éric Halphen, Gisèle Halimi, à qui on n'a jamais demandé s'ils aimaient le citron, mais on est à peu près sûres de la réponse.

Comme on est en France, la bouffe est forcément l'élément le plus fédérateur. Le Fooding, en sortant les chefs de leurs cuisines d'argent et en les faisant descendre dans la rue, a su s'engouffrer dans cette brèche pour rallier ses troupes. Des événements gratuits, où l'on peut déguster des concoctions de grands chefs et goûter des bons vins, ça ne peut que rassembler !

Il y a tellement de groupes, tellement de bandes, de tribus, à Paris vous trouverez forcément la vôtre.

À Pornic...

Vu d'ailleurs, en particulier des États-Unis où les gens hésitent à prendre leurs deux semaines de congés payés de peur de passer pour des fainéants bons à rien, les vacances à la française, ça fait rêver. Surtout quand on est parisienne et que, d'un coup de TGV ou de voiture, on peut se retrouver à manger des huîtres à Cancale, des oursins sur le port de Cassis, des crevettes chaudes à Honfleur, une choucroute à Strasbourg, un turbot à l'huile de l'Ostal et croque au sel chez Thierry Marx à Pauillac ou un jambon persillé à Beaune. Mais qui dit partir, dit sortir de et rentrer dans Paris ! Se retrouver sur les routes, dans les gares, dans les aéroports, sur les plages et sur les pistes de ski avec tous les amis de la zone C (plus les autres). Ah, le bonheur de prendre l'A10-A6 avec les juilletistes ou les aoûtiens ! On a beau dire que les Français prennent moins de vacances, les Parisiens donnent l'impression de toujours partir quelque part. Et en meutes en plus.

La première (et dernière) fois que je suis arrivée la bouche en cœur au comptoir de l'ESF des Arcs 1800 pour inscrire Loulou aux cours collectifs, le samedi de la deuxième semaine des vacances scolaires de février, on a cru que la mâchoire de l'hôtesse allait se décrocher : « Ah mais madame, nous n'avons plus AUCUNE place chez les flocons. Il fallait nous appeler au mois d'octobre ! »

On a dû s'y résoudre, la seule façon d'éviter la crise de nerfs, c'est de s'organiser. Pintade échaudée craint le débotté... Une fois mères, les Parisiennes deviennent des *control freak*. Il faut dire que les vacances scolaires, ça revient toutes les six semaines. « J'ai compris, à mon corps défendant, que le point clé, c'est l'organisation, me briefe Cécile, mère de trois filles de 16, 13 et 10 ans. Si on n'a pas de maison de vacances familiale et qu'on dépend des locations, il faut anticiper. Là par exemple, il faudrait déjà que j'aie booké Noël. » Je précise que nous sommes en train de déjeuner à la terrasse de Bread & Roses au début du mois de JUIN. « Mais tout est comme ça à Paris, achève de me démoraliser Cécile. Il y a plein de choses à faire, notamment avec les enfants, il y a une offre culturelle incroyable, mais oublie la spontanéité. En ce moment par exemple, j'ai très envie de voir l'exposition Peter Doig au musée d'Art moderne, je sais que je ne pourrai pas y aller sur un coup de tête et qu'il va falloir que je réserve à l'avance sur Internet. » Je prends des notes pour les prochaines vacances à la neige : louer le matériel de ski sur Internet, réserver une chambre dans un hôtel de la vallée pour y dormir le vendredi soir et décaniller à l'aube, s'arrêter au dernier Super U avant de monter dans la station… Euh, ce serait pas plus simple de faire louper une semaine d'école aux enfants ? (En France, on ne risque pas encore des amendes pour ça, comme dans les pays nordiques.)

Finalement, ne vaut-il pas mieux oublier les grandes stations de ski, les lieux de villégiature renommés pris d'assaut, et miser justement sur l'improvisation ? « À votre avis, je pars à Naples ou au pôle Nord cet été ? » nous demande Rosalie, 44 ans, qui, comme chaque année, hésite encore, à deux jours du départ, sur le lieu où elle ira prendre l'air avec sa fille de 13 ans. Elle a finalement renoncé à aller en Laponie, « trop d'usines Findus ». À la place, comme elle n'a pas un radis, elle a trouvé « un plan covoiturage super sur Internet pour aller jusqu'à Stockholm en passant une nuit à Copenhague ». De Stockholm, elle prendra le bateau pour la Finlande, mais malheureusement, elle arrivera trop tard pour participer au fameux championnat annuel de lancer de téléphones portables de Savonlinna. Son fils de 19 ans, lui, est parti pour Istanbul avec sa copine, en stop et carte InterRail. Pas de festival de fanfares à Guča (prononcez « Goutcha ») en Serbie pour eux cette année, « trop de nationalistes serbes et trop de bobos français ».

Les Parisiennes habitent au cœur d'un pays jacobin, elles sont donc au centre du monde (qui a dit ethnocentrisme ?), ce qui a le don d'exaspérer leurs compatriotes mais leur ouvre « le champ des possibles », sans avoir à connecter. Les Alpes, les Pyrénées, les Cévennes, la Provence, la Dordogne, Biarritz, Ferret, Dinard, Honfleur, la Bourgogne, la Côte d'Azur… Certaines se shootent aux embruns et à l'iode, d'autres font une cure de chlorophylle ou d'oxygène. À moins qu'elles ne prennent un avion pour New York, une île grecque ou, pour les plus en pointe et les plus en fonds, l'archipel de Los Roques, au large du Venezuela.

Et puis, il y a les Parisiennes, nombreuses, qui ne partent pas en vacances. Par manque d'argent ou par choix. « Les gens s'étonnent toujours que vous ne quittiez pas Paris l'été, sans comprendre que c'est précisément parce qu'ils la quittent que vous y restez », écrivait Henry de Montherlant. Ça n'a pas changé. Au mois d'août, le Paris d'aujourd'hui n'est plus le Paris désertique de René Fallet, mais essayez, la deuxième semaine d'août, de vous acheter une paire de chaussures rue du Cherche-Midi ou de trouver une boulangerie ouverte dans votre quartier, pour voir.

Saint-Trop versus Ré

Pour les serviettes de plage, il y a deux écoles. Comme on est Rolling Stones ou Beatles, slip ou caleçon, rasoir ou cire, Mac ou PC, on est île de Ré ou Saint-Tropez.

Saint-Tropez, ça s'écrit bling, bling et re-bling

Le nom l'évoque depuis suffisamment de décennies : fêtes, yachts, *show off*, parties, *clubbing*. On ne vient pas à Saint-Trop pour faire une cure de detox, ni pour écouter le silence. À Saint-Tropez, on n'est pas en pays amish, mais ce n'est pas non plus Las Vegas. Les pintades parisiennes en villégiature se démarquent d'Igor, Boris et Miroslava, leurs voisins de serviette (griffée Bolce & Daggana, forcément, c'est une fausse !). Saint-Trop est inséparable des fêtes, comme Christine Boutin est inséparable de son livre de messe. Mais Saint-Trop est aussi beaucoup plus complexe que ça. D'abord, il y a plein de tribus qui coexistent (en fait c'est la même, mais ne leur dites pas, ils se croient tous uniques et tellement différents des autres). Ce qui définit un Tropézien, c'est la plage qu'il fréquente et les sandales qu'il porte. Si votre amoureux vous demande si vous préférez aller à Tahiti ou à Montréal, ne regardez pas les horaires de vols pour Papeete, ni pour le Canada. Enfilez votre maillot et filez à la plage de Pampelonne. Pour une peopelade sur le sable, dites-lui que vous voulez aller au Club 55, vous y verrez peut-être Keanu Reeves se repoudrant le nez dans les toilettes, Catherine Zeta-Jones et son *hubby*

Michael Douglas, ou Jerry Hall (chaque année, les noms changent, l'ambiance perdure). Commandez le panier de crudités à 80 euros pour quatre, c'est le concombre le plus cher de France ! Si vous allez à Saint-Trop depuis plusieurs générations, alors, on vous retrouvera sans doute à la plage des Salins, en train de manger une daurade pour deux à 75 euros chez Manu (*a bargain, honey !*) et de complaisamment siphonner une bouteille de rosé.
À l'heure de l'apéro, c'est ab-so-lu-ment consensuel, vous irez boire votre pastis chez Sennequier.
Le vrai débat de fond qui animera vos vacances : où acheter vos tropéziennes (les sandales, pas la tarte). Rondini ou K. Jacques ? Ce débat a déjà été évoqué dans ce livre, page 57. Puisqu'il faut trancher : c'est chez Rondini qu'il faut aller. Et s'il fallait davantage d'arguments pour vous convaincre, voici quelques raisons supplémentaires qui devraient lever vos dernières hésitations. Chez Rondini, vous serez reçues comme des pintades dans un jeu de quilles. Vous devrez attendre une heure qu'un vendeur daigne s'occuper de vous par trente-cinq degrés (un ventilateur mais pas d'air conditionné dans la boutique). Et surtout ne vous avisez pas d'essayer les modèles d'expo, même si c'est votre pointure. Le soulier doit être talqué avant que vous ne l'enfiliez, d'ici que vos méprisables cors et vos odieux durillons rayent le cuir des sandales... Inutile d'essayer de resquiller, c'est seulement rue Georges-Clemenceau que vous pourrez vous les procurer. Alors prenez un ticket et faites la queue, comme tout le monde. Vous ne le regretterez pas.
Enfin, ce qui fera de vous une Tropézienne à part, c'est l'endroit où vous faites la fête. Certainement pas dans un lieu public. Il vous faudra cultiver vos relations et être invitée à des fêtes privées qui rivalisent de fastes et de somptuosité.

Car bien sûr, être à part, faire la fête entre soi, c'est le *must do* à Saint-Trop.
Non, pour de vrai, ce qui fera de vous une pintade vraiment à part, c'est si vous trouvez un kilo de tomates à moins de 10 euros. Et si vous y parvenez, soyez chic, faites-en profiter les autres.

Plus rétais que les Rétais

Le sable huguenot oblige à une certaine sobriété. Si l'on va passer ses vacances à Ré, on a ses snobismes, le comble du snobisme étant d'avoir l'air plus rétais qu'un Rétais. Contrairement à ce que laisse penser la lecture des magazines, l'île n'est pas qu'un repaire d'intellos chics du VIe et du VIIe et de célébrités. Sur les pistes cyclables qui traversent les marais salants, on croise aussi les cong'pay issus de 36, les campeurs et les Rétais de souche, bon pied bon œil sur leur vélo à 90 ans. Pas de pub (interdite sur toute l'île), pas de bord de mer bétonné. Du bon goût, rien que du bon goût. La règle de base est de se fondre dans le paysage. La tenue de camouflage la plus appropriée, c'est la vareuse délavée par les embruns et la bicyclette bleue, rouillée juste ce qu'il faut.
Une fois n'est pas coutume, ici, la pintade en vacances est à la cool. Elle fait son marché, si possible à Ars-en-Ré, l'un des villages du nord de l'île, ou à Bois-Plage, où elle a la bonne surprise de ne pas se faire totalement arnaquer par les petits producteurs, même en pleine saison, et de dénicher des Petit Bateau dégriffés à 3 euros. Pendant ce temps, les loulous font un tour de manège et tentent d'attraper la queue du Mickey (la probabilité pour un gamin de gagner un tour gratuit étant proportionnelle au charme de sa mère...). Elle déjeune sur le pouce, une tomate à la croque à la fleur de sel, ou une douzaine

d'huîtres en direct de chez le producteur. Dans l'après-midi, elle va jeter un œil aux progrès du petit dernier, à la base nautique ou au club de tennis, totalement décontractée car sur l'île, pas besoin de faire le taxi comme à Paris, les enfants sont autonomes très vite. Si l'on est initié, c'est à la plage de la Conche, à côté des Portes, ou à la plage des Prises, à la Couarde, que l'on doit étendre sa serviette, si possible à des horaires décalés par rapport à la plèbe, ce qui permet de se poser à deux cents mètres du voisin, qui, comme vous, a son emplacement de serviette moulé depuis 1920. On est tellement nature qu'on se change en offrant ses fesses à l'immensité de l'océan. Il y a aussi la plage des Moulins, à Ars, qu'un éclaireur attentionné a bien voulu nous faire découvrir en fin de journée. Un bain divin dans une eau divine en compagnie des bars et des daurades.
Après, on peut aller au bar du coin justement, boire l'apéro aux Frères de la côte, l'institution locale où Lionel Jospin et son beauf, Jean-Marc Thibault, ont leurs habitudes. Évidemment, on n'accoste pas Lionel, on ne le regarde même pas tellement on a bien intégré les codes locaux de discrétion (idem quand on croise Régine Deforges ou Sonia Rykiel et sa bande, logée à l'hôtel le Sénéchal, attablées au café du Commerce, sur le port).
Si vraiment on veut se montrer (une fois de temps en temps, ça ne compromet pas sa réputation rétaise), on va dîner au Bô, à Saint-Martin, boire une coupe de champ au Boucq' (attention, là, vous frôlez dangereusement le tropézianisme) ou s'encanailler avec les saisonniers et la jeunesse dorée, débraillée et gominée au Pergola, l'une des rares boîtes de nuit de l'île.
On rentre à Paris par le même TGV que Vincent Lindon (mais là, rien n'empêche de le mater), gavée d'huîtres, en croisant les doigts pour que les *crepidula fornicata*,

ces petits mollusques gastéropodes au nom évocateur, ne bouffent pas tout le plancton des huîtres à force de se reproduire.

Politique d'émigration

L'émigration, un vrai problème à Paris. On veut parler bien sûr de ces transhumances cycliques de fin de semaine vers les maisons de campagne alentour. Migratrices chaque week-end, les Parisiennes vont chercher un peu de pâturages placides à l'extérieur de Paname.

Car si elles sont ultracitadines et à tendance dépressive quand on les prive de bitume trop longtemps, elles ont tout de même besoin de prendre l'air, et dès qu'elles le peuvent, elles investissent dans une maison de campagne (ou alors, elles squattent celle de leurs copains).

Là, la pintade des champs s'invente une vie de gentlewoman farmeuse. Elle est grande amie avec les fermiers du coin, chez qui elle se fournit en œufs frais, en salades et en occasionnelles volailles, qu'elle trouve un peu trop coriaces mais qu'elle s'obstine à manger parce que c'est bon pour l'environnement. Elle va bien sûr cueillir des champignons dans la forêt, en priant pour ne pas envoyer sa famille six pieds sous terre avec une malencontreuse amanite phalloïde. Ses bottes ne sont jamais loin, surtout si en plus de chevaucher son bonheur champêtre, elle aime aussi chevaucher Jolly Jumper. Chez certaines, l'odeur du crottin suscite des frissons à la limite de l'orgasme. Les plus chics d'entre elles se joindront aux chasses à courre de Sologne ou de la forêt de Rambouillet. Une affaire tout à fait privée qui se poursuit avec un dîner de chasse que sa majesté *The Queen* ne réprouverait pas.

Toutes les pintades ne sont pas chasseresses, Dieu merci pour les sangliers. Le grand air, c'est aussi idéal pour vous mettre un pintadeau en appétit. Les pieds dans la gadoue, le petit de la pintade va apprendre à grimper aux arbres et à faire des cabanes.

Mais à peine arrivés qu'il faut déjà repartir, le dimanche pas plus tard que 10 heures du matin ou alors pas avant 23 heures. Sinon, ce sera trois heures dans les embouteillages. On en connaît qui ont mis six heures pour rentrer de Normandie. Six heures, c'est le temps de vol Paris-New York. Après quarante-cinq minutes bloquée au triangle de Rocquencourt, à écouter les FIPettes se moquer gentiment de vous dans le poste, vous serez sans doute au bord de l'infanticide quand Fiston vous demandera pour la cent-cinquantième fois : « Quand est-ce qu'on arrive à la maison ? » Le week-end prochain, vous vous promettez de miser sur un programme culturel intra-muros, avec balade aux Tuileries et musée, mais on vous prévient, pour peu que le soleil brille, ce sera deux heures de queue.

Dîners en ville

Les Parisiennes aiment refaire le monde. Et tant qu'à faire, autour d'une bonne bouffe. Les dîners en ville, voilà un art dans lequel elles excellent. Un concentré d'art de la conversation et d'art de vivre. On a lu dans le cahier « Styles » de *L'Express* que c'était « le grand retour des dîners en ville ». Pourquoi, ils avaient disparu ?

Parce qu'elle a retenu les leçons de savoir-vivre de la baronne Staffe[1], la pintade invite « huit jours d'avance,

---

1. *Usages du monde, Règles du savoir-vivre dans la société moderne*, publié en 1891 et réédité en 2007 dans la collection Texto aux éditions

par oral ou par écrit ». Mais elle est parfois à deux griffes de rendre son tablier quand au bout du dix-huitième e-mail intitulé « Dîner à la maison le 20 février ? » (même pas un samedi), elle réalise qu'entre les week-ends à la campagne, les obligations professionnelles et les vacances scolaires, il est impossible de réunir ses six amis avant le 2 avril. Comme elle n'est pas dépourvue d'humour, la veille du rendez-vous pris des semaines à l'avance, elle se fend d'un *reminder* : « Chers amis, il y a quelques années, nous avions prévu de dîner chez nous demain soir. Bon ben voilà, on y est, c'est demain quoi ! Si vous êtes toujours partants, nous vous attendons au... » En priant pour que les baby-sitters ne fassent pas faux bond.

Par esprit de rébellion, ou par snobisme, la pintade peut aussi convier au débotté. Un peu comme pour le billet d'avion soldé sur lastminute.com, elle mise sur un coup de bol. Ou sur sa popularité.

Les Parisiennes ne vivent pas à l'espagnole, mais elles invitent rarement à dîner avant 20 h 30. Et LA faute de savoir-vivre, c'est d'arriver à l'heure. Vingt minutes de retard, c'est le minimum syndical. De toute façon, il faut généralement une heure pour traverser Paris, donc pas besoin de trop se forcer. Pour peu que vos amis aient le bon goût, de plus en plus fréquent, de vivre de l'autre côté du périphérique, vous frisez facilement l'incorrection d'arriver avec une heure de retard. Les règles de savoir-vivre de la baronne Staffe semblent alors *sooo last* siècle : « Les invités arrivent quelques instants (dix minutes, un quart

---

Tallandier, est un manuel de savoir-vivre délicieusement suranné, écrit par la baronne Staffe (un pseudo derrière lequel se cachait Blanche Soyer, célibataire modeste sans aucune goutte de sang bleu, qui vivait dans son pavillon de Savigny-sur-Orge).

d'heure) avant l'instant fixé, jamais après. » Comme, par principe, on prend l'apéro, qui peut s'éterniser si on a déjà commencé à aborder, pêle-mêle, la hauteur des talonnettes de Sarko et la sévérité des instits en primaire, on passe rarement à table avant 22 heures. Un traitement qui frôle la maltraitance pour les pintades qui ont un bon coup de fourchette et qui, ayant arrêté de fumer, se rattrapent sur le vin…

Il y a les dîners entre potes, où l'on refait le monde en se reversant un coup à boire. Et puis il y a les « dîners parisiens », les fameux dîners mondains qui font fantasmer les copines de province – oups pardon, on voulait dire des « autres régions » – parce qu'il y a toujours quelqu'un qui sait ou croit savoir. Quelqu'un « au bord des milieux autorisés », comme dirait Coluche. On est à Paris, c'est pas si grand.

Désolées de vous décevoir, mais les dîners en ville ne ressemblent pas tous aux castings de « 93 Faubourg-Saint-Honoré », feu la table d'hôtes cathodique de Thierry Ardisson, diffusée sur Paris Première, qui comptait parmi ses habitués Frédéric Beigbeder, Ariel Wizman, Laurent Baffie ou encore François Berléand.

Mais, comme Ardisson, les Parisiennes se délectent à l'idée de mélanger les genres et les réseaux. Si, en plus, un journaliste, un animateur de télé, un avocat de renom, un écrivain, un conseiller politique ou un comédien fait partie des invités (la décentralisation n'ayant pas favorisé l'expatriation des people en région, sauf pendant les vacances), c'est la cerise sur le gâteau qui permet de raconter les derniers potins mondains le lendemain matin à la machine à café.

Encore une fois, prenez la baronne et retournez-la : « Les amphitryons s'efforcent de porter la conversation sur des sujets neutres, mais agréables et frais, si faire se peut. Les arts, la littérature, les voyages, etc. fourniront la matière. On éloignera soigneusement la politique, source d'ennui pour les femmes et de mauvaise digestion pour les hommes. » Madame la baronne, tant pis pour les flatulences, aujourd'hui, sexe, politique et bouffe, voilà le trio gagnant d'un dîner réussi. Le vin et la bonne chère aidant, les langues se délient vite. L'autre ingrédient essentiel, c'est la joute verbale. L'affrontement, le débat. Par conviction ou par simple amour de la rhétorique, on s'engueule aussi fort sur « faut-il mettre des champignons dans la blanquette » qu'au nom des utopies. Parfois, ça tourne au combat de coqs : des ego qui s'affrontent, un dîner un peu trop arrosé, et on est bon pour débriefer le lendemain par téléphone pour comprendre à quel moment ça a dérapé.

Louis Sébastien Mercier, écrivain prolixe de la fin XVIIIe, début XIXe siècle, n'aurait certainement pas décrit différemment les conversations d'aujourd'hui : « Avec quelle légèreté on ballotte à Paris les opinions humaines ! Dans un souper, que d'arrêts rendus ! On a prononcé hardiment sur les premières vérités de la métaphysique, de la morale, de la littérature et de la politique : l'on a dit du même homme, à la même table, à droite qu'il est un aigle, à gauche qu'il est un oison. L'on a débité du même principe, d'un côté qu'il était incontestable, de l'autre qu'il était absurde. Les extrêmes se rencontrent, et les mots n'ont plus la même signification dans deux bouches différentes[1]. »

Le seul problème, et on parle en connaissance de cause, c'est que, lorsqu'on évolue dans les cercles initiés des journalistes, on quitte parfois la table avec la désagréable sensation d'être incollable sur les derniers potins (les robes Yves Saint Laurent que Rachida Dati n'a pas rendues, la dernière aventure amoureuse de cette journaliste de télé très connue dont tout le monde sait à Paris qu'elle est lesbienne mais qui n'a pas fait son *coming out*), mais de ne pas savoir comment vont les personnes avec lesquelles on vient de passer trois heures.

Bien entendu, les conversations peuvent aborder des thèmes plus « terre à terre ». Le prix du mètre carré occupe par exemple une place de choix dans les dîners. Vient toujours le moment où l'on défend son quartier « village » et où les Parisiens révèlent leur esprit de clocher : « Le XVe, c'est bien, mais Paris c'est mieux ! » « Je t'assure, le coin du VIIe où l'on vit, près du boulevard des Invalides, est très sympa, beaucoup moins caricatural que la rue du Bac. Nous avons nos HLM, tu sais ! » « Moi, ce que j'aime dans le XXe, c'est la mixité sociale. »

Si les convives « font curé » à la fin du repas, si les conversations se prolongent, c'est signe d'un dîner particulièrement réussi. Ce n'est vraiment pas le moment de vous mettre à débarrasser la table et à faire ostensiblement la vaisselle pour faire comprendre que vous êtes épuisée ! À Paris, on peut discourir, parler, jaser, cancaner, deviser, converser, papoter, causer, jusqu'au bout de la nuit.

---

1. Louis Sébastien Mercier, *Le Tableau de Paris*, 1782, réédité par La Découverte en 2006.

L'exception culturelle parisienne... pardon, française

Paris centre du monde et des affaires culturelles. André Malraux nous a laissé dans l'illusion d'une grandeur qui nous a donné la fâcheuse habitude de nous sentir affreusement supérieurs au reste du monde. La culture française, c'est-à-dire la culture parisienne, puisqu'il est d'usage, à Paris, de considérer que la province est seulement digne de produire des comices agricoles et des spectacles de niveau fin d'année de classe de seconde, est couronnée d'une aura qui lui justifie à elle toute seule une exception, donc une mieux-ception que toutes les cultures du monde.

Pour prendre la température culturelle d'une ville, rien de tel qu'un petit passage au théâtre. Ici, le théâtre, moderne, contemporain, expérimental, se porte comme un charme. Même si la nouvelle politique culturelle de notre président risque de mettre en péril un équilibre précaire, il est possible de monter des pièces qui ne verraient pas le jour ailleurs. Parfois, c'est pour le meilleur, parfois c'est pour le pire. Notre copine Alex, une fille très cultivée mais avec un raisonnable appétit de culture expérimentale, se souvient d'avoir calé à la quatrième heure des *Vainqueurs*, la pièce mise en scène par Olivier Py, qui durait six heures. « Quand ils ont apporté le phallus géant sur scène, j'ai craqué, j'ai quitté la salle. » Bah, elle s'en est plutôt bien sortie quand on sait que M. Py a monté une pièce de vingt-quatre heures. On se demande comment le syndicat du spectacle a autorisé un truc pareil ! Même le sacro-saint code du travail n'a pas résisté à la fougue créatrice de l'extrême.

Certes, certes, le vaudeville est né dans les rues de Paris, mais Paris est aussi savoureuse pour son amour de l'abscons. Plus c'est impénétrable, mieux c'est. Ce qui n'a pas manqué d'inspirer Fabrice Luchini, qui, dans sa pièce *Le Point sur Robert*, s'en payait une tranche sur celle qu'il a rebaptisée « la guerrière culturelle », abonnée à *Télérama*, enchaînant quatre expos dans la semaine et lisant dans le texte les pages « Culture » de *Libé*. *Angels in America*, pièce de cinq heures trente entracte compris (oui, six heures est semble-t-il la durée de rigueur de la pièce expérimentale), en polonais sous-titré, elle y était. Vous pouvez être sûr qu'elle a adoré. Et quand vous lui demandez ce qu'elle pense des dernières frasques de Britney Spears, elle vous répond : « *Les Dernières Frasques de Britney Spears*, je ne l'ai pas vu. C'est quoi ? C'est une œuvre posthume de Roland Topor ? »

Le second degré n'étant pas le point le plus faible des Parisiens, le théâtre est un drôle de jeu intello. Le genre de jeu où il vaut mieux savoir pratiquer l'autodérision. Toujours dans *Le Point sur Robert* (oui, on a beaucoup aimé), Fabrice Luchini passe son temps à malmener les guerrières culturelles qu'il « voit », assises dans la salle, accompagnées de Robert, leur mec, un hétéro qui lit *L'Équipe* et se demande ce qu'il fout là, à écouter un intello survolté se rouler par terre entre deux textes de Chrétien de Troye et de Paul Valéry, et qui demande au public, avec ce timbre de voix irrésistible, sous prétexte de citer Jean Genet, de répéter en boucle : « Assieds-toi sur ma bite… et causons. »

Dans la psyché locale, le microcosme est macrocosmique. Ancré dans ses habitudes, ses ports d'attache. Marins d'eau douce ne se détachant pas de leur bite d'amarrage. Parmi les lieux qui comptent : le Flore, mais au premier étage. Pas question d'être en vitrine avec les ploucs. C'est là-haut, dans la petite salle près des toilettes (un emplacement stratégique pour être au spectacle), que l'on croise BHL discutant avec Arielle du plan com de son dernier bouquin, Mougeotte négociant son départ vers les cimes du *Figaro Magazine*, Sonia Rykiel déjeunant avec sa bande ou prenant des notes, Amélie Nothomb buvant un verre de pouilly.

À Paris, il y a des règles que tout le monde connaît et qui ne sont écrites nulle part. On sait qu'il y a « des choses qui ne se font pas » : parler d'argent, couper sa salade dans son assiette, offrir des chrysanthèmes quand vous allez dîner chez des amis, arriver à l'heure. Vous savez bien que pour se saluer, on embrasse l'air en se touchant les joues, deux fois, pas plus, pas moins (une fois, vous êtes belge, trois, vous êtes du Sud, quatre, vous êtes banlieusarde). Vous savez aussi que si quelqu'un vous dit en guise d'au revoir : « On s'appelle », il ne vous appellera pas du tout.

Pareillement, chaque microcosme a ses propres us. Si vous êtes dans le milieu de l'édition, vous saurez que les restaurants de la capitale ont une fonction vitale pour vous et que cette fonction n'a rien à voir avec votre système digestif. Le Restaurant dans sa qualité quasi théâtrale est le décor où se déploiera la tragi-comédie papivore. Pour lancer une rumeur, vous irez au Dôme, dans un des box discrets. Pour être vue mais pas entendue, c'est bien sûr à La Méditerrannée que vous vous précipiterez. Entre les sénateurs et les académiciens, vous irez draguer le préfacier. Max Gallo, Hélène Carrère d'Encausse, Philippe Séguin, vous n'aurez que l'embarras du choix. Et comme nous l'expliquait une de nos relations, un éditeur (très) parisien au charme (très) irrésistible et à l'humour (très) suave, que nous ne pouvons pas même nommer par ses initiales tant elles sont reconnaissables : « On prend un visa pour quitter le VIe. » Ce qui arrive rarement, sauf quand il faut parler gros coup ou vrai drame en toute discrétion : c'est alors au Grand Colbert, dans le IIe, que le monde du livre se retrouve entre soi au milieu des autres, dans une brasserie qui ressemble à celles du VIe arrondissement. L'exotisme ne sied pas aux gens de lettres.

Si le Paris culturel peut paraître un peu claquemuré, il existe aussi des bouffées de vie culturelle un peu moins corsetées. Culturel rebelle, culturel confidentiel, à Paris, il y a plein de petits spectacles à voir pour 10 euros, aussi cher qu'une place de ciné. Le tout avec une suprématie paroxystique tout de même. Même quand on lit *Closer* et *Gala*, on se sent en droit d'avoir notre bonne vieille exception culturelle.

La télé n'y échappe pas. Il n'y a sans doute qu'en France qu'une émission de télé-crochet, la « Nouvelle Star », peut se permettre d'avoir un jury qui cite Spinoza, Sartre, évoque le concept de « déterritorialisation » du philosophe Gilles Deleuze pour débriefer la performance d'un candidat, compare ce qu'une candidate a fait d'une chanson à l'invasion de l'Irak par Bush, pousse des gueulantes aussi fortes que les décolletés sont plongeants (là on parle ni de Dédé, ni de Fifi, ni même de Sinclair, mais bien sûr de Lio, et de Marianne James avant elle). Et qui rebondit sur les fameux « dédéfifis » lancés chaque semaine par deux ostrogoths, dont on adore lire la prose désopilante, journalistes à *Libération*. Comme par exemple caser « pied de porc de Sainte-Ménehould » pendant une émission en direct. Joutes verbales à la sauce Roland Barthes, en *prime time*. On vous jure, *only in* Paris.

Alors est-ce que ça mérite une exception ? Certes, les États-Unis ont produit leur lot de guano culturel, mais n'oublions jamais que la France est le pays qui a donné naissance à des joyaux tels que *Pouic-Pouic*, *Tata YoYo* (Qu'est-ce que t'as sous ton grand chapeau), « Coco Boy » et le sublime *J'veux pas manger à la cantine*. Ne venez pas nous dire que ces exemples ne sont que de pitoyables hoquets dans la prestigieuse création française, sinon, on vous ressort *Macao*, *La Salsa du Démon* (Dans ma marmite c'est l'épouvante / Y a des bestioles dégoulinantes / Ce soir j'fais du bœuf au pipi / Car c'est la fête aujourd'hui…) et *Dur Dur d'être un bébé*, sans oublier la stellaire Maguy. Vous ne vous souvenez peut-être pas du générique, alors voilà une petite piqûre de rappel de l'exception culturelle française : « Elle voit souvent rouge / Avec elle ça bouge / Maguy soleil ou bien Maguy larme / On est sous le charme / Quand son cœur s'enflamme / Elle joue toute la gamme / Oh Maguy elle fait sa météo / Chez elle il fait toujours beau / En robe du soir ou en pyjama / Elle est la même / Elle change de crème, elle change d'extrême / Mais elle change pas / Maguy le jour, Maguy la nuit / C'est un poème / Un peu, beaucoup ou à la folie / C'est elle qu'on aime / Maguy, Maguy, Maguy, voilà Maguy… » La différence avec les États-Unis, c'est que eux arrivent à exporter leur vomi culturel et pas nous.

Où boire un verre

Le Fumoir
6, rue de l'Amiral-Coligny, Ier - 01 42 92 00 24

Un grand classique du *lounging* à la sauce parisienne. C'est d'autant plus fréquentable maintenant qu'on n'y fume plus. Le Fumoir est inspiré des cafés viennois. Café brun, cadre chaleureux, parfait pour un thé l'après-midi, un verre de vin le soir. Et on y mange même plutôt convenablement.

Expérimental Cocktail Club
37, rue Saint-Sauveur, IIe - 01 45 08 88 09

Enfin un *lounge* servant des cocktails dignes de ce nom. Le lieu a initié les Parisiens aux *mixed drinks* plus sophistiqués que le gin tonic ou le whisky-Coca. Le week-end, c'est noir de monde. Allez-y plutôt en semaine pour une ambiance décontractée.

Le Curio Parlor
16, rue des Bernardins, V[e]
www.curioparlor.com

Petit frère de l'Expérimental. On y cocktailise avec l'accent new-yorkais. Au menu, boissons à base de jus de fruits frais, liqueurs de choix, déco taxidermiste totalement inspirée de Freemans et de PDT, deux établissements de Manhattan.

La Perle
78, rue Vieille-du-Temple, IIIe - 01 42 72 69 93

Un rade au coin de la rue de la Perle et de la rue Vieille-du-Temple, ça grouille de boboïsants ascendant fashion venus boire une bière, un mojito ou une caipirinha. Quand on a un peu abusé, on peut commander un miam-miam à 1 €. Presque tous les soirs, des DJ mixent aux platines. Ne négligez pas cet endroit pour votre café du matin.

Mama Shelter
109, rue de Bagnolet, XXe - 01 43 48 48 48

Quand l'architecte Roland Castro, la famille Trigano et Philippe Starck font équipe, ça donne un «trois en un» – bar, restaurant et hôtel – réussi où il est de bon ton de se presser le soir. On a beau être dans le XXe, c'est plus bioutifoul que popu. Sortez les stilettos. Le cadre est bluffant, du grand Starck, le bar gigantesque et la nourriture bien sans plus. Gros plus : la terrasse.

Le Montana
28, rue Saint-Benoît, VIe

Ouvert en 2009 par André et sa clique qui s'attaquent à la rive gauche, ce club est vite devenu l'un des endroits où voir et être vu. La déco verse dans le « J'ai donné mon corps à la science ». À côté du Café de Flore, en face du Bilboquet, le lieu est comme il se doit petit et blindé de beau linge, et il est de bon ton de mettre des glaçons dans sa coupe de champagne.

La Flèche d'or
102 bis, rue de Bagnolet, XXe - 01 44 64 01 02

Situé dans l'ancienne gare de Charonne, sur la petite ceinture, le temple du rock indie, aujourd'hui piloté par deux producteurs et par Serge Trigano (le fils du Club Med), doit rouvrir ses portes à la rentrée 2009 après avoir fait peau neuve. Les propriétaires promettent que le lieu restera fidèle à sa réputation de défricheur de talents.

Clubs

Chez Tania
43, rue de Ponthieu, VIIIe - 06 74 02 39 89

Cet ancien bar à hôtesses est un endroit cosy pour faire la fête. Le Tania est la tanière de la jeunesse dorée des nuits parisiennes qui arpente le Triangle d'or. Depuis que ça a été repris par les jumeaux, on n'y sent plus le stupre. La porte est un peu moins infranchissable que celle de certains de ses voisins du VIIIe. L'ambiance était festive chaque fois que nous y sommes allées.

Le Baron
6, avenue Marceau, VIIIe - 01 47 20 04 01
www.clublebaron.com

THE club.
À l'origine, le graffeur André et son acolyte Lionel ont voulu ouvrir un lieu pour faire la fête avec leurs potes. Le Baron était un bar à hôtesses, c'est devenu un club pour les prêtresses de la *night*. Pour passer les cordes rouges, mieux vaut être très jolie, et très connectée.

Le Social Club
142, rue de Montmartre, IIe - 01 40 28 05 55

L'endroit se veut éclectique. Une programmation musicale pointue, les DJ qui se succèdent aux platines oscillent entre electro, rock, funk et hip hop. Du bon son pour les fondus de décibels.

ChaCha Club
47, rue Berger, Ier - 01 40 13 12 12

Ouvert à l'été 2008, le club est un mix de branchitude, d'attitude et de coolitude, avec un soupçon de designitude, et quand on y était, un vague sentiment de platitude.

Institut du bonheur
www.institutbonheur.com
Olivier Van Temsche et Rasmus Michaux sont deux oiseaux HEUREUX, et dans leur sillage, vous irez célébrer l'euphorie, la joie de vivre, l'enivrement béat. Ils organisent tout un tas d'événements, allant des glamourous soirées tartes aux pommes à Bagatelle au French Kiss World Record sous le pont des Arts. Le tout sans autre but que l'immersion dans l'allégresse. Pas sûr qu'ils soient les pythagoriciens du théorème du bonheur, mais le temps d'une soirée, vous passerez un bon moment.

Au bonheur des dames
40, rue du Colisée, VIIIe - 06 21 70 52 56
La soirée réservée aux *ladies* de 21 h 30 à 23 h 30 (après, les gars sont les bienvenus pour offrir le champ, et plus si affinités). On vient manger, boire, se faire maquiller à l'œil avant de se rincer l'œil en regardant des strip-teaseurs empoigner leurs cobayes volontaires parmi les clientes pour simuler des actes pseudo-sexuels. Ces messieurs sont des pros, donc vous ne verrez pas une partie génitale. Ambiance de gynécée vaguement hystérique et sympathique.

Andy Wahloo
69, rue des Gravilliers, IIIe - 01 42 71 20 38
On est des fans de la toute première heure de Mourad Mazouz, du temps où il bossait au Bascou. (On sait, ça ne nous rajeunit pas, mais à l'époque, on avait pfff… 8 ans à peine.) On aime toutes les incarnations de ses bars. Andy Wahloo, le voisin du resto de couscous le 404, est le bar branché juste comme il faut, avec de la bonne ziq dans

les speakers. On se laisse complaisamment séduire par les clins d'œil mélangeant reproductions pop art et déco nord-africaine.

Pour savoir ce qu'il se trame à Paris la nuit, devenez membres des groupes des promoteurs de soirées sur www.facebook.com et consultez des sites comme www.lemonsound.com et www.parissi.com.

Librairies

Les Parisiennes ont toutes leur librairie de quartier. Voici nos préférées, enfin, une sélection, car à Paris, il y a presque autant de bonnes librairies que de bonnes boulangeries.

La Librairie du parc-Actes Sud
Grande Halle de la Villette 211, avenue Jean-Jaurès, XIXe - 01 42 38 37 52
Une nouvelle venue qui a eu la bonne idée de s'inviter dans la Grande Halle de la Villette rénovée.

Le Merle moqueur
51, rue de Bagnolet, XXe - 01 40 09 08 80
« Quand nous chanterons le temps des cerises / Et gai rossignol, et merle moqueur / Seront tous en fête. » Une librairie dont le nom est tiré de la chanson de Jean-Baptiste Clément, dans un quartier marqué par la Commune, pour rendre hommage au petit peuple parisien. La quintessence de la librairie frondeuse. Tout ce qu'on aime. Et depuis avril 2009, l'esprit du Merle moqueur souffle sur le Centquatre, le nouveau lieu de vie artistique ouvert par la Ville de Paris,

avec l'ouverture d'une deuxième librairie. 104, rue d'Aubervilliers / 5, rue Curial, XIXe.

L'Atelier
2 bis, rue Jourdain, XXe - 01 43 58 00 26

On y trouve aussi bien un bon polar qu'un carnet de voyages pointu. Et de l'autre côté de la rue, au 20 bis, l'Atelier d'en face est entièrement dédié aux enfants (*story time* tous les mercredis à 10 heures).

Comme un roman
39, rue de Bretagne, IIIe - 01 42 77 56 20

Après un déjeuner au marché des Enfants-Rouges, une promenade digestive s'impose dans les rayons de cette très belle librairie qui porte le nom d'un livre de Pennac. C'est forcément bon signe.

Libralire
116, rue Saint-Maur, XIe - 01 47 00 90 93

Excellente librairie généraliste installée depuis plus de vingt ans dans le quartier.

L'Attrape-Cœurs
4, place Constantin-Pecqueur, XVIIIe - 01 42 52 05 61

Une librairie chaleureuse, animée par Sylvie et Erika, qui ne ménagent pas leurs efforts pour faire partager leur amour des livres. Nombreuses rencontres avec des auteurs.

Litote en tête
17, rue Alexandre-Parodi, X^e - 01 44 65 90 04

C'est une amie qui habite près du quai de Valmy qui nous a fait découvrir cette librairie conviviale, tenue par Marilyne et Corinne, deux figures du quartier. Les habitués leur confient leurs gamins quand ils vont faire leurs courses dans le supermarché d'en face. Il faut dire que le rayon jeunesse est particulièrement bien fourni.

Librairie du Théâtre du Rond-Point
2 bis, avenue Franklin-Roosevelt, VIIIe - 01 44 95 98 22
Haut lieu de défense des auteurs de théâtre vivant, le théâtre du Rond-Point accueille une librairie en grande partie consacrée aux arts de la scène. On adore y traîner avant d'aller voir une pièce.

Les Cahiers de Colette
23-25, rue Rambuteau, IVe - 01 42 72 95 06
Libraire indépendante et engagée, Colette Kerber règne depuis plus de vingt ans sur sa petite librairie du Marais, où elle pratique l'art du stock.

Librairie Lamartine
118, rue de la Pompe, XVIe - 01 47 27 31 31
Immense librairie où vont les familles du quartier pour s'approvisionner en bouquins. Vous y trouverez aussi bien la série des Rougon-Macquart de Zola en vingt tomes que la biographie de Pascal Sevran. La librairie propose évidemment une bonne sélection de livres pour les plus petits (elle est située en face du lycée Janson-de-Sailly).

Librairie L'Écailler
101, rue du Théâtre, XVe - 01 45 75 30 72
Notre copine Sophie a eu la bonne idée de reprendre cette librairie de quartier avec six de ses amis. Chacun avec sa sensibilité et ses centres d'intérêt. Un lieu très accueillant pour les pintades, en particulier grâce au sourire de Lucille, la libraire !

adresses

Chantelivre
13, rue de Sèvre, VIe - 01 45 48 87 90
Une référence en matière de littérature de jeunesse. C'est bien simple, on ne sait plus que choisir tant le choix est vaste ! Heureusement, les vendeurs ont toujours des conseils avisés. Petit rayon de livres pour adultes bienvenu après avoir fait le plein pour les loulous.

L'ImagiGraphe
84, rue Oberkampf, XIe - 01 48 07 54 20
La propriétaire, Isabelle Leclerc, ne ménage pas ses efforts (et les rencontres) pour faire vivre sa librairie, installée dans un ancien atelier-garage. Une librairie originale qui mélange l'écrit, la musique et l'image. Un mélange réussi.

Deux librairies qui s'imposent pour les pintades, vu leurs thématiques :

La Cocotte Librairie du goût
5, rue Paul-Bert, XIe - 01 43 73 04 02

Librairie de la Mode
52, rue Croix-des-Petits-Champs, Ier - 01 40 13 81 50

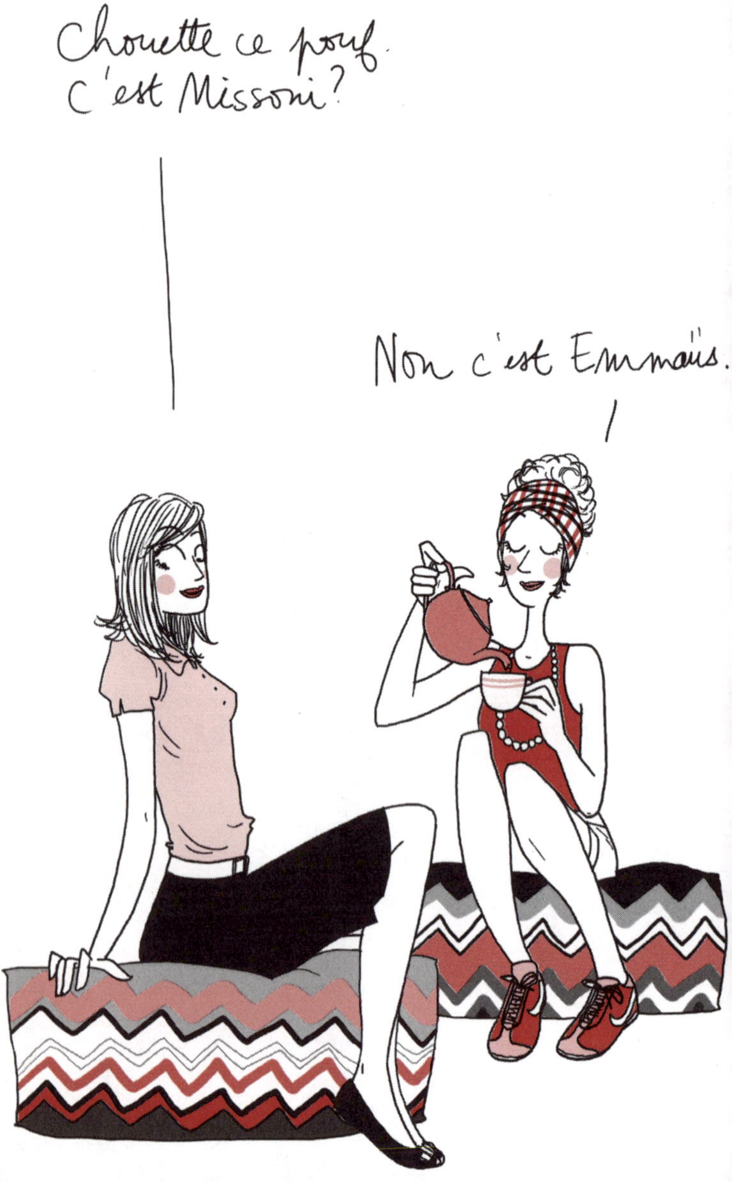
Chouette ce pouf.
C'est Missoni ?
Non c'est Emmaüs.

« L'éthique, c'est l'esthétique du dedans » (Miss.Tic)

L'esthétisme esthétisant

Si à New York, on tombe en émoi devant des gadgets uuuultra-utilitaires (qui n'a jamais vu le moulin à poivre à moteur sans pousser cri, piaillement, et râle d'extase ? !), à Paris, on pourrait déclarer sérieusement que l'utilité ne sert à rien ! Non, c'est pas la peine d'essayer de vendre l'objet multifonctions qui moud le café, lave les carreaux et fait vibro-masseur. Vous n'aurez aucune chance de faire fortune. Par contre, si vous créez un sex-toy en forme de galet, qu'il est en silicone blanc irisé, qu'il ne vibre pas, qu'il n'ondule pas, qu'il ne palpite pas, mais qu'il est signé Matali Crasset, là, on peut commencer à parler (c'est l'un des objets de la collection de love-toys proposés par notre copine Paola Bjaringer).

Quand on voit que Paris a investi dans le mobilier urbain il y a déjà quinze ans et que New York avec ses vieux kiosques à journaux en tôle déglingués vient seulement de s'y mettre, on se dit que pour une fois, on a une longueur d'avance. *By the way*, si ça peut vous décomplexer, les Américaines nous considèrent comme des déesses avant-gardistes en matière de mode.

Après quelques années à baigner à New York dans le royaume du fonctionnel, pratique pas esthétique, on trouve que tout est joli tout plein à Paris. Le métro, ses nouvelles rames, et ses petites loupiottes bleues sur la ligne 3, *sooo cute*. Et les stations elles-mêmes, Louvre-Rivoli avec ses vitrines exposant des reproductions d'art égyptien,

« L'éthique, c'est l'esthétique du dedans » 309

Concorde et la Déclaration des droits de l'homme et du citoyen sur céramique, *so charming*. Et puis, rien que la taille du métro, cinq voitures, toutes mignonnettes. Allez dire ça aux Parisiens aux heures de pointe et vous allez vous faire recevoir, mais franchement, un jour où vous n'avez rien de mieux à faire, regardez objectivement le métro avec un œil d'étranger et vous verrez à quel point il est mignon. On dirait presque un personnage de dessin animé pour enfants, le meilleur ami du pays de Candy. Pas pratique pour deux sous, avec ses sièges en vis-à-vis qui permettent à peine de s'asseoir, la mâchoire bloquée avec les genoux sous le menton, tout juste à la taille d'une touriste japonaise.

Même la pause pipi s'est relookée. Adieu vespasiennes, installées en 1834 par la volonté du comte Claude-Philibert de Rambuteau dans les rues de Paris, aujourd'hui, on pisse avec style et dans la bonne odeur sur les Champs-Élysées, qui ont inauguré les latrines design dans l'une des galeries commerciales de l'avenue la plus chic du monde. Vous y trouverez des cabinets d'aisance décorés avec un thème unique, voyage, high-tech, BCBG. Il vous en coûtera 1,50 euro, mais votre sens de l'esthétisme n'a pas de prix (accessoirement, ce sont effectivement les toilettes les plus propres de Paris, après les miennes, mais les miennes ne sont pas publiques).

Et si nous n'avons pas le monopole de l'élégance, on doit bien affirmer, dans une proclamation nombriliste, arrogante et prétentieuse, qu'on fait juste ça mieux que les autres. Les Italiennes avec leur manteau de vison, les Espagnoles avec leur maquillage un peu trop outré à notre goût, les New-Yorkaises et leur Botox trop figé, les Anglaises et leur... heuu... rien, les Anglaises ne sont pas élégantes. Alors qu'à Paris... Tenez, regardez combien tout le monde nous envie notre Colette, le meilleur concept-store du monde. Colette s'est fait une réputation cosmique. D'ailleurs, on se demande pourquoi la NASA n'a pas lancé un projet commun avec la boutique en vue de séduire les extra-terrestres. Parce que franchement, s'ils viennent un jour nous rendre visite, on les retrouvera à boire de la flotte au Water Bar. En attendant la NASA, c'est Gap qui a mis le grappin sur notre Colette nationale.

Il n'y a qu'à Paris qu'on a ce souci du détail : des casques de scooter rose layette, bleu aqua ou vert d'eau, assortis à l'engin, font partie du minimum syndical, au même titre que les congés payés et la prime de Noël, *sooo chic*, décontracté, *fabulous*. Notre copine Alexandra s'exclamait l'autre jour avec tressautement de la main et soulèvement saccadé de la cage thoracique, typique de l'hyperventilation : « Ahhh, j'ai vu le scooter de mes rêves. » On pensait qu'elle allait nous parler moteur, cylindrée. Et la belle deux-rouiste d'ajouter : « Il est vert d'eau avec la selle chocolat et j'aurai le casque assorti ! »

Maud, archétype de la Parisienne raffinée, est tombée amoureuse le jour où elle est passée devant la vitrine de la boutique Tsé & Tsé. La bicyclette dont elle n'avait absolument pas besoin lui a décoché une œillade tel Cupidon décochant ses flèches, et Maud a succombé à la passion. Sans une hésitation, et il est important de mentionner que ce fut aussi sans aucun remords, elle s'est empressée d'adopter la monture sur laquelle les pédales n'étaient pas montées. Mais encore une fois, ce sont des détails d'une trivialité malvenue. Le fier étalon à deux roues vit dans une cave et n'a jamais vu le bitume, ni l'auguste postérieur de Maud d'ailleurs. Quelle beauté (le vélo, pas le fessier, quoique le fessier, qui n'a pas été designé par un créateur, est néanmoins tout à fait carrossé, mais nous digressons !), quelle fière allure, quelle tenue, quel style avec ses deux sacoches latérales, et son armature pesant trois tonnes. Tellement lourd que le biclou ne sortira sans doute jamais taquiner le Vélib dans les rues de Paris, même quand il aura ses pédales montées. Mais quand Maud en parle, elle a des vibratos dans la voix.

Si vous pensez que les objets existent pour leur fonctionnalité, ce serait bien trop obscène. Gomar, illustratrice et pintade, a colonisé son placard de paires de chaussures dont la hauteur vertigineuse filerait des complexes aux Grandes Jorasses. Non, Gomar ne les porte pas, ses chaussures. Ça ne va pas, la tête ! Les Louboutin, c'est pas fait pour marcher. C'est fait pour faire mal aux pieds (*pain is pleasure !*), et c'est fait pour être regardé dans le placard, en poussant des soupirs de volupté.

Chacune ses snobismes et sa philosophie de vie : les Londoniennes sont capables de s'acheter un vibro Rabbit waterproof à 30 euros pour ne jamais être prises au dépourvu, les Parisiennes, elles, peuvent s'enticher d'un godemichet à 475 euros chez Woman Rykiel, rebaptisé « Bijoux de famille », un zizi (comme disent ceux qui vont aux wawa) strassé qui sera sûrement très joli sur la table de chevet mais qui doit plus donner du plaisir à l'œil qu'autre chose !

Pas une sphère n'échappe à la tendance esthétisante.

Même pas les parapluies. Quand je suis allée en acheter un au Bon Marché, la vendeuse m'a fait l'article comme si elle était en train de me vendre une pièce de haute couture (« Reculez-vous pour mieux vous rendre compte de son effet dans le miroir »), passant en revue tous les motifs, tous les imprimés, toutes les finitions, mais n'ayant à aucun moment l'idée de m'en conseiller un qui rentrerait dans mon sac à main ! Après que j'ai payé, elle a glissé mon pébroque dans un sac en papier spécial fêtes de Noël, en maugréant que « vraiment cette année, ils ne se sont pas foulés pour le design des sacs… ».

On doit dire qu'on a été un peu bouleversées par les récentes déclarations de Philippe Starck, qui est au sommet de notre panthéon du design. Il s'ouvrait dernièrement de ses états d'âme à un magazine allemand auquel il assenait un brutal « *Design is dead* », et de renchérir qu'il avait réalisé que toutes ses créations étaient inutiles. Alors, la *mid-life crisis* de Philippe Starck, on n'a rien contre, mais à condition qu'il n'y ait pas de répercussions sur nous ! Sauf que le message subliminal était qu'il allait remédier à tout ça, en abandonnant le design d'objets inutiles en créant des hélices d'éoliennes. Oui, vous avez bien lu, Philippe Starck veut créer des jolies turbines d'éoliennes. Et ça, ça va pas du tout. Parce que, Philippe, oui, on partage ton avis, toutes tes créations sont parfaitement inutiles : ta chaise en plastique fait mal au cul, ton presse-citron ne presse rien du tout, et tes valises ne sont pas plus grandes qu'un dé à coudre. Mais c'est pas pour ça qu'on a aimé les acheter. C'est parce que c'est JO-LI !

Alors, Phil, pour ta *mid-life crisis*, on préconise un stage intensif longue durée à Fargo North Dakota. Après six mois de Coca dans des gobelets en plastique, de hotdogs servis dans des boîtes en carton à motif nappe à carreaux, et de virées culturelles dans le *shopping mall* du coin, on est sûres que tu pleureras de nostalgie pour ton balai de chiottes aérodynamique et que tu reviendras nous supplier de reprendre une petite dose de trucs parfaitement inutiles, assortis à notre vernis à ongles.

La déco des bobos

Il y a des choses avec lesquelles certaines Parisiennes ne badinent pas. La déco de leur appartement notamment. Celles qui pensent que les étagères Billy, ça passait (tout juste) quand elles étaient étudiantes, et que mettre de la peinture satinée dans son salon est un acte aussi grossier que de cracher dans la rue. Il y a des fautes de goût à ne pas commettre. Et des codes à respecter.

Ce qu'il y a de rassurant avec le « bon goût », c'est que lorsque l'on va chez les copains, on est rarement dépaysé. On s'échange les bonnes adresses des entrepreneurs qui savent poser le béton ciré, on retrouve les mêmes carreaux de grès cérame beiges que dans sa salle de bains et les mêmes tons neutres de peinture – Farrow & Ball – sur les murs. Pastel, chocolat, ou gris. Pas de vulgaires blancs. Des Cord, New White, Old White, Cream, String, ou Archive®. On dit souvent qu'avec les enfants, il faut choisir ses combats. Certains se bagarrent pour que Junior soit poli avec la dame, d'autres pour qu'il ne mette pas ses mains sur les murs mats de la maison. Entendu dans un dîner au cours duquel on se plaignait d'avoir dû se résoudre à demander au monsieur de chez Casto de nous faire la version « glycéro satinée lavable et moins chère » de notre magnifique Eating Room Red® maculé de taches de Nutella et de graisse : « On a peut-être raté l'éducation de nos enfants, mais au moins, on a réussi à sauver nos murs ! » Un copain nous a même avoué que pour peindre la maison de poupées qu'il était en train de fabriquer pour ses enfants, il était allé chercher des pots d'échantillons chez la vénérable maison anglaise de couleurs.

En général, on dîne dans la cuisine, la nouvelle pièce à vivre, qui ne fait souvent plus qu'une seule et grande pièce avec le salon, sur une longue table zinguée ou en chêne.

Passons sur la Nespresso qui trône sur le plan de travail (pas du tout écologiquement correcte), la radio Tivoli et tous les accessoires rétro, comme le lampadaire sphère Arco, qui nous font nous sentir « comme à la maison ». Abandonné dans un coin, le Vase d'Avril est daté mais on n'arrive pas à s'en séparer, c'est sentimental. (« C'est comme la guirlande Tsé & Tsé, elle a coûté tellement cher à l'époque qu'on hésite à la jeter ! » explique une copine.) Les « boîtes à... » de 100drine, les photophores Igloo, les verres ivres, les gobelets à café froissés en porcelaine, autant de trésors dénichés avant tout le monde à la galerie Sentou, dont les Parisiennes se lassent sitôt qu'elles les voient dans la cuisine de leur cousine nantaise.

Quand elles ne peuvent pas s'offrir une horloge de gare Brillié, un casier de la Poste ou un meuble de dentiste à la boutique d'archéologie industrielle Jérôme Lepert ou chez Zut !, un autre antiquaire industriel, elles cherchent les bonnes affaires sur eBay, dans les vide-greniers et les brocantes. Et deviennent championnes de la récup. Vu le nombre de bouquins publiés aux éditions Tana et Dessain & Tolra pour apprendre à transformer ses planches à découper la volaille en étagères ou sa vieille écumoire en horloge, on se dit que le *do it yourself* des Anglaises a fini par déteindre sur nous de la même façon que leur tartan.

Sans parler des 177 magazines de déco et de bricolage ! Le dernier-né, *Côté Paris,* montre les lofts parisiens de celles dont on admire depuis longtemps les résidences secondaires, les tonnelles de glycines et les roses trémières dans *Côté Sud* et *Côté Ouest.* Comme elles sont loin d'avoir toutes fait les Arts appliqués, les Parisiennes demandent souvent un coup de main aux « poubelles girls », leurs amies stylistes dont le métier est de repérer à cinq cents mètres le potentiel d'un meuble déglingué abandonné sur le trottoir. Nous, nos poubelles girls s'appellent Charlotte et Françoise[1]. « Un jour, une styliste qui venait à la maison pour une séance photos a flashé sur la couverture en crochet fleurie sur le lit de ma fille : "Waow, c'est Missoni ?" "Non, c'est Emmaüs !" » Françoise, reine de la chine, passe son temps à détourner les objets de leur fonction d'origine et à customiser les meubles. Elle connaît par cœur les entrepôts des communautés de Neuilly-Plaisance et de Neuilly-sur-Marne. C'est d'ailleurs elle qui nous a initiées : « Il faut arriver avant l'ouverture, avant 14 heures. Les gens qui attendent, agglutinés derrière la barrière, c'est un mélange de brocanteurs, de collectionneurs, de mamas africaines et arabes... Dès que ça ouvre, tout le monde court pour ne pas rater LA bonne affaire. Les branchouilles, je les repère tout de suite. On cherche les mêmes choses. C'est à qui tombera le premier sur le tabouret industriel ou le pupitre d'écolier... » Ce n'est pas parce qu'elle n'a pas les moyens d'acheter un lit à barreaux Brun Sagesse ou Rose Antique chez Bonton Bazar, ou une Panton Junior chez Balouga, deux boutiques de mobilier design pour kids cool, que la Parisienne renonce à une déco rétro pour la chambre de ses enfants. Les mêmes qui à 5 ans, lorsqu'ils

---

1. Allez rendre visite à Charlotte sur son site www.petitsarrangements.com.

arrivent à la lettre *u* d'un abécédaire qu'ils sont en train de lire, demandent : « *u* comme *u*sine… Maman, c'est quoi une usine ? » « Eh bien, c'est comme ça qu'on appelait les lofts avant, mon chéri. »

Le pique-nique, c'est chic

Un dimanche de fin de printemps. Le téléphone sonne : « Salut, c'est Frank ! Ah, vous êtes chez vous ?!! Vous devez être les seuls bobos du nord-est parisien que je connaisse, avec moi, à ne pas être en train de pique-niquer à la Villette ! » C'est fou ce que les pique-niques ont la cote aujourd'hui. Pas seulement chez les bobos qui envahissent les pelouses du parc de la Villette et les pavés du canal Saint-Martin à la moindre éclaircie (Émile Coué aurait sans doute vu une bonne illustration de la pensée positive dans cette obstination parisienne à profiter du moindre rayon de soleil). Tout le monde aime ça. Le soir entre potes, le week-end en famille. Sur le pont des Arts, au parc Floral ou près du lac au bois de Vincennes, au jardin du Luxembourg… c'est le meilleur moyen d'échapper à la ville sans avoir à la jouer « demoiselles des bords de la Seine » et à pousser jusqu'aux guinguettes. Quand le soleil joue les prolongations aux beaux jours (pas comme à New York où il fait nuit noire à 20 heures, même en juillet), la lumière de fin de journée qui baigne la Seine est magique.

On vous entend déjà marmonner : « Mais pourquoi nous bassinent-elles avec les pique-niques, ça a toujours existé !? » C'est que, depuis quelques années, le déjeuner sur l'herbe est une activité de plein air très appréciée des branchés. Les *happenings* dans cette veine prolifèrent :

le grand Fooding d'été, les BBQ electro – des barbecues au son des platines numériques – à la pointe de l'île Saint-Louis, les Pic-Nic du Champ-de-Mars organisés sur Facebook, avec comme mot d'ordre : « Luxe de rigueur, chandeliers, nappes à carreaux, bougies, *and of course* champagne ! » On ne compte plus les gadgets et les accessoires design pour « picnicistas », de la glacière-vanity fantaisie à la cantinière d'ouvrière revisitée par un wannabee Alessi. Sans parler des dizaines de livres consacrés aux recettes champêtres et à la *finger food*, comme *Les Toquées s'en vont pique-niquer* ou *Lunch Box*...

Les Parisiennes ont une réputation à tenir. Il faut des accessoires, forcément jolis, accessoirement utiles. Une belle nappe, des bougies, des verres à pied pour boire le vin, ou alors de jolis gobelets colorés, des assiettes en porcelaine, la mallette en osier. Tous les pique-niques de la capitale ne sont pas aussi chics et « carte postale parfaits ». Le paquet de chips et le saucisson accompagnés d'un bon coup de rouge ont aussi droit de cité.

Impossible d'évoquer les pique-niques sans rendre hommage à Dominique, la reine du pique-nique. Dominique n'est pas du tout branchée. Plutôt vieille famille du VIIe. En deux coups de cuillère à pot, elle vous improvise un frichti avec les restes qui traînent dans le réfrigérateur. Un rôti froid, une salade de pâtes, un gâteau au chocolat. Pas besoin de mise en scène, ni de total look avec la collection dernier cri Tupperware. Elle empile tout ce qu'il faut – à commencer par le rouge et le tire-bouchon – dans son Caddie écossais avec lequel elle va faire ses courses tous les jours. Et elle vous emmène « chez les bonnes sœurs » comme elle dit, à quelques mètres de la Pagode, rue de Babylone, où se cache, derrière un grand mur, le jardin Catherine-Labouré, l'ancien jardin du couvent des sœurs de Saint-Vincent-de-Paul, qui a été vendu à la Ville de Paris. Un petit coin de paradis, béni des sœurs, béni des dieux et doublé d'un excellent spot d'observation de la basse-cour locale…

Rave bourgeoise

Ce soir, je vais à une rave party. Enfin, je devrais dire une *free*, pour les puristes, car l'entrée n'est pas payante. Il faut simplement apporter sa table de bridge, sa chaise pliante, ses chandeliers et son argenterie ! C'est une rave party pour bourgeois. Ça s'appelle le dîner en blanc et c'est devenu une tradition : chaque année, depuis plus de vingt ans, des milliers de personnes tout de blanc vêtues se retrouvent pour pique-niquer dans un endroit de la capitale tenu secret jusqu'au dernier moment. Voilà bien un trait de caractère parisien, quel que soit le milieu social, de toujours vouloir transgresser et s'approprier la rue pour, ne serait-ce qu'un moment, tenir le pavé… On est parisiens, on est quand même insurrectionnels, merde ! L'Étoile, l'esplanade des Invalides… le lieu de rassemblement change tous les ans (mais ils ne poussent quand même pas la transgression jusqu'à se retrouver dans des quartiers populaires comme la place des Fêtes ou la place de la Réunion…). En fait, je ne fais pas partie du plan de table, mais depuis le temps que j'en entends parler, je me suis incrustée à la dernière minute sur les genoux d'une amie charitable, Frédérique, qui, elle, est invitée chaque année. Pour être de ce *happening*, il faut montrer patte… blanche. À défaut d'un nom à particule, de solides connections ou un compte en

« L'éthique, c'est l'esthétique du dedans » 319

banque replet font l'affaire. Et comme on est entre gens
de la bonne société, une femme ne peut pas venir sans
être accompagnée d'un homme et vice-versa (comment
font les couples homos ?). Je triche, pour la cause
des pintades. À 18 heures, Frédérique me forwarde
l'e-mail qui vient de lui donner son point de ralliement :
« RV à 20 h 30 précises angle Washington-Chateaubriand
s'il fait beau, dans la galerie Berri s'il pleut. Le dîner a lieu
à 21 h 30 sur le trottoir des Champs-Élysées. Les filles
regardent les vitrines, les garçons regardent les voitures. »
Mon tabouret sous le bras, j'arrive sur zone à 21 heures.
J'aperçois au loin des petites grappes blanches qui se
planquent un peu partout autour des Champs, dans
les escaliers du métro, dans une impasse, à la sortie
d'un parking. Si j'ai bien compris le principe, les convives
doivent tous jaillir en quelques secondes et investir leurs
positions en moins de dix minutes. Le Blitzkrieg du pique-
nique chic. On s'encanaille en déjouant les RG ! Chacun
a reçu une feuille d'instructions digne de la Résistance,
précisant sa zone, sa travée, sa rangée. À 21 h 30
pétantes, des milliers de personnes surgissent, à pied et
en autocars spécialement affrétés des beaux quartiers.
Les brigades blanches clandestines du Vésinet et
de Versailles, l'Armée des ombres blanches de Passy et
d'Auteuil ont frappé : les fantassins et les cavaliers (c'est
comme ça qu'ils se surnomment pour cette opération
commando) déplient tables et nappes sous l'œil médusé
des touristes et des jeunes des banlieues. Léger moment
de flottement chez des flics en VTT qui font leur ronde,
vite rassurés par le look général des rebelles. C'est pas
ce soir que la vitrine de Vuitton sera saccagée. (Du coup,
les forces de l'ordre s'occupent en demandant à des SDF,
installés sur un banc à quelques mètres de là, de faire
place nette. Ça fait désordre pour les touristes.)

Plus 9-2 que 9-3, les pintades blanches. La haute chapellerie est de sortie. Quelques créations Marie Mercié émergent, des capelines, des chapeaux de paille. Les filles ont sorti les boas blancs et les colliers de perles. Ça sent la tenue de mariage recyclée. Les hommes semblent s'être donné le mot pour porter la même chemise blanche, un peu collante et transparente, bras retroussés, pull en V noué sur les épaules (ou sur le dos parce que ça caille ce 12 juin à Paris), parfois même la veste de smoking blanc. Le dîner en blanc est un système pyramidal. Tout en haut de la pyramide, le sous-commandant Antoine ou le Rol-Tanguy NAP, dont le QG doit être planqué dans la sous-pente d'un hôtel particulier. Personne ne le connaît, à part les dix potes qu'il a mandatés au départ, les « grands ralliers ». Chaque grand rallieur a le droit d'inviter quelques potes qui eux-mêmes invitent quelques potes qui eux-mêmes invitent quelques potes et ainsi de suite. Encore une histoire de tribus comme Paris les affectionne. Si t'es pas invité, c'est que t'en es pas. On passe un très bon moment (moi aussi !), mais c'est un moyen de plus de se retrouver entre soi au milieu des autres. Finalement, on ne se mélange pas.
Je remonte les Champs, dont les trottoirs sont remplis de dîneurs en blanc, depuis le rond-point jusqu'au Lido, pour retrouver Frédérique et sa bande. Certaines tables ont vraiment joué le jeu. Des énormes bouquets de pois de senteur blancs, des brassées de roses et de pivoines blanches, de la vaisselle en porcelaine. Les premiers bouchons de Ruinart et de Dom Pérignon sautent. Les contenus des sacs Ladurée et Fauchon sont disposés sur les tables. J'aperçois des plateaux de fromages sublimes, des salades raffinées, des gâteaux merveilleux. Un condensé de l'art de vivre à la française !

J'arrive à la table de Frédérique, que j'ai failli ne pas reconnaître car elle est affublée d'une moustache et d'une perruque brunes. « Je joue le mec de ma copine Anne. Son mari n'a pas pu venir, le mien non plus. » Je suis tombée sur une table plutôt *casual*. Tout le monde bossait aujourd'hui. Sur la nappe, du champagne bien sûr (la base), des sushis, du saumon mariné et des mignardises achetées au rayon à emporter du Monop (Monop étant le fournisseur le plus bas de gamme de la soirée).

Chaque fois que des cars de CRS remontent l'avenue, les dîneurs montent sur leurs chaises pliantes et sur les tables, pour faire tournoyer leur serviette blanche tel un étendard de leur audace. On est frondeur ou on ne l'est pas.

Des touristes canadiennes demandent ce qu'on est en train de célébrer. « Delanoë devrait nous sponsoriser ! C'est une formidable vitrine pour Paris ! » s'exclame une de mes voisines de table. Je vois passer un car du Recueil social de la RATP, vide, « réquisitionné » par quelques noceurs blancs. Surréaliste. Un jeune d'une vingtaine d'années, survêt blanc et baskets aux pieds, s'arrête : « Eh, moi aussi j'suis en blanc. J'peux boire un coup avec vous ? » On lui sert un verre de Vouvray 1983. Son gobelet à la main, il explique qu'il habite dans le 93. Nous sommes au comble de la mixité sociale !

Ma petite robe noire et ma petite salade verte

Une p'tite salade, avec un p'tit verre de vin. C'est fou comme tout est toujours petit dans notre monde. À Paris, c'est la dictature de la demi-portion, le despotisme du lilliputien. Tout ce qui est petit est mignon (à l'exception de notre président ?). Une petite mousse au chocolat, un petit navarin d'agneau, ou même une petite choucroute, un petit sablé et son petit coulis. Notre oncle Jean-Michel, libanais d'origine, dont la corpulence ne laissait aucun doute sur son appétit, commandait systématiquement une côte de bœuf pour deux, qu'il mangeait en solo. Il ajoutait, plaintif : « Les Parisiens, c'est des sous-alimentés. » On a un bon coup de fourchette et pourtant on préfère labelliser mini. Pour se donner bonne conscience ? Parce qu'on peut vous assurer que la petite bouteille de Brouilly fait son 75 centilitres réglementaire !

Notre copine Sophie Brissaud, auteur culinaire et trotteuse de globe, designer graphique, shiatsuiste, qui n'est donc pas une petite joueuse mais bien une grande gueule, explique ce diktat de la demi-mesure par le fait que toutes les langues latines ont un suffixe exprimant le « petit » affectueux : en Grec, c'est -*aki* (*pouli* = « oiseau », *poulaki* = « petit oiseau », *pintadaki*, petite pintade), les Italiens ont -*ino* (*poverino*, *carino*), les Espagnols ont -*ito* et les Portugais et les Brésiliens -*inho* (*cafezinho* !). Or le Français n'en a pas. Alors on flanque du petit en préfixe et à toutes les sauces.

Le diminutif est expression de tendresse, et mon Dieu, comme nous sommes tendres ! Friserions-nous

« L'éthique, c'est l'esthétique du dedans » 323

l'onctuosité suintante, voire la mollesse ? Car si la *petite* robe noire se justifie, surtout par rapport à la *grande* robe blanche, il est d'autres petitesses qui nous laissent songeuses. La contravention, mesquine et douloureuse comme une piqûre de taon sur la croupe, est rhabillée « petite prune ». Le conseil, qui devrait être aussi acéré qu'une tour de Jean Nouvel, aussi sincère que sœur Emmanuelle, eh bien non, il est essentiellement petit, lui aussi.

Les magazines féminins sont les champions de la réduction mignarde. La salade, le café, les ballerines, les jupes, robes, pantalons (pour éviter de dire qu'on les a payés une fortune ?), la coupe de cheveux, les crèmes. Tous petits. Et évidemment, summum du summum, le petit haut, pièce cardinale de la garde-robe de toute Parisienne, qui s'est même vu dédier une boutique, baptisée, on vous laisse imaginer : Des Petits Hauts. Le tout a souvent pour avantage supplémentaire d'être « super sympa ».

Mais que diable, les Parisiennes ne devraient pas capituler à la mièvrerie. Allez, grandes pintades, descendez de vos petits vélos, et montez sur vos grands chevaux, allez faire la tournée des grands ducs, sortez le grand jeu, et surtout, choisissez d'entrer par la grande porte. Et tant pis pour la tendresse, bordel !

Fleuristes

Paris compte la plus grande concentration de fleuristes de France (et certainement du monde), alors on ne fait que proposer quelques valeurs sûres au passage, pour s'offrir ou offrir des fleurs de pavot, des roses Pierre-de-Ronsard, des pois de senteur, des anémones, des pivoines, des lilas… encore !

Atelier Java bleue
107, rue de Belleville, XIXe - 01 42 01 22 33

Natur' « elle »
87, rue du Ranelagh, XVIe - 01 45 20 42 16

Hysope & Cie
104, rue Vieille-du-Temple, IIIe - 01 44 59 33 00

Garance
46, rue de Dunkerque, IXe - 01 48 78 35 95

Éphémère
133, avenue Parmentier, XIe - 01 43 57 86 00

André Navellou
49, rue Condorcet, IXe - 01 48 78 78 90

Sylvine Fleurs
98, rue Beaubourg, IIIe - 01 42 71 31 35

Conclusion

Un verre de pouilly-fumé à la main, la fourchette plantée dans une choucroute garnie fumante, nous voilà en train de célébrer la mort de la suprématie new-yorkaise. Et c'est tellement bon ! Ah, les « p'tites femmes de Paris » ! Elles n'ont aucun complexe à avoir par rapport à leurs congénères des autres basses-cours du monde. Oui, les Parisiennes sont des emmerdeuses, mais elles sont monumentales. Bien sûr, elles n'iront pas vous taper dans le dos et vous donner des *hugs* en vantant vos mérites. Mais cette sacrée exigence d'excellence n'a pas fini de les faire avancer. Nous espérons avoir relevé le défi. Les Parisiennes ont de qui tenir. Pêle-mêle, Louise Michel, Simone de Beauvoir, George Sand, Françoise Giroud, Benoîte Groult, Antoinette Foulque, Hélène Lazareff, Françoise Sagan nous ont ouvert la voie. C'est grâce à elles que nous pouvons nous mettre du rouge à lèvres et disserter dentelles et broderies sans être cantonnées au rôle d'évaporées. Le lignage des Parisiennes a de quoi les rendre fières. Être une pintade prend tout son sens à Paris. Et nous revendiquons crânement d'appartenir à cette tribu.

Remerciements

Nous remercions Jean-Étienne et Béatrice d'avoir accueilli la basse-cour dans leur écurie.

Gratitude à Thomas et à Peter pour leur soutien indéfectible. Nous n'aurions pas pu écrire ce livre sans l'aide précieuse de nos parents, sans lesquels nos loulous auraient été placés à la DDASS. Merci à toutes nos rabatteuses (et aussi à nos rabatteurs !) et sources d'inspiration, votre aide a été la cheville ouvrière de ce livre : Myriam, Anne-Sophie, Maud, Stéphanie, Sébastien, Catherine, Dan, Rosalie, Caillou, Dominique, Chérie-Chérie, Alex, Marie-Sophie, Guillemette, Régine, Nadia, Valérie, Sophie, Julie, Charlotte, et les Pré-Saint-Gervais Girls. Merci à notre « chef d'atelier », Anna (avec mention spéciale pour ses parents).

Merci aux Parisiennes qui nous ont offert une formidable basse-cour à explorer.

Merci à toutes celles et à tous ceux qui se reconnaîtront au fil de ces pages, à toutes les personnes que nous avons côtoyées pendant ces nombreux mois au cours desquels nous nous sommes transformées en pintades vampires. Nous nous sommes nourries de votre substantifique moëlle. Et c'était délicieux.

Merci à Paris d'être Paris, râleuse, exigeante, séductrice, irrésistible.

Quoi qu'on en dise, nous faisons partie de votre basse-cour.

Table des matières

Introduction
9

Oiseau rebelle
13

DANS UN RALE…	14
LEÇON D'ANGLAIS	19
VOULOIR TOUJOURS, C'EST LE FAIT DE(S) PARIS(IENNES)	22
« Comtesse, concierge, tout ça, c'est pareil ! » portraits de gouailleuses	27
COMMENT SÉDUIRE UN GARÇON (DE CAFÉ)	36
PARIS ? UN VILLAGE !	38
PARIS, UN MUSÉE OÙ LES CHIENS ONT LE DROIT DE CHIER	43
De rade en zinc	47

Au vrai chic
53

LE SACRO-SAINT BON GOUT (QUI A DIT CHIANT ?)	54
C'EST SOLDES, C'EST RTT !	60
COMBATS DE PINTADES	64
Portraits de modeuses	70
Les bons plans des bloggeuses	76
Les bonnes affaires	76
Multimarques is back (again)	79

Pintades à roulettes
83

« LA MÉLANCOLIE, MON CUL ! »	84
LA PINTADE À 4 ROUES, *SOOO* XXE SIÈCLE !	89
AU VRAI CHIC RIDER	94

VÉLOCITÉ	98
SON ESPRIT A DES BORNES	102
Pintade à deux roues	105
Vélos	107
Taxis motos scooter	108
Taxis	108

La ruche
111

Un café avec les étudiantes parisiennes	112
ELLES BOURDONNENT SANS AVOIR LE BOURDON	115
ILS CRÈCHENT OÙ LES PINTADEAUX ?	119
Salad et soup bars	125

Ce soir, je serai la plus belle
129

BELLE, RE-BELLE	130
« QUI S'OCCUPE DE VOUS ? »	133
De A à Z	139
L'ÉLÉGANCE DES RIDES	141
LA RÉVOLTE DE SPA(RTACUS)	147
Mme Martine	150
HARD-CORS	153
Ressourcées alternatives	157
Spas et instituts	160
Beauté des mains, spa des pieds	163
Hammams	165
Parapharmacies	166
Les tifs	167

Une pintade à hommes
171

SÉDUCTION, UNE ARME INNÉE ?	172
C'est arrivé près de chez vous (au bar du Marché plus exactement)	177
LE MÂLE AU CŒUR	179
LIBERTÉ, ÉGALITÉ, SORORITÉ ?	184
Érotisme	188

Table des matières

Les titis parisiens
191

SILENCE, ON CRIE	192
Les bases d'une « bonne » éducation à la française	197
TAIS-TOI MON AMOUR, MAMAN RESPIRE !	202
L'ÉCOLE SOUVENT NORMALE, PARFOIS SUPÉRIEURE	205
Sortie de classe	211
« MAMAN, C'EST LA POLICE LA DAME ? »	214
Vamps de poche	216
LA RÉGRESSION	218
Les endroits kids friendly	220
Les pintadeaux en goguette	223
Quelques idées pour occuper les (nombreux) jours de pluie	225

Pintades en cocotte
227

QUAND LA PINTADE PREND SON PIED GRÂCE À SON BEC (FIN)	228
COURGETTE SOLIDAIRE OU CONCOMBRE CITOYEN ?	234
JÉSUS DANS NOS ASSIETTES	239
Le « maque » de la pintade	239
SUER EST UN TERME RÉSERVÉ À LA CUISSON DES OIGNONS	242
Allez mes jolies !	247
Bistrots, néobistrots et restos	250
Petite tournée des bars à vin	254
Grignoter	256
Commerces de bec	259
Cours de cuisine	261
Fitness	262
Où s'ébrouer les plumes	264

Les pintades s'aèrent
267

LA *NIGHT*	268
Baronnie, terre imprenable	272

ART TRIBAL	275
À PORNIC…	280
Saint-Trop versus Ré	283
POLITIQUE D'ÉMIGRATION	287
DÎNERS EN VILLE	288
L'EXCEPTION CULTURELLE PARISIENNE… PARDON, FRANÇAISE	293
Où boire un verre	298
Clubs	300
Librairies	302

« L'éthique, c'est l'esthétique du dedans » (Miss.Tic)
307

L'ESTHÉTISME ESTHÉTISANT	308
LA DÉCO DES BOBOS	313
LE PIQUE-NIQUE, C'EST CHIC	316
Rave bourgeoise	318
MA PETITE ROBE NOIRE ET MA PETITE SALADE VERTE	322
Fleuristes	324

Conclusion
325

Remerciements
329

Retrouvez les auteurs sur :
www.uneviedepintade.net
www.lespintades.com

Du côté des filles
dans Le Livre de Poche

Les Pintades

Layla Demay et Laure Watrin, n° 10042
Les Pintades à New York

Obsédée par la réussite matérielle mais cérébrale, féministe mais féminine, libérée mais pleine de tabous, autonome mais grégaire, la New-Yorkaise n'hésite pas à employer les grands moyens pour trouver l'homme idéal. Un portrait mordant et tendre, à travers des chroniques, des anecdotes, les bons plans et les meilleures adresses remises à jour.

Virginie Ledret, n° 10043
Les Pintades à Londres

Les Londoniennes restent une énigme. Leurs excentricités, leur amour de la monarchie, leur goût prononcé pour l'ivresse, leurs opinions politiques, leur humour cynique ou leurs styles vestimentaires déjantés nous laissent perplexes. Des conseils et des bonnes adresses actualisées pour tirer le meilleur parti de la ville.

Delphine Minoui, *Les Pintades à Téhéran*   n° 31389

Portraits de femmes à Téhéran, après 30 ans de révolution islamique, dans la rue, au travail, dans les commerces, dans leur intimité… Téhéran n'est pas la plus touristique des destinations, mais la basse-cour iranienne n'a pas fini d'étonner les pintades….

Carrie Adams

La Célibataire   n° 31530

Tessa, célibataire, a 36 ans. Si elle adore les enfants dont elle est la marraine et veut bien s'en occuper de temps en temps, elle aime tout autant les rendre à leurs parents. Le jour où un couple de ses amis meurt dans un accident, elle se retrouve responsable de jumeaux.

Pénélope Bagieu

Ma vie est tout à fait fascinante   n° 31327

Pénélope Bagieu vit dans le plus petit appartement du monde, sous les toits, en compagnie de son chat rose, de sa collection de chaussures et de ses tracas quotidiens Heureusement pour elle, il reste ses copines langues de vipère, les soldes, les séries télé, la presse people et les macarons ! Une bande dessinée où les petits riens du quotidien sont croqués avec beaucoup d'humour et un talent évident.

CANDACE BUSHNELL

Haut de gamme n° 30572

Janey Wilcox est prête à tout pour être au « top ». Mannequin-vedette d'une marque de lingerie, elle masque sous une carapace de papier glacé une détresse morale qui n'a d'égal que son cynisme. Son but avéré : dénicher LE « Mister Big », l'übermâle le plus riche possible…

Lipstick Jungle n° 30995

Nico, Wendy et Victory : des battantes au top de leur carrière mais en perte de vitesse en matière de vie privée… Comment gérer le sexe, le business et l'amour lorsqu'on est une femme dans la jungle new-yorkaise ?

Quatre blondes n° 15402

Elles sont quatre, blondes, sophistiquées et sexy. Elles s'habillent chez les grands couturiers, courent les endroits à la mode, traquent dans la *jet-set* l'homme idéal, c'est-à-dire l'homme riche. Mais, au royaume du superficiel et de la silicone, l'amour-propre ne le reste jamais très longtemps…

Sex and the City n° 15212

Elles ont tout pour plaire : jeunes, jolies, brillantes, sexy, indépendantes. Tout, sauf ce qu'elles cherchent désespérément : le partenaire idéal. Devenu un livre culte avant d'inspirer une série télévisée, *Sex and the City* est une chronique à la fois hilarante et terrifiante des mœurs amoureuses et sexuelles de l'élite de Manhattan.

Teri Hatcher

Le Syndrome du toast brûlé n° 10041

Teri Hatcher, *alias* Susan dans *Desperate Housewives*, nous livre tous ses secrets. Finis les sacrifices, les échecs et les prises de tête. Être femme, sexy, maman, divorcée, quadra, bosseuse, célibataire, belle (ou moche), n'empêche pas de vivre sa vie, ses projets et de (re)trouver ENFIN le bonheur !

Lisa Lutz

Spellman et associés n° 31021

Qui pourrait résister aux Spellman, la famille la plus sérieusement fêlée de la côte Ouest ? Certainement pas leur fille, Izzy, associée et néanmoins suspecte. Car, pour ces détectives-nés, rien n'est plus excitant que d'espionner, filer, faire chanter… les autres Spellman de préférence.

Camilla Morton

Comment marcher sur des talons aiguilles n° 10018

Pour les filles qui s'intéressent à la mode, ce manuel rempli de conseils et d'humour apportera toutes les réponses à des questions d'une extrême gravité : comment sortir d'une voiture en minijupe, marcher avec des talons aiguilles sur du marbre, avoir l'air très occupée à ne rien faire...

Catherine Rambert

Impostures sur papier glacé n° 31430

Bérengère de Cabrières est rédactrice en chef du plus glamour des magazines people, persuadée qu'elle ne mérite pas sa place, ni son salaire, ni sa position sociale. Tout cela n'est, pense-t-elle, que le fruit du hasard, le résultat d'un enchaînement de circonstances. Une imposture en somme...

Stephane Ribeiro

Tout sur nous n° 10017

De la première rencontre à la découverte de l'autre, des sujets qui fâchent au meilleur qui reste à venir, autant d'éléments qui vous permettront de mieux vous connaître, pour (peut-être) mieux vous aimer! Un cadeau interactif à offrir sans tarder à votre bien-aimé(e)!

Le Livre de mes listes n° 31303

Il n'a pas reçu le prix Goncourt. Il est autorisé et même fortement recommandé d'écrire dessus. Il remplace aisément les fleurs quand on est invité à dîner chez des amis. Il contient 190 listes que vous avez toujours eu envie de faire et que vous allez pouvoir faire vous-même...

Tess Stimson

Le Club de l'adultère n° 31371

Sara est avocate et célibataire. Elle s'est juré de ne jamais tomber amoureuse d'un homme marié. Jusqu'au jour où elle rencontre Nick, qui, lui, s'est juré de ne jamais tromper sa femme…

www.livredepoche.com

- le **catalogue** en ligne et les dernières parutions
- des **suggestions de lecture** par des libraires
- une **actualité éditoriale permanente** : interviews d'auteurs, extraits audio et vidéo, dépêches…
- **votre carnet de lecture** personnalisable
- des **espaces professionnels** dédiés aux journalistes, aux enseignants et aux documentalistes

Composition réalisée par Asiatype

Achevé d'imprimer en septembre 2009 en Italie sur les presses de
Legoprint SPA – 38015 Lavis
Dépôt légal 1re publication : octobre 2009
LIBRAIRIE GÉNÉRALE FRANÇAISE
31, rue de Fleurus – 75278 Paris Cedex 6

30/1847/0